国家社科基金重点项目（项目批准号：07ASH005）资助
中央财经大学学科提升计划项目资助

改革开放以来
农村合作制的变迁与重构

THE RURAL COOPERATIVE SYSTEM:
TRANSITION AND
RECONSTRUCTION IN CHINA SINCE 1978

李远行 著

社会科学文献出版社
SOCIAL SCIENCES ACADEMIC PRESS (CHINA)

作；⑦关注社会。并强调合作社应建立在自助、自主、民主、平等、公
和团结的基础上，遵循合作社创立人的传统，合作社成员应坚持诚实、
放、关心社会、照顾他人的道德价值观。2002 年召开的国际劳工大会通
了《发展合作社的建议》，也表明了各国工会对合作社的特别关注和与其
立的深厚联系。

马克思、恩格斯也曾提出以合作社改造小农的思想，他们认为：第
，合作社是小农最有可能愿意接受的方式；第二，合作社是规避小农生
弊端，发展农业生产力理想的生产组织形式；第三，合作社是最具现实
作性的生产经营组织模式。合作化本身与私有财产制度和市场经济规则
不冲突，更集中体现了自由、民主和公平正义等精神，并以互助联合
方式促进了社会和谐。尽管合作制最初主要旨在为劳工阶层、弱势群
和农村社会提供服务，但从国外经验来看，合作制在其他社会阶层和
体中，在城市中也有很多成功的应用。所以合作制并非一种落后的社
组织形式，而是一种有效的经济和金融组织形式，而且具有扎根基
、服务社区和支持"三农"的天然优势。即使在当今高度发达的西方
会，社区合作、合作经济与合作金融仍然居于重要地位并且不断有所
展。

我国历史上就存在过各种形式的互助共济组织（如"社仓"），具有合
制的某些因素。而儒家"仁爱"、"均富"和"养民"的思想，也为我国
入西方意义上的合作制奠定了基础。孙中山于 1924 年在宣讲"三民主
"的"民生"主义时，就曾以合作社作为例证。1927 年毛泽东在《湖南
民运动考察报告》中也说："合作社，特别是消费、贩卖、信用三种合作
，确是农民所需要的。"梁漱溟认为，对中国社会的改造，就要在批判性
继承传统文化的基础上，求助于西方的"团体组织"和"科学技术"这
大法宝，并且从农村着手才能取得成功。所谓"团体组织"也就是农民
组织，因此，他提倡社会本位教育，创办"村学"这种政教合一的农村
会组织形式，试图用合作的手段来解决中国社会散漫无力的状况，进而
实现民族的复兴和中国乡村社会的重建提供治理基础。

世界上第一个信用合作社诞生于 1849 年，创始人威廉·雷发森恰恰旨
解决当时德国的"三农"问题。1866 年雷发森还专门出了一本书——《储
金库扶助农民满足需要的方法》。1923 年，"中国华洋义赈救灾总会"在

前　言

　　改革开放的伟大事业是在以毛泽东同志为核心的党的□□
集体创立毛泽东思想，带领全党全国各族人民建立新中国□□
革命和建设伟大成就以及艰辛探索社会主义建设规律取得□□
上进行的。党的十七大报告做出的这一精辟论断，是符合□□
经得起历史、人民、实践检验的科学论断，也是我们回顾□□
创新发展中国特色社会主义理论体系和推进中国特色社会□□
理论前提。

　　本书选择农村合作制的变迁与重构作为改革开放以来□□
切入点，是因为它既是从一个侧面反思新中国成立以来波□□
义建设运动历史遗产的重要指标，也是客观评价改革开放□□
义建设经验，以利于进一步解放思想和变革创新，构建社□□
的一个重大突破口。以合作制为主线向前可以回溯新中国□□
和集体化，向后可以承接联产承包责任制、村民自治、农□□
农村建设，基本上可以勾勒出改革开放以来农村变迁乃至□□
迁的轮廓，并在一个合乎历史逻辑的基础上把握变革社会□□

　　合作制起源于近代欧洲，并且是一种世界范围的现象□□
主义先驱者曾寄希望以合作制克服资本主义的某些弊病，□□
与各国的社会主义运动结下不解之缘。例如，1844 年英□□
费合作社"罗虚代尔公平先锋社"，实际上是当地工人运□□
国际合作社联盟通过《关于合作社定义、价值和原则的详□□
出了国际合作社原则：①自愿与开放的成员资格；②□□
③成员经济参与；④自治与独立；⑤教育、培训和宣导；□□

河北省香河县组建了中国第一家农村信用社，其以雷发森信用社为榜样，进而兴起了华北农村合作运动，影响涉及更多省份，到了1934年，当时的国民政府还颁布了《合作社法》，这一传统后来在台湾地区得到保存和发展，为其战后经济起飞和社会稳定奠定了基础。

20世纪50年代在我国大陆地区所推行的大规模农村合作化运动，肩负着合作生产和对农村"生产资料所有制"进行"社会主义改造"的双重历史使命。这实际是没有区分"合作制"和"集体化"。所谓的"三步走"——由互助组到初级社再到高级社，最终走向了"归大堆"的人民公社。

十一届三中全会以来，我国广大农村普遍实行了家庭联产承包责任制，从形式上似乎回复到了农业合作化前的个体经营状态。人们发现，农村在取得一定成就的同时，"以家庭承包经营为基础、统分结合的双层经营体制"一直落实得不理想，原有政策的潜力几乎释放殆尽，农村尤其是开启改革开放之门的中西部地区农村，大多陷入了停滞不前甚至相对弱势的状态，"三农"问题成为普遍现象。于是对"大包干"的合理性产生了质疑，合作制问题再次进入人们视野并成为焦点。探索社会主义市场经济条件下的新型合作制道路，成为当务之急。

探索中国特色社会主义市场经济条件下的新型合作制道路，其实在相当程度上是正本清源，回归社会主义与合作制的古典传统，同时又是与现代化、现代市场经济和中国特色社会主义相互兼容、相得益彰的理论与实践相统一的过程。

从实践层面看，对农村合作制历史经验的总结，并不单纯为了厘清农村合作化运动的功过得失，更重要的是为了理解改革开放以来的农村政策，为了更好地认识今后中国农村的发展道路和进一步的思想解放。为什么农村在实行家庭承包经营之后，能在几年时间内一举扭转中国农业合作化以来几十年都无法改变的粮食和农副产品短缺的局面？为什么中央提出要稳定家庭承包制度，要三十年不变、三十年以后也不变？以家庭为单位的农业经营制度能否成为中国农村长期的经济制度？今后中国农村经济进一步发展的路径在哪里？解决"三农"问题的关键是什么？所有这些，都要求我们必须深刻地进行理论反思与历史反思，对合作制在新中国成立后的历史经验进行再认识。

从当前的学术生态来看，本书所触及的合作制问题仍然存在着大量的盲点。如出于"左""右"不同价值观念和意识形态对合作化全盘肯定或全盘否定，以及割断历史，只是从社会发展阶段的某个截面片面褒扬或贬低。这种状况与构建社会主义和谐社会，全面建设小康社会的"中国梦"以及所表达的热情形成了强烈的反差。可以肯定，只有对新中国的合作制传统和历史变迁做一个基本的、经得起辩论的研究，才能对现实的社会状况有一个能够自我说服的估计，才能真正唤醒破解"三农"问题、构建社会主义和谐社会的良知与决心，从而在历史传承和锐意变革中找到合作制重构的契机和生长点。

"三农"问题以及建设社会主义新农村是 2007 年党的十七大召开以来的热点话题之一。农业合作化运动是新中国成立初期以毛泽东为代表的党的第一代领导集体对农村发展模式的一次大规模的改革尝试，它不只是一次简单的农业经济变革，更是一场具有深刻意义的政治和社会变革。改革开放以来实行的家庭联产承包责任制是马克思主义基本原理与中国具体实践相结合的产物，是对马克思主义合作制理论的新贡献、新发展。以合作制变迁为主线，系统反思改革开放以来的农村改革历史经验，既符合历史与逻辑统一性原理，又可有小中见大之效，同时使我们以变革的眼光审视未来发展之路。因此，本书通过对我国合作制历史变迁的梳理，总结其经验教训，探索新型合作制的建构，对于建设社会主义新农村、构建社会主义和谐社会具有重大的学术价值和现实意义。

第一，关于合作类型研究。村庄的发展究竟有没有一种根深蒂固的内在原因——这种原因即使在"国家之手"的提携与关照下，仍然导致村庄无法解决自身的发展问题。如果存在这种原因，那它主要是体制导致的，抑或可以在村庄亚文化群体行为和心理机制中寻找一些解释？本书以安徽省凤阳县小岗村农民合作行为为研究对象，详细梳理和深度描述作为一种社会学意义上的村庄成员合作类型。主要从农民合作行为的角度，将农民合作行为分为内生型合作与外生型合作两种类型。内生型合作是农民为获得某种利益而采取的集体行动；外生型合作是国家出于统治目的而进行国家政权建设。内生型合作的主体是农民，是主动合作，主要应对市场力量和国家力量；外生型合作的主体是国家，农民是被合作者，服务于国家政权建设。该研究在学理上有助于厘清中国的农村实际形态和诠释村庄各行

动主体的互动模式，同时也为当下中国"社会主义新农村建设"提供现实
注脚。国家进行新农村建设的目标是实现城乡统筹发展、构建和谐社会，
其具体策略是工业反哺农业和加大政府财政投入，也即意味着今后将有大
批资源不断注入农村，乡村社会如何承接和利用这些资源是新农村建设成
败的关键。小岗村虽然作为政治明星村有其特殊性，但在新农村建设过程
中，外部资源的不断注入是将来中国其他村庄的共同特点。所以研究小岗
村农民合作行为有助于从总体上借鉴和反思新农村建设的经验和教训，因
而具有重要的理论价值和现实意义。

本研究的结论是：农民外生型合作的主要推手是国家政权建设，内生
型合作则源于对市场化力量的应对。前者是农民被动合作，后者是农民主
动合作。现实中农民有合作需求却无力达成合作行动，原因是当代中国农
村组织资源匮乏。

第二，关于合作条件研究。"在什么条件下农民更乐于合作？在什么条
件下农民不会合作甚至反对合作？"本书基于此问题，结合小岗村农业合作
社案例，探讨农民合作的条件。为便于开展合作条件研究，本书从社会交
换理论的视角，如理性、报酬、刺激、惩罚、成本、情感、行动等，构建
农民合作条件的理想类型。社会行动成本的公平分摊方式和预期收益构成
合作的原动力，这种原动力是农民合作条件中的激励因素，包括搭便车与
公平感、外部资源的注入、社会行动成本的公平分摊、预期收益与股权等。
本研究的结论是：如果合作匮乏所致的生产和生活成本越高，农民对于预
期收益的行为需求增加、需求强度越高，那么农民合作行为增进的可能性
就越高；如果信任程度所致的交易成本越低、参与人之间信任度越高，那
么农民合作行为增进的可能性就越高；如果参与合作所需社会行动者在既
定条件下拥有的生活资本和生产资本越低，农民合作对预期收益需求越高，
那么农民合作的可能性就越高。

研究还发现，个人客观经验层面上的公平感的强弱对于合作起到促进
或瓦解的作用，甚至是决定性的作用。参与合作的社会行动者在外部资源
输入的刺激下能够得到更多的收益，社会行动者更乐于选择合作；合理的
成本分担刺激将会有利于合作进行，反之，合作则难以进行；只要合作不
能带来预期收益，此种刺激将会终结合作，相反，只有合作能够带来明显
的预期收益，合作才能得以持续进行；惩罚能排斥搭便车者和投机者，惩

罚越是被执行，那么社会行动者合作的可能性就越高。

第三，关于合作功能研究。本书选取安徽省六安市 DCH 六安瓜片茶叶专业合作社为个案，在相关理论参照下，对农村合作社的社会功能进行分析。研究发现，在现实环境下，基于自愿而建立的农村合作社，在实现经济功能的同时，还有社会功能诉求。农村合作社的社会功能，无论是对国家还是对农民个体都是必要的，农村合作社社会功能的发挥有利于农村建设与农民自身的发展。

第四，关于合作结构研究。在市场经济条件下，提升农民合作能力，建立自愿、平等、互惠的现代契约性合作组织是应对市场风险、维护农民利益的必然选择。农民合作作为嵌入在一定的社会结构与社会关系之中的一种社会行动，是由农民所处的更为广阔的社会关系及社会结构决定的。合作是以信任为基础、共同目标为前提、结果的互惠为动力、有效动员为催化剂的。因此，当前既定社会结构下提升农民合作能力就必须确立农民的主体地位。农民作为市场经济的主体，要逐步提高对自身主体地位的认识，在市场竞争中形成团体意识，形成自身的利益诉求，即达成团体自身的共同目标。本书通过对安徽小岗村的合作历史及合作现状的描述得出以下结论：农民合作能力的大小取决于农民个体能否在一定的社会结构条件下有效地调动社会关系以形成集体行动；农民对合作利益的预期，取决于合作过程中的相互信任和协调行动。因此在市场经济条件下提升农民合作能力要从确立农民的主体地位、培育乡村精英、国家介入三个方面入手。

第五，关于合作成效研究。本书以地处江汉平原中部的 Y 市 Z 湾村民的两次集体行动为例，在回顾村庄合作历史传统的基础上，从国家与乡村、市场与农民、村庄与农民关系入手，比较同一村庄在改革开放以来的两次典型合作的成效差异及其原因。

在修家谱案例中，首先，国家为政治生活而鼓励农民合作，当行动受到阻碍时及时提供帮助，并且没有用政治手段包揽农民的合作，让农民自主进行，国家的适度干预与提供保护给农民创造了良好的合作环境；其次，农民作为市场参与主体之一，利用市场条件及市场机制为合作提供便利，以促成合作成功；最后，在村落中，因属于同族群体，村落共同体与宗族共同体重合，村落中存在完整的合作基础，即完整的宗族组织、精英的积极动员和族内惩罚机制，这些共同体降低了合作成本，减少了合作的贴现率，提高了不合作的代价，保证了合作的顺利进行。

在分征地款案例中，首先，因为税费改革，国家政权从村庄中抽离，代表国家政权的村级组织在征地调解中职责回避与缺失，提高了农民合作组织的成本；其次，农民与资本市场中其他利益主体相比，力量弱小，而且其他利益主体存在利益结盟，形成市场中相差悬殊的力量对比，使本已处于弱势的农民又受到资本的侵蚀，削弱了合作能力；再次，在村庄内部，市场经济使得村庄成员利益分化，原有宗族结构的约束力消失，村民们共同举行的会议不能负担协商合作的组织功能，村落共同体对不同村民的影响力发生分化，政治精英因为不再与普通村民属于同一利益共同体，而且对他们而言侵占村民的利益自肥具有相当的吸引力，同时不存在有力的监督者，他们的不合作行为成本很低，收益很高，本来充当保护型精英的传统精英考虑到组织合作的成本高昂而选择避让，使得掠夺型精英可以从中自肥，再次提高合作成本；最后，一般村民们考虑到地缘关系中的伦理，采取成本较小的策略，或让妇女出面或保持沉默，在村庄层面不能形成有效的舆论监督力量，提高合作的贴现率，降低合作收益，于是合作成效低下。

第六，关于合作需求研究。农民是否愿意合作，受到各种因素影响。作为个体的农民或农户存在着诸多异质性，要想真正"合"起来绝非易事。本书基于此问题选取位于皖西南山区经济欠发达地区的太湖县 A 镇为个案进行相关讨论。通过对该镇农村合作组织发展现状的描述与分析，对农民合作意愿发生的原因进行了总结：其一，宏观方面，国家与社会关系的变化；其二，微观方面，市场经济条件下农民需求的多元化；其三，合作组织发挥正功能；其四，坚持农民主体性地位。另外，针对部分农民无合作意愿的原因也进行了总结：其一，农民自身的原因；其二，农村精英阶层的稀缺；其三，普遍缺失信任；其四，组织成本偏高，缺乏合作利益预期。

第七，关于合作传统研究。本书以甘肃省天水市武山县的一个普通行政村郭家庄为个案，研究农耕合作传统。西北农民的农耕合作传统因众多因素的影响有着自己独特的地方特色。通过对郭家庄农耕合作惯习的考察，得出以下结论。

其一，农耕合作有帮工、互助和合伙的区别。帮工是看到与自己关系好的村民在某一种耕作中有困难，便主动去帮忙，不求回报；互助是在某种急需大量劳动力的耕作中双方临时性的互相帮忙，互助与帮工的区别在于互助是双方互相帮忙，而帮工只是单方的帮忙；合伙，是一种比较正式的合作，合作的搭档相对稳定，只有成立条件相对严格的"合伙"才是当地农民眼中真正意义上的农耕合作。

其二，当地的农耕合作较以前更加频繁。市场经济条件下，对劳动力和耕作技术的要求提高了，这促进了合作的普及，使农民之间的合作更加频繁。农耕合作的进一步发展与市场的要求紧密相连。

其三，农耕合作中反映出农民在道义基础上存在着理性思维。研究发现，首先，农民不管是在日常生活中，还是在农耕合作中，都考虑到了情感因素。农民之间的合作以双方的情感为基础，只有在感情好的基础上才出现"帮工""互助""合伙"等合作行为。其次，农民在合作中也有自己的理性考虑，在合作对象的选择上会考虑对方的劳动力多少、种植面积大小等因素。从这个意义上来说，农民在农耕合作中既有"道义"也有"理性"。

对农村合作制变迁上述七个方面的研究发现，改革开放以来农村合作制变迁的主要也是直接推手是市场化。市场经济的核心是商品生产和交换，作为现代意义上的市场经济是传统社会向现代社会时空转换的产物。现代社会对传统社会的地方性知识进行时空融合，在国家甚至全球的层面上形成整体性社会，因此，市场经济是应社会化产生的，或者说，市场经济就是社会化生产。市场经济得以运转的动力当然是获取利润，但其功能是为社会化服务，即在整体社会层面增进全体社会成员的福祉。我国已处于这样的历史关口，对市场化的批判并不代表要回到集体化或回归农耕社会，而是如何在继承和创新的基础上重塑农民合作组织形式，以因应市场化之果。

当前的农民合作组织建设把重点放在农民专业经济合作社建设上，例如，建立农民经济股份合作公司或其他类型的经济合作组织等。这种合作组织形式的理想类型是建立在明晰产权的前提下，体现契约精神的、非人格化的、规范化的市场交易活动和现代企业行为。但是这种功能单一的经济组织形式在实际运作中效率很低。原因不仅是当下中国市场经济仍处于探索之中，尚存诸多不规范之处，更重要的是，因为将合作内容限定于经济领域，从而排除了政治、生活、文化等领域的合作，导致合作组织功能单一、成本畸高，使专业经济合作社建设成为不可能的任务。参照传统社区协作模式，可以给当下合作组织建设提供有益的借鉴。传统社区协作是多功能、全方位的，经济协作只是其中一个向度，其他如文化、政治、生活等也是协作的重要领域。因为有社区作为依托，其中任何一个层面的协作都会为其他协作提供社区资源和意义支持，使协作过程得以持续进行。虽然合作不同于协作（合作对应现代市场，协作对应传统社区），但同样都是集体行动。乡村建设运动时期，梁漱溟先生主张兴办"村学"，即一种政教合一的农村社会组织形式，其意图就是借助合作的手段来解决中国乡村社会转型期失序的状况，进而为乡村复兴提供治理基础。韩国的"新村培养运动"则以村落社区（组织型社区）建设为抓手，培育农民的合作意识和集体行动能力，并收效显著。即使是一定要将农民合作组织在社区里与其他社区组织区分开来，多功能性仍然是合作组织发挥效用的条件：我国台湾地区的农会、日本的农协等合作组织，虽然从纵向上超越了社区，但是，其根基还是在社区。农会或农协也不是仅发挥经济合作功能，其在政治、文化、社会生活等层面的合作，不仅使农民在市场社会中利益最大化，而且建构了乡村秩序重构最重要的结构性基础——组织型社区。

综上所述，本研究的基本结论是：重建社区，发展多功能合作组织是合作制进一步发展的基本路径。

其一，社区作为人类生活最古老的共同体形式，具有天然的自组织优势。即使是处于全球化的当今社会，时空融合并没有消除充满地方性色彩的社区形式，反而因自组织功能使社区成为现代组织社会的必要补充，并且因其可以弥补国家行政干预范围过窄造成的管理真空，而发挥着社会稳定器的功能。在发达国家，社区复兴运动本身就是在 20 世纪初市场经济已趋成熟的背景下兴起的。对于中国这样一个具有长期社区生活历史传统的人口大国，农村社区重建同样具有重要的意义：一方面，可以满足农民政治、经济、文化、社会、生态等多元化资源需求，重组农村生活世界的图景，阻止农村社会的解体；另一方面，可以推动合作组织建设，整合国家外部资源投入与乡村社区内部资源积聚，使外生发展与内生发展取得协调性，推动农村和谐发展。

其二，进入 21 世纪以来，尤其是免农业税后，国家不断加大对农村的投入，新农村建设、城乡统筹、以城带乡、以工补农等试图缩小城乡差别的政策措施不断出台并实施，但收效甚微。城乡差距仍在进一步扩大，农村发展迟滞。原因何在？造成上述境况的一个重要原因是乡村原子化，导致乡村主体性的消解，即失去集体行动能力。通过社区建设，培育合作组织，形成集体行动能力是重塑乡村主体性，推动城乡一体化发展的基本路径。

目 录
Contents

导　论 ⋯⋯⋯⋯⋯⋯⋯⋯⋯⋯⋯⋯⋯⋯⋯⋯⋯⋯⋯⋯⋯⋯ 001

一　相关概念的界定及分类 ⋯⋯⋯⋯⋯⋯⋯⋯⋯⋯⋯⋯⋯ 001

二　国内外研究现状述评 ⋯⋯⋯⋯⋯⋯⋯⋯⋯⋯⋯⋯⋯⋯ 005

三　研究过程 ⋯⋯⋯⋯⋯⋯⋯⋯⋯⋯⋯⋯⋯⋯⋯⋯⋯⋯⋯ 011

第一章　农村合作行为的类型学分析

　　　　——以安徽小岗村为例 ⋯⋯⋯⋯⋯⋯⋯⋯⋯⋯ 012

一　农民合作行为：概念界定及其类型 ⋯⋯⋯⋯⋯⋯⋯ 012

二　外生型合作：普通意义的安徽小岗 ⋯⋯⋯⋯⋯⋯⋯ 015

三　内生型合作：独特意义的安徽小岗 ⋯⋯⋯⋯⋯⋯⋯ 020

四　合作趋势：后包干时期的安徽小岗 ⋯⋯⋯⋯⋯⋯⋯ 022

五　结论与讨论 ⋯⋯⋯⋯⋯⋯⋯⋯⋯⋯⋯⋯⋯⋯⋯⋯⋯ 027

第二章　农民合作的条件分析

　　　　——以小岗村农业合作社为例 ⋯⋯⋯⋯⋯⋯⋯ 031

一　问题的提出与研究意义 ⋯⋯⋯⋯⋯⋯⋯⋯⋯⋯⋯⋯ 031

二　合作条件理想类型 ⋯⋯⋯⋯⋯⋯⋯⋯⋯⋯⋯⋯⋯⋯ 037

三　合作组织中的既定约束条件 ⋯⋯⋯⋯⋯⋯⋯⋯⋯⋯ 042

四　农民合作条件中的激励条件 ⋯⋯⋯⋯⋯⋯⋯⋯⋯⋯ 057

五　农民合作条件中的收益与惩罚保障机制 ⋯⋯⋯⋯⋯ 062

六　结语 ⋯⋯⋯⋯⋯⋯⋯⋯⋯⋯⋯⋯⋯⋯⋯⋯⋯⋯⋯⋯ 064

第三章 农村合作社的社会功能分析

　　——以六安市 DCH 六安瓜片茶叶专业合作社为例 ……… 066

一 问题的提出与研究意义 ……………………………… 066

二 农村合作社社会功能分析 …………………………… 077

三 六安市 DCH 六安瓜片茶叶专业合作社案例呈现 ……… 086

四 六安市 DCH 六安瓜片茶叶专业合作社运转中社会功能的发挥 … 092

五 六安市 DCH 六安瓜片茶叶专业合作社社会功能缺失原因分析 … 098

六 结语 ………………………………………………… 101

第四章 农民合作的社会结构分析

　　——以安徽小岗村为个案 ………………………… 103

一 问题的提出与研究意义 ……………………………… 103

二 社会结构与农民合作 ………………………………… 111

三 小岗村的社会结构变迁与农民合作 ………………… 130

四 结语 ………………………………………………… 137

第五章 农民合作成效分析

　　——以 Y 市 Z 湾为例 …………………………… 140

一 问题的提出与研究意义 ……………………………… 140

二 村庄的合作历史 ……………………………………… 144

三 Z 湾两次典型的合作 ………………………………… 154

四 农民合作成效分析 …………………………………… 165

五 结语 ………………………………………………… 178

第六章 农民参加合作组织意愿及影响因素分析

　　——以太湖县 A 镇调查为例 …………………… 184

一 问题的提出与研究意义 ……………………………… 184

二 太湖县 A 镇农民参加合作组织意愿的考察 ………… 190

三 农民参加合作组织意愿归因分析 …………………… 202

四 提高农民参与意愿的对策选择及农民合作意愿展望 ……… 208

　　五　结语 ··· 214

第七章　当代西北农村农耕合作研究
　　　　——以甘肃省的一个村庄为例 ···················· 215
　　一　问题的提出与研究意义 ························· 215
　　二　西北农民农耕合作行为的表现 ·················· 219
　　三　农耕合作原因和条件分析 ······················ 228
　　四　农耕合作的内容和方法探析 ···················· 236
　　五　农耕合作中的补偿和惩罚机制研究 ·············· 245
　　六　农耕合作成效研究 ···························· 248
　　七　结语 ··· 251

结语：历史巨变与农民合作之困 ····················· 253
　　一　村落传统与社区性合作 ························· 253
　　二　国家政权建设与强制性合作 ···················· 254
　　三　市场化与单功能合作 ·························· 256
　　四　农村社区重建：多功能合作 ···················· 258

后　记 ··· 260

导　论

一　相关概念的界定及分类

（一）合作

"合作"一词在《辞海》中主要是从行为的角度加以解释："社会互动的一种方式。指个人或群体之间为达到某一确定目标，彼此通过协作而形成的联合行动。"可以是物质与物质的合作，也可以是物质与精神的合作。合作主要包括经济、政治、文化等领域。

合作的内涵包括如下几个方面。[①]

第一，合作者拥有或掌握一定能够自由分配的资源，这是形成和参加合作行为的前提条件。这些资源包括资金、生产资料、技术、劳动能力等，因此奴隶间不能合作。

第二，合作制拥有和可以支配的经济资源具有同一性。合作者拥有劳动或资金，或资金和劳动同时拥有，并按约定把这些资源集中起来，加以合理利用。如农民既拥有大体平均的土地，还拥有劳动力，成立了农业合作社。合作行为这一特征，把各个不同要素所有者的结合排除在合作行为之外，或者说不同要素所有者之间很难产生严格意义上的合作行为。虽然物质资料的生产活动是各要素共同作用的结果，但历史和现实都表明，生产资料的所有者支配劳动者。因此，劳动和资本之间有"结合"但非"合作"。

[①] 王平、王国连、刘立彬主编《农村合作制理论与实践教程》，中国环境科学出版社，2010，第6页。

第三，合作者对合作行为具有平等的管理权。这是合作行为顺利进行的保障，它是以合作者平等协商为基础的，合作者具有平等的发言权。

第四，合作者都是合作行为的受益者。这是合作者的目的，也是合作行为能够存在的根本原因，即合作者分享剩余，共同受益。

可以看出，合作行为其实已经包含了合作制的基本内容，蕴含了合作制的产权制度、管理制度和分配制度的所有要点。

总之，合作是合作经济的前提和基础，只有合作所创造出来的生产力发展到一定程度，才有合作社组织的出现和合作经济关系的发展，只有合作经济关系的发展，才有特定进步的合作经济制度的确立。

（二）合作制和农村合作制

合作制是由各种合作社集合而形成的一种特殊的社会经济形式——合作经济，是社会经济结构中的重要组成部分。从法律上、制度上把合作经济形式加以确认和肯定下来，就形成了一种社会经济制度——合作制。

合作制是一种社会经济制度，有其特定的组织形式，反映特定的经济关系，是一种利用合作行为来达到特定目的的社会经济组织，是市场经济的产物。合作制是一个历史范畴，有其产生、发展和消亡的规律和过程。合作制又是一种普遍的社会现象，它的内涵、类别、性质、功能，依其所在的时代、国家、社会经济条件的不同而有所变化。由此，可以将合作制概括为：合作制是劳动群众为了谋求自身的经济利益，在自愿互利的基础上结合起来的经济制度。

农村合作制是合作制的主要形式之一，是指农民，特别是以家庭经营为主的农业小生产者为了维护和改善自身的生产和生活条件，在自愿互助、平等互利的基础上，联合从事特定经济活动所形成的一种制度安排。它与市场经济相伴而生，提供了一种制度手段，使分散的农户在保持独立的财产主体和经营主体的前提下，通过农产品的集体销售或农业投入品的集体购买等交易环节上的联合，实现产前和产后的规模经营。此外，这种制度还在生产的全过程通过提供信息和技术服务使农户顺利地与市场对接。①

---

① 王平、王国连、刘立彬主编《农村合作制理论与实践教程》，中国环境科学出版社，2010，第2页。

（三）合作社

合作社是近代社会的产物，是商品经济发展到一定阶段出现的一种特殊的生产和经营活动的组织形式。合作社形成一种制度并在世界各国普及之后，其形式和内容都有很大的差异，合作社的定义在不同时期、不同国家也不相同。

法国是世界上农业合作社出现最早的国家，其全国农业合作社集团对农业合作社的定义是：农业合作社是一种经济组织，其成员集体拥有资产，参与民主管理，不是按他们参与资本的大小而是按使用的服务量和业务活动的数量分配盈余。

从合作社企业在经济上和法律上的双重含义出发，法国全国农业合作社集团将自由参与、非资本化、民主管理和自主经营确立为合作社企业最基本的宗旨，而合作社最具特性的原则是联合和自治，以及在经济上和资金上的可选择性。合作社是一个参与、协商和形成力量的载体，是适应生产和市场的组织机构，合作社使社员能够适应经济环境，与市场抗衡，并做出影响未来的选择。①

在美国，合作社有许多定义。1965 年农业部农场主合作管理局在一份报告中对农场主合作社的定义是：合作社是由拥有共同所有权的人们在非盈利的基础上为提供他们自己所需要的服务而自愿联合起来的组织。它通常具有法人的地位，通过其成员的共同参与实现其经济目的。在一个合作社中，投资、经营风险、盈利和亏损，都由其成员根据他们使用合作社服务的比例来合理分担。合作社是由作为使用者而不是在合作社的资本结构中作为投资者的社员实行民主管理的。

德国的合作社学者认为，经济意义上的合作社具有四种特点：①成员的结合是因为各自有至少一种利益相同；②群体目标也是群体成员个人的目标，就是在团结和互助的基础上通过集体行动来促进共同的利益；③建立一个共同所有、共同出资和共同管理的企业作为达到目的的手段；④这个共有企业的主要目标是促进群体成员的经济利益。体现这四个特征的经济实体不管是以什么样的法律形式进行经营活动（如公司、合伙经营、社

---

① 孙亚范：《新型农民专业合作经济组织发展研究》，社会科学文献出版社，2006。

团等），都可以被归类为经济意义上的合作社。①

德国合作社学者汉斯·H. 缪恩克勒将合作社作为一种组织形式所具有的特点归纳为以下几个方面：由相当数量的人员组成的团体；实行开放政策和自愿原则（包括自由退出的权利），因而组织成员数量不断变化；以成员之间的合作和共同利益为基础结合在一起；组织的目标是与第三方进行经济交往；组织的根本目的在于促进成员的经济和社会利益。②

合作社的权威定义是国际合作社联盟在 1995 年举行的 100 周年代表大会上做出的：合作社是人们自愿联合、通过共同所有和民主管理的企业，来满足共同的经济和社会需求的自治组织。其具有下述五个方面特点：①合作社是自治组织，它尽可能地独立于政府部门和私营企业；②合作社是"人的联合"，世界上许多基层合作社只允许单个"自然人"加入，但联合社允许"法人"加入，包括公司，通常联合社的社员就是其他合作社；③人的联合是"自愿的"，在合作社的目标和资源内，成员有加入和退出的自由；④"满足共同的经济和社会的需求"，这一规定强调了合作社是由其社员组织起来，并着眼于社员，社员的需要是合作存在的主要目的；⑤合作社是一个"共同所有和民主管理的企业"，合作社的所有权在民主的基础上归全体社员。这些特点是区分合作社与其他经济组织如股份制企业和政府管理企业的主要所在。

以上各种合作社的定义虽然表述各不相同，但关于合作社的性质和特征表述基本一致。根据以上定义和说明，合作社可以被定义为：合作社既是人们自愿结成的群众性的社团组织，又是具有法人地位的生产和经营企业。合作社作为一种经济、社会组织形式，其制度特征，是人们自愿联合、共同所有和民主管理，其价值特征是满足共同的经济和社会需求。值得注意的是，合作社作为一种社团组织和企业，具有特殊性：③①合作社是一种企业组织，它与普通的社会团体不同，普通的社会团体是一种非企业组织；②合作社与其他商业性企业不同，合作社是一种由它所服务的人们共同拥有和民主管理，其利益在使用的基础上取得并进行公平的分配的特殊企业。

---

① 汉斯·H. 缪恩克勒：《合作社法律原理十讲》，西南财经大学出版社，1991，第 12 页。
② 汉斯·H. 缪恩克勒：《合作社法律原理十讲》，西南财经大学出版社，1991，第 49 页。
③ 孙亚范：《新型农民专业合作经济组织发展研究》，社会科学文献出版社，2006，第 28 页。

（四）农民专业合作经济组织

农民专业合作经济组织泛指我国农村市场化改革以来在家庭承包经营制度基础上新发育成长的，由农民按照自愿、民主、平等、互利原则自发组织的，以为其成员的专业化生产提供产前、产中、产后服务为宗旨的，谋求和维护其成员的社会经济利益的各种经济组织和社会团体。这些组织的具体形式包括农民专业协会、技术研究会、专业合作社和各种农民专业性合作联合组织等。[①]

二 国内外研究现状述评

新中国成立以后合作制的研究基本上是围绕合作化展开的。

（一）合作化研究的阶段

学术界对农业合作化运动的研究20世纪50年代中后期至今可大致分为四个阶段。

第一阶段，农业合作化运动开始到党的十一届三中全会前。研究围绕农业合作化运动的开展、中央农业政策的制定和执行进行。研究的主要内容是：农业合作化运动开展的必然性和必要性分析、如何开展以及全国各地和社会各界农业合作化运动的开展情况等。这一阶段的研究以正面宣传为主，理论分析虽然也有不少，但主要是对农业合作化运动及其中的各项政策的阐述、学习和解释宣传。

第二阶段，党的十一届三中全会到十三大前后。家庭联产承包责任制的实施使农村经济在1979~1988年实现了奇迹般的恢复和发展，使中国用不到十年的时间解决了农村的温饱问题。尽管1981年中共十一届六中全会通过的《关于建国以来党的若干历史问题的决议》对农业合作化运动做了客观的评价，但这一时期的研究者们大多有意无意地将合作化与联产承包责任制对立起来，陷入了意识形态的争论，忽视了两者之间的内在联系。

第三阶段，90年代中期到党的十六大前后。"三农"问题凸显，人们开

---

① 孙亚范：《新型农民专业合作经济组织发展研究》，社会科学文献出版社，2006，第30页。

始用新的眼光审视农业合作化运动，对其历史进行重新认识。以 1996 年纪念三大改造完成 40 周年为契机，农业合作化运动的研究掀起了新的高潮。这一阶段的研究内容较以往更加丰富，在与家庭联产承包责任制的比较研究中，对农业合作化运动历史的认识趋于客观、全面。

第四阶段，党的十六大至今。这一阶段的研究视野更加开阔，古今中外的联系对比，使研究较以往更加全面、生动。农业合作化运动对中国社会产生的影响广泛而深远。总的来说，20 世纪 90 年代中期以后，这一课题已成为经济学、社会学、政治学和历史学研究的热点和难点问题之一。

（二）合作化研究中的热点和焦点问题

1. 关于农业合作化运动的历史评价问题的研究

对农业合作化运动的历史评价，虽然《关于建国以来党的若干历史问题的决议》早有定论，邓小平也曾指出，"土地改革和合作化……都干得很好"，"建国后的头八年，也就是从一九四九年到一九五七年上半年，我们的发展是健康的，政策是恰当的"。但研究中仍存在很大的分歧，大多数学者认为，农业合作化从总体上来说在基本方向上是正确的，是建国初期一次深刻的社会变革，成绩是伟大的。这表现在：农业合作化在农村建立了社会主义制度，避免了两极分化，消灭了剥削制度；农业合作化促进了农业生产力的解放和发展；农业合作化的胜利为实现国家的工业化和推进对资本主义工商业及手工业的社会主义改造创造了有利条件；奠定了农村基层组织的基础，培养了大批基层经济和行政管理人才。他们在充分肯定农业合作化运动成绩的同时，也承认合作化后期出现的"四过"问题，并指出这些导致了合作社公有化程度过高，分配上存在着平均主义，忽视家庭经营，排斥商品经济等不适应生产力发展的消极影响。

有的学者将农业合作化运动的历史评价为"阶段论"。他们认为农业合作化运动在 1951～1955 年虽然发生过急躁冒进的偏向，但总的来讲发展是健康的，能比较好地体现互助合作的优越性；而 1955 年夏季以后，不仅严重地脱离了农村的实际，违背了生产关系的变革一定要适应生产力发展水平的客观规律，而且也违背了党在过去指导农村互助合作工作中形成的一系列行之有效的方针政策，使农村互助合作遇到了严重的挫折，煮了一锅夹生饭。

有的学者对农业合作化运动持基本否定的态度。他们提出评价农业合作化运动应以改造过程及其以后客观效应为依据，因此，部分学者从改造在发展农村经济、提高农民生产水平方面是不成功的；农业合作化运动没有把发展生产力、解决社会主要矛盾作为主要任务；农业合作化运动在批判右倾中掀起高潮，为"大跃进"的发动提供了事实依据；农业合作化所谋求的目标不完整、确立的模式也存在弊端等几个方面分析，认为农业合作化不仅仅只是"四过"问题。

2. 关于农业合作化是否具有历史必然性问题的研究

多数学者认为农业合作化运动是历史发展的必然产物，并不是由某些人主观想象、任意决定而产生的。有的分析指出农业合作化运动是为了改变土改后个体经济不适应生产力发展需要的状况，继续解放和发展生产力，调动农民生产积极性，实现农民共同富裕的必然要求。解放和发展生产力是农业合作化运动的根本目的和动因。有的学者在论述农业合作化的历史必然性时认为：农业合作化是我国社会主义革命和"一五"计划时期经济发展战略的必然要求，按马克思主义不断革命论的观点，在农村建立社会主义经济制度势在必行，同时，新中国成立初期重工业优先发展的经济战略也要求对农业进行改造，为之提供资金支持。因此，农业合作化是新中国成立初期农村经济建设的必然选择。

有的学者认为，农业合作化运动的发起，农村和农民自身的因素、工业化的因素都不是决定性的，中国共产党以实现社会主义并最终实现共产主义为己任，在完成新民主主义革命后必然要开始社会主义革命，建立以生产资料公有制为基础的社会主义制度，在土改后必然对农民的个体土地私有制进行社会主义改造，因此，农业合作化运动发起的决定因素在于党对农村发展道路的引导，并由此导致在运动过程中难免出现过早、过快的失误。也有的学者认为，农业合作化运动是采用政治运动的方式、强制性的行政手段进行的，并不是当时社会发展的必然趋势。中国的农业合作化运动是对苏联集体化运动的模仿，运动中建立起来的集体经济制度虽然为工业化提供了大量资金，但它压制了农民生产积极性，造成农业生产效率长期低下，最终使工业化成了无源之水，整个国民经济长期处于停滞状态，因此传统的集体经济只是一种乌托邦式的幻想。

3. 关于农业合作化运动加速原因的研究

目前学术界对此的解释有：对土改后农民积极性的错误估计是改造速度过快的重要原因之一；对农村两极分化做了过于严重的估计，认为农村中的资本主义自发势力一天天在发展，新富农不断出现，合作化如不赶快上马，工农联盟就有破裂的危险；对合作化的成绩估计过高，认为合作社不断升级就会提高粮食产量，发展农村生产；对列宁过渡时期理论缺乏全面准确的理解等。1990 年以来，有的学者指出重工业优先发展战略的提出是加速农业集体化的一个重要原因，实现工业化，使中国早日由农业国变为工业国是中国共产党的奋斗目标，而当时全党一致认为，只有农业的互助合作和集体化才能为工业提供足够的农产品。同时，"一五"计划第一年就出现重工业优先发展战略的实施与个体农业经济发展之间的矛盾，解决这一矛盾也成为农业集体化步伐加快的内在动力。

有的学者认为，农业合作化运动中速度过快不仅仅只存在于 1955 年夏季之后，实际上从 1955 年夏季开始的农业合作化高潮是 1951 年全国第一次农业互助合作会议召开以来，从中央到地方表现出急于求成和接二连三的"冒进"做法发展的一个必然结果，因此，对农业合作化速度过快原因的考察应当寻根求源。研究者指出，农业合作化速度之所以过快，与新中国成立后毛泽东深受经验主义，即新民主主义合作实践经验和延安大生产运动的成功经验的影响有着密切的关系。

4. 关于农民的两种积极性的研究

1951 年 12 月中共中央通过的《关于农业生产互助合作的决议（草案）》指出，农民在土地改革基础上所表现出来的生产积极性，存在于两个方面：一方面是个体经济的积极性；另一方面是劳动互助的积极性。农民的这些生产积极性，乃是迅速恢复和发展国民经济和促进国家工业化的基本因素之一。对农民中两种生产积极性的估计是当时开展农业合作化，进行社会主义改造的主要依据，也是随后中央批判"小脚女人"加速农业合作化的主要依据之一。近年来，对这一问题有不少学者提出了新的看法。有的学者分析了中国农民的传统心理，指出：农民在土改基础上焕发出来的异常高涨的积极性，不论是个体积极性，还是互助合作、走社会主义道路的积极性，其根本动机正在于富裕起来的迫切愿望。所谓农民的

"两种积极性"，实质上只有一个，那就是尽快改变自己的经济地位、脱贫致富。但是在农业合作化运动过程中人们没有真正理解农民的"两种积极性"，夸大了互助合作的积极性并把它直接理解为农民要走社会主义道路的积极性，进而不顾现实地、急速要求实现农业集体化，挫伤了农民的积极性，影响了农业经济的发展。更有学者认为，"两种积极性"的提法本身就存在逻辑上的错误："个体经济"与"互助合作"根本不是一个范畴内的词，与"个体经济"相对应的是"集体经济"，是一种经济制度形式；而"互助合作"仅仅是一种劳动组合方式。个体经济情况下既可以有个体劳动，也可以有集体合作劳动，同样，集体经济条件下，个体劳动或集体劳动都可以存在，因此"个体经济"与"互助合作"不具有可比性。把两者放在一起进行比较，也表明了当时中央对农业合作化运动的认识存在误区。

5. 关于农业合作化与工业化之间关系的研究

农业合作化是为了适应国家工业化战略的需要，理论界已取得共识。农业合作化后客观上便于国家通过工农业产品价格"剪刀差"形式从农业中抽取剩余，为国家工业化提供资金、劳动力、市场支持，为工业化发展做出了历史性贡献。这一阶段的研究在肯定农业合作化对工业化做出贡献的基础上，更多地从国家的工业化发展战略对农业合作化运动的作用来论述二者的关系。研究者指出，工业化战略的实施对合作化运动加速进行具有直接的推动作用，结果造成农民和农村自身的消费被压缩，农民收入增长缓慢，农业生产率低下，城乡差别加大，环境资源退化。

6. 关于中国农业合作化与苏联农业集体化关系的研究

有的研究者认为，中国农业合作化运动虽然借鉴了苏联农业集体化运动的经验，但绝不是苏联农业集体化运动的翻版。有的则认为，尽管以毛泽东为代表的党的第一代领导者们力求把苏联经验与我国的具体实践相结合，尽管以农业合作社的名称区别于苏联的集体农庄，然而考察其实现过程及形式和内容，不难看出中国的农业合作化仍然基本是苏联历史的重演，亦即苏联模式的照搬。也有的学者认为，中国与苏联农业集体化和关系不应做如此简单的概括，两者在目标、内容和基本形式上确实有相同或类似之处，但在某些方面也存在着较大的差异，体现了中国农业合作化运动的特殊性和创造性。

7. 关于农业合作化与家庭联产承包责任制关系的研究

有的学者指出，家庭联产承包责任制是在总结 1955 年夏季以来农业合作化的经验教训，特别是人民公社化以来的经验教训的基础上逐步发展起来的，但家庭联产承包责任制不是对农业合作化的否定，而是对农业合作化成果的继承与发展，是对束缚生产力发展的旧体制的改革，并没有离开合作化的道路。也有的学者对二者进行了比较研究，指出，农业合作化与家庭联产承包责任制的共性是二者都具有发生的历史必然性，促进了农业生产和国民经济的快速发展，改善了人民生活，也都存在一定的不足之处。但两者也有很大的差异，农业合作化是农业生产经营管理的高度集中统一，家庭联产承包责任制则与其恰好相反；农业合作化促进了我国工业化建设的发展，有效地保障了重工业建设任务的完成，而家庭联产承包责任制的实施为我国国民经济均衡、快速、健康发展做出了不可磨灭的贡献；农业合作化虽然较大地提高了人民的生活水平，但仍没能解决人民的温饱问题，而家庭联产承包责任制实施后，人民的饮食消费水平有了明显改观，全国绝大多数地区城乡居民的温饱问题基本得到解决。

（三）国外相关研究

国外关于中国农村合作制的代表性研究模式有：国家与社会关系模式、底层研究视角、农业生态研究视角和农村心理文化研究模式。代表性成果为由弗美尔（Vermeer, E. B.）等主编的《中国农村发展的合作制与集体化：在国家和私人利益之间》文集。西方学者在研究中国的过程中往往用纵向的社会关系代替横向的社会发展，用历时性取代了共时性，用史学替换了社会学，用均衡取代了熵态。在对改革开放以来农村合作制的研究中，西方学者忽视了不断变化的活生生的当下社会经验，转而用西方中国研究的理想类型作为中国研究的规范类型。这就有可能遮蔽中国本土的有用信息，降低自身研究的多重敏感，从而堕入一种自缚的奇诡中。他们大多裹挟着"结构主义"和"规范主义"的谬误。社会转型理论、市民社会理论和地方政府法团主义理论等因为其结构主义和规范主义的既定樊篱而难以解释当代中国合作制变迁。把市场、市民社会和地方政府法团性质理解为一种新的社会结构，独立于彼此，独立于原有的社会结构比如家庭、家族或者国家机构，无助于我们理解当代中国社会的复杂性和多样性，"市场转型"只是理解社会现实的一个方面，它不应该被理解为客观存在的社会结构，也不是未来社会发展的必然趋势。

应该说，上述对农村合作制的探讨具有很强的启发性，不仅有助于发现中国社会主义道路与国家现代化目标之间的各种复杂关系，也有助于发现合作制在乡土社会中运作的方式及其限度和效度。但是，上述研究总体上还处于非自觉状态。尤其是一些研究受意识形态羁绊流于割断历史，陷入非此即彼的独断，导致左、右两极化结论，从而不利于对历史经验的反思。另外，将合作制研究局限于政治和经济层面，忽视了其文化和社会层面的意义，视野过于狭窄，难以全面考察合作制的价值。胡锦涛同志在党的十七大报告中提出的"三个铭记"和对中国社会主义建设的历史经验的总结，为合作制研究和总结合作化的历史经验扫除了意识形态障碍，确立了科学的前提，并奠定了思想理论基础，使合作制研究可以在一个更为开阔的平台上展开。

三　研究过程

本研究自 2008 年 3 月获得立项后，笔者对申报书研究设计进行了进一步细化。鉴于研究经费和成员结构，在选择调研点上，以安徽省农村为主，兼顾中西部农村；在研究内容上，将改革开放以来的农村合作制变迁具体分解为"合作类型""合作条件""合作功能""合作能力""合作需求""合作成效""合作传统"七个因素，从个体（农民）和组织（合作社）两个层面进行研究，并设计了相关调查问卷及访谈提纲，完成调查问卷 3000 余份。在田野工作上，采取集体调研与个人调研相结合的方式，调研组实地调研共 500 余个工作日／人次。在研究队伍上，主要由笔者所指导的 2007 级社会学专业 8 名硕士研究生组成。

第一章 农村合作行为的类型学分析

——以安徽小岗村为例

村庄的发展究竟有没有一种根深蒂固的内在原因——这种原因即使在借"国家之手"的提携与关照下，仍然导致村庄无法解决自身的发展问题。如果存在这种原因，那它主要是体制导致的，抑或可以在村庄亚文化群体行为和心理机制中寻找一些解释？本章以安徽省凤阳县小岗村农民合作行为为研究对象，详细梳理和深度描述作为一种社会学意义上的村庄成员合作类型，在学理上有助于厘清中国的农村实际形态和诠释村庄各行动主体的互动模式，同时也为当下中国"社会主义新农村建设"提供现实注脚。国家进行新农村建设的目标是实现城乡统筹发展、构建和谐社会，其具体策略是工业反哺农业和加大政府财政投入，也即意味着今后将有大批资源不断注入农村，乡村社会如何承接和利用这些资源是新农村建设成败的关键。小岗村虽然作为政治明星村有其特殊性（拥有政治资源转化而来的经济资源），但在新农村建设过程中，外部资源的不断注入也是将来中国其他村庄的共同特点。所以研究小岗村农民合作行为有助于从总体上借鉴和反思新农村建设的经验和教训，因而具有重要的理论价值和现实意义。

一 农民合作行为：概念界定及其类型

中国农民合作行为是各界关注的重大问题。1995 年 1 月，荷兰莱顿大学举办了"中国农村集体和自愿组织：在国家组织和私人利益之间"的国际会议，三年后由弗美尔（Vermeer, E. B.）等主编的《中国农村发展的合作制与集体化：在国家和私人利益之间》选编了会议中的 11 篇论文，围绕

"农村合作的遗产，经济关系和组织，政治和社会组织"三个方面，内容涉及中国农业灌溉、村庄性质、合作与集体的区别、农村工业化、公共水源和牧地管理、村民自治等，详细记述了自 1978 年后中国农村合作事业的集体遗产、政治组织和经济发展，是研究中国农村发展中农民合作问题的重要著作。其中，赛尔登（Selden，Mark）对中国农民合作的定义最具代表性：农民合作行为是一种由农民自己发起和维持的群体的社会和经济互助活动。合作的原则如下：第一，合作的主要目标是让成员受益，合作是自我帮助或相互辅助的组织；第二，合作应践行民主决策、民主管理的原则；第三，合作的展开是开放的和自主的，基于成员自愿参与和自由退出的原则。[①] 可以看出，赛尔登对于农民合作行为的定义实际上在外延上抛弃了由国家主导的农民合作。

2004 年 1 月，华中师范大学中国农村问题研究中心在《华中师范大学学报》（人文社会科学版）第一期发表了关于"中国农民合作能力"的一组文章。该组文章以湖北省荆门市一个村民小组 2003 年收取灌溉水费发生的不合作事例为讨论起点，贺雪峰认为农民具有特殊的公正观：不在于我得到多少及失去多少，而在于其他人不能白白从我的行动中额外得到好处,[②] 这种公正观由于熟人社会对于公益心高的农户的过高期待而进一步得到强化，而公益心高的农户因为每次在村庄公益中都得到相对于其他村民较少的好处而越来越被村民边缘化；市场经济的发展，革命运动的历史，进一步使传统的村庄约束力式微，农民的这种公正观更加盛行。吴理财的文章从农民日常生活逻辑的角度进一步支持了贺雪峰的观点。[③] 董磊明的文章指出了农民难以合作的困境，从组织、制度、文化和村庄社会精英缺失的角度进行了分析。[④] 罗兴佐探讨了合作的两种类型：体制内合作和体制外合作，并指出前者建立"在外部强制力的基础上，一旦强制力减弱甚或消失，原有的合作

[①] Selden, Mark, Household, "Cooperative and State in the Remaking of China's Countryside," in Vermeer, E. B.; Pieke, Frank, N. and Chong, Woei Lien（eds），*Cooperative and Collective in China's Rural Development: Between State and Private Interests*, New York: Armonk, 1997.

[②] 贺雪峰：《熟人社会的行动逻辑》，《华中师范大学学报》（人文社会科学版）2004 年第 1 期。

[③] 吴理财：《对农民合作"理性"的一种解释》，《华中师范大学学报》（人文社会科学版）2004 年第 1 期。

[④] 董磊明：《农民为什么难以合作》，《华中师范大学学报》（人文社会科学版）2004 年第 1 期。

局面将难以维持"，而后者"依托村庄的内生力量，不同村庄性质不同，后果差别很大"①。四位学者的共同观点是：在"缺乏经济阶层和缺失传统记忆"的村庄，农民难以合作。这是从农民个体的层面对合作行为的研究。

2006 年 9 月，由华中师范大学中国农村问题研究中心、中国社会科学院农村发展研究所、《乡镇论坛》杂志社和南方报业集团联合组织的"中国农村发展论坛"第二届研讨会在广州召开，会议主题是"农民合作组织与新农村建设"，近 100 位专家学者参与了这次会议。会后徐勇发表了《如何认识当今的农民、农民合作与农民组织》一文，从"组织农民合作"还是"农民合作组织"，"原子化小农"还是"社会化小农"，"农民善分不善合"还是"农民善分也善合"，封闭的"集体合作"还是开放的"专业合作"等几个方面总结了这次会议。②这是从组织层面研究农民合作问题。

中国政府更是一直高度关注农民合作问题。2002 年 12 月 28 日第九届全国人民代表大会常务委员会第三十一次会议修订的《农业法》第二章第十四款规定："农民和农业生产经营组织可以按照法律、行政法规成立各种农产品行业协会，为成员提供生产、营销、信息、技术、培训等服务，发挥协调和自律作用，提出农产品贸易救济措施的申请，维护成员和行业的利益。"2003 年，国务院在指导农村农业工作会议上，对于农民协会和其他合作组织在经济发展中的作用予以再度认可。2004 年，中央一号文件更是明确指出协会的作用和建立的措施。文件写道："积极发挥农业科技示范场、科技园区、龙头企业和农民专业合作组织在农业科技推广中的作用。建立与农业产业带相适应的跨区域、专业性的新型农业科技推广服务组织。……鼓励发展各类农产品专业合作组织、购销大户和农民经纪人。积极推进有关农民专业合作组织的立法工作。……适应农产品国际贸易的新形势，加快建立健全禽肉、蔬菜、水果等重点出口农产品的行业和商品协会。"《中华人民共和国农民专业合作社法》已由中华人民共和国第十届全国人民代表大会常务委员会第二十四次会议于 2006 年 10 月 31 日通过，并于 2007 年 7 月 1 日起施行。《中华人民共和国农民专业合作社法》是继《公司法》《合伙企业法》《独资

---

① 罗兴佐：《农民合作的类型与基础》，《华中师范大学学报》（人文社会科学版）2004 年第 1 期。

② 徐勇：《如何认识当今的农民、农民合作与农民组织》，《华中师范大学学报》（人文社会科学版）2007 年第 1 期。

企业法》等之后又一部市场主体法，是新中国成立以来第一部规范农民合作经济组织发展的法律。《中华人民共和国农民专业合作社法》的颁布，适应了现阶段农民专业合作社发展和建设社会主义新农村的客观需要，对于规范和促进农民专业合作社建设，提高农村合作经济的发展水平，进一步推进农村经营体制的创新和加快社会主义新农村建设都具有重要意义。

上述对"农民合作"的讨论具有重要的理论意义和实践价值，并对类型学意义上的农民合作行为研究具有启发意义。在现实世界中，不同类型的合作行为折射的是国家、市场与农民、农村的关系以及农民合作的境遇、效能和策略。因此，这里将农民合作行为界定为：农民个体为满足或维护自身利益，汲取必需的社会资源，主动与其他农民个体达成一种联合，或在被动的情况下由国家主导形成一种联合。

根据上述定义，可以将中国农民合作行为分成内生型合作和外生型合作两种类型：内生型合作是农民为获得某种利益而采取的集体行动，外生型合作是国家出于统治目的的国家政权建设。内生型合作的主体是农民，是主动合作，主要应对市场力量和国家力量；外生型合作的主体是国家，农民是被合作者，服务于国家政权建设。

本章从新中国成立后农民合作史和国家、市场、农民的关系结构出发，将"农民合作行为"分为外生型与内生型两种类型，主要基于以下考虑：由于中国曾实行了20多年的人民公社体制，在较长的时间里农民合作皆不属于赛尔登上述所说的自愿内生合作，理解这一点对于改革后的农民合作和农村发展具有重要的借鉴意义。内生型合作与外生型合作的分类不是要做一个价值判断——孰优孰劣，而是结合具体的历史情境给出逻辑分析。

二　外生型合作：普通意义的安徽小岗

（一）从互助组到高级社（1952～1958 年）

土地改革运动结束后，广大农民基本上实现了"耕者有其田"的愿望，生产积极性也被充分调动起来。但是，由于多数农户经济基础差，生产资料严重不足，尤其是人口多劳动力少的农户，生产上有困难，甚至出现了买卖土地的现象，导致新的贫富分化出现。为了应对这种情况，农户间利用传统村落的协作传统，自发产生了草根性质的互助活动。政府也于1951年12月15日及时公布了《关于农业生产互助合作的决议（草案）》，号召"组织起来，发展生产"，农村互助组应运而生。互助组主要有两种组织形式：一种是季节互助组，农忙季节如春播秋种，午、秋收割等，以劳、畜力进行相互换工，而其他农活如田间管理等由各户自行安排。另一种是常年互助组。常年互助组设记工员，分户记劳动出勤日，属"死分死记"，大小农活由组统一安排，年终各户按出工日参加收益分配。互助组遵循"自愿互利，等价交换，民主管理"三大原则。两种互助组的根本区别在于，前者是村落社区自发行为，后者则隐含了国家政权对私有化小农进行社会主义改造的意图，是政府所着力推进的。1953年冬，政府发表了《关于发展农业生产合作社的决议》，大力提倡建立初级农业生产合作社。1955年9月，毛泽东发表了《关于农业合作化问题》一文，批评了农业合作化发展速度是"小脚女人走路"，由此在全国范围内掀起农业合作化运动的高潮，其国家强力推进的色彩渐浓。

小岗在土改后的四年间显然没有受到上述国家意图多大的影响。截至1955年底，小岗只有一个四户组成的互助组。小岗的第一个互助组由黄学良、严国昌、关廷珠和关廷珍四户农户组成，其中雇农出身的黄学良担任互助组组长。互助组主要采用"变工"（换工）的方法，即以人工换人工，人工换畜工，抗旱、抢收抢种时，每家抽同等劳动力，轮流到各户劳动。属于季节互助组形式，是村落的草根协作。

到1955年底，小岗已有34户，除了上述黄学良互助组外，其余30户仍然坚持"单干"。互助组运动的高级阶段初级社在小岗基本上没有留下痕迹。小岗人把这段单干时间称为新中国成立以来前30年中的"黄金时代"。全村从1951年的24户，145人，18犋牲畜，13张犁耙增加到1956年的34户，175人，30犋牲畜。这在小岗的历史上是罕见的。中农成分的严家其当时全家6人，3个劳力，1犋牛，种40多亩地，最多一年收6000斤稻谷，1500斤小麦，600多斤高粱，3000多斤山芋和500多斤豆类，生活基本可以自给自足，还有节余。①

---

① 王耕今等编著《乡村三十年：凤阳农村社会经济发展实录（1949~1983年）》，农村读物出版社，1989，第153~154、65~66页。

　　小岗之所以能对早期合作化运动"免疫",主要受其独特的人文和自然环境影响。由于小岗临近淮河,是洪涝灾害频发之地,土地广漠,人少地多,居民大多为远乡迁徙而来,虽聚落而居,但缺少共同体意识,如此导致家庭之间的协作有限,更是缺乏集体合作意识。另外,新中国成立初期国家的行政影响尚未抵达社会底层尤其是边远蛮荒地区,这也是小岗得以规避外部国家干预的原因。

　　1955 年底,随着对"小脚女人"的批判,国家力量强势介入小岗。政府工作队进驻小岗,要求农户从单干户直接进入高级社。或出于对党的信任和对美好理想的向往,或迫于压力,1956 年中,小岗的全部农户都加入了高级社。

(二) 人民公社运动 (1958～1978 年)

　　1958 年春,中共八大二次会议提出"鼓足干劲、力争上游、多快好省地建设社会主义"的总路线,同年 8 月,中共中央政治局北戴河会议公布了《关于在农村建立人民公社问题的决议》。由此人民公社的组织形式作为国家制度得以确立。

　　公社化后,为体现"一大二公",实行"政社合一"和"工农兵学商"五位一体体制。小岗所在的凤阳县试办人民公社是在 1958 年 8 月 17 日开始的。全县原有 28 个乡,137 个农业社,3 个蔬菜社,2 个渔业社。经县委研究决定,规划合并为 16 个乡,9 个社(其中农业社 7 个,蔬菜社 1 个,渔业社 1 个),人民公社 7 个,农场 1 个。① 人民公社起初实行以"吃饭不要钱"为主要内容的供给分配制度。在凤阳,有的公社甚至宣布包下社员的生老病死、婚丧嫁娶、教育医疗等各种基本生活费用。它推行"组织军事化、行动战斗化、生活集体化"的劳动组织方式和生活方式,将劳动力按军队建制组织起来,统一指挥部署;同时大办集体食堂等集体公共福利事业,要求农民都在食堂吃饭。在各种"大"办中,政府和公社还无偿调用生产队的土地、物资和劳动力,甚至调用社员的房屋、家具。据对当时凤阳所属九个社的不完全统计,一平二调的财物有:土地 9224 亩,机器 9台,农具 711 件,劳力 2022 个,耕畜 400 头,烤烟 2321 担,粮食 765825

---

① 夏玉润编著《小岗村与大包干》,安徽人民出版社,2005,第 168 页。

斤，资金 201770 元，马车 6 辆，木船 1 只，家禽 805 只，木料 5130 根，房屋 1054 间，果树 334 棵，瓜菜 419950 斤，柴草 4766 担，其他车辆 49 台等。①

到 1960 年，小岗只剩下 10 户，39 人，1 犋半牛，耕种 100 多亩土地。在 1959 年到 1961 年春不到 3 年时间里，饿死 60 人，死绝 6 户，有 76 人远离家乡，逃荒要饭。②"大包干"的发起人之一严学昌回忆，他家 1960 年是靠在田野里采了几百斤稗子磨成面，才渡过饥荒的。

人民公社制度的确立标志着国家政权建设深入村落社会底层，即使是小岗这样的偏远村庄，也无一例外地被纳入国家的监控中。1960～1978 年，小岗每年都有蹲点干部，少则 1 人，多则达到 21 人——每户都有一个干部盯着。

人民公社运动之初，国家一直强调公社是群众自发的产物，符合历史发展的客观规律，国家只是顺应农民的"政治觉悟"要求而已。这种对运动自发性的强调一方面可以减少强制性的外包装，另一方面也可以应对来自莫斯科的批评：中国政府坚信中国的人民公社比苏联的集体农庄更为先进，前者建立在农民社会主义觉悟的"客观状况"之上。而强调群众的"自发性"可以更大程度地获得群众支持，如果承认群众不支持人民公社运动，会给统治合法性带来消极影响。③此为人民公社化运动的意识形态因素。人民公社化运动的另一重考虑是便于施行统购统销政策，为工业化提取资本积累。

作为积极倡导者和推动者的毛泽东在发现人民公社化运动严重脱离了农民生活实际问题之后，做了积极纠正。但总的说来，人民公社化运动的实际后果则是不仅没有提高生产力，反而压抑了农民的生产积极性，造成农民生活艰难。虽勉强建立了初步的工业体系，却以城乡分割为代价。

中国传统政治结构基本上是由"大共同体"（国家共同体）与"小共同体"（村落共同体）构成的双中心结构。一方面是中央权力高度集中，另一方面是地方社区高度自治。中央政治与地方政治是一种互构与博弈的关系，

① 夏玉润编著《小岗村与大包干》，安徽人民出版社，2005，第 31～32 页。
② 吴庭美、夏玉润：《凤阳古今》，黄山书社，1986，第 226～227 页。
③ Pye, Lucian W., *The Spirit of Chinese Politics: A Psychocultural Study of the Authority Crisis in Political Development*, Camb., Mass.: Mit Press, 1968, pp. 218 – 219.

表现为连续性与断裂性的统一。连续性是指高层与底层通过仪式象征系统相互印证彼此的合法性，从而获得家国一体的基本认同；断裂性是指官僚系统与社区组织由于利益差异形成的博弈关系的解体，导致中国传统政治结构的周期性重组，形成超稳定结构。所谓的"马铃薯"（无差异的个体农户）结构是直到近代开端才逐渐形成的。西方在中国的殖民活动一方面造成了农产品商品化水平的急剧提高，从而改变了传统农业生产方式，不再是自给自足的小农经济，农户直接面对市场，对村落社区的依赖性减弱，导致地方共同体的解体；另一方面，其文化侵入也破坏了传统中国高层与底层在认同上的连续性，导致中央权力的衰落，事实上成了一盘散沙。

随着人民公社制度的确立，国家政权建设达到最高峰，并最终确立了威权政治体制——既不同于传统政治结构的双中心，也不同于近代的无中心，而是唯一中心的全能结构，农民以集体化的形式嵌入这一全能结构中。强制性合作使农民利益与国家利益绑缚一体，形成国家与农民之间保护与依附的关系结构。

就依附关系建立的基本条件而言，依附是为了获得保护。由于农民不是独立的利益主体，而是依附于国家，国家在通过非市场化手段提取农民的劳动成果和分配给农民生产生活资料的同时，也就用非市场化的手段将农民利益整合到国家利益之中，并且，由于经济生活的高度非市场化，这种合乎利益整合的程度很高，即国家利益与农民利益高度一体化；同样，由于农民不是独立的利益主体，且缺乏与国家进行讨价还价的社会组织资源，这种利益的高度一体化只是强化了农民对国家的依附关系，而国家对农民的保护动因阙如。农民与国家在利益上的高度整合，使得农民比较容易接受作为国家制度安排的强制性合作。并且，在强大的意识形态宣传攻势作用下，农民更加自觉地将自身的利益捆绑到国家利益上，并服从于国家利益，从而形成符合国家意识形态要求的合作组织形式。这种合作组织形式保证了国家对村落社会的资源汲取和政治动员，同时力图避免国家与农民的利益冲突。但是，由于依附与保护关系的不对称，这种由国家与农民利益的高度一体化形成的合作只是强制的结果（来自国家政权建设的制度性安排），实质上却埋下了国家与农民之间利益冲突的种子。这是20世纪70年代后期由村落自发形成和首先发起改革的基本动因，同时也是改革前国家政权建设过程中传统村落社会组织资源得以苟存的基本原因（人民公社制度的基本架构是"三级所有，队为基础"，"队"大多数由村落构成）。

三 内生型合作：独特意义的安徽小岗

一般认为，发源于小岗的"大包干"是中国农村改革的起点，联产承包责任制是其体制化结果。从集体行动的层面看，"大包干"过程本身就是一个集体行动，是内生型合作。起初小岗采取的是包产到组的承包形式，各组成员如下：一组成员为严立富、严立华（兄弟俩）；二组成员为严国昌、严立坤、严立学（父子三家）；三组成员为严家芝、严金昌、关友江（关为严家的女婿）；四组成员为关友申、关友章、关友德（兄弟仨）；五组成员为严宏昌、严付昌（兄弟俩）；六组成员为严家琪、严俊昌、严美昌（父子三家）；七组成员为韩国云、严学昌（邻居）；八组成员为关友坤、严国品（邻居）。

以上八组多为"父子组""兄弟组"，然而时过不久，内讧开始出现。如五组是"兄弟组"：严宏昌户，共6口人，2个劳动力；严宏昌的胞弟严付昌户，共8口人，4个劳动力。哥哥提出采用生产队记工分的办法，分配时采取"劳三人七"方法，即工分占3成、人口占7成。弟弟因为劳力多，这样分配自然吃亏，提出分配时凭工分不凭人头。双方话不投机，在一起干了三天活就互不理睬了。又如六组是"父子组"，共3户：父亲严家琪带着小儿子共3口，2个劳动力；大儿子严俊昌全家9口，2个劳动力（其中两个小孩算一个劳动力）；二儿子严美昌全家4口，2个劳动力。三家劳动力相等，故不计工分。但是时间不长，三家各自都认为吃亏了，也闹着要分开。面对如此的僵局，他们决定各自家庭"单干"。

夏玉润《小岗村与大包干》记载，1978年12月，严宏昌来到村中年龄最长的关廷珠家，请教他如何才能把生产搞好。关廷珠说："1962年搞的'责任田'很管经（有用），要想不吵不闹，只有分开一家一户地干。就怕政府不准干，你们当干部的也不敢干。"严宏昌随后与他小哥严俊昌、会计严立学碰头，而且他俩也分别询问过其他农户，也是提出一家一户地干。于是当月的一个晚上，18户聚在村西头严立华家讨论具体单干事宜，严宏昌提议签个合约，这就是后来载入史册的18户人家"按红手印"冲破国家制度障碍创造的"大包干", 其核心内容是"保证国家的, 留足集体的, 剩下都是自己的"。"大包干"带来大变化, 其中变化最大的是农业生产。"大包干"一年后的 1979 年, 全生产队粮食产量 66185 公斤, 相当于 1966 ~ 1970 年 5 年粮食产量之和。全年粮食超征购任务 1400 公斤, 小岗人不仅不再吃返销粮, 而且向国家交售粮食 12497.5 公斤, 超额 7 倍多; 油料总产 17600 公斤, 卖给国家花生、芝麻共 12466.5 公斤, 超过任务 80 多倍。[1]

　　上述数据足以证明"大包干"的好处。但是, 随着"大包干"由体制外自发创新转变为体制内制度设置——联产承包责任制在全国的推行, 其缺点也渐渐开始显现: 首先, 联产承包责任制使土地出现小块分割, 有的村落土地犬牙交错, 东分西割, 难以实现规模经营; 其次, 单门独户的农民难以承担第二、三产业的组织和生产任务, 农村的组织化也被削弱;[2] 再次,村庄基础设施建设和公共服务缺位。

　　1983 年中期, 安戈对中国香港 28 位来自中国内地移民的访谈研究也证实了上述问题。据他的记述, 1979 年, 安徽和四川分别采取了激烈的去集体化改革。首先是包产到户, 每个家庭在生产队的监督下, 分配到一块土地并负责生产, 生产队为其提供生产工具、种子和化肥, 在收割时节, 农户把所有的庄稼转交给生产队, 后者根据产量的多少付给农户工分。农户在日常劳动中可自由支配自己的时间, 但是不能决定生产的种类和销售自己的粮食。其次是包干到户或称"大包干", 在这种改革中, 单个农户可以自行决定种植的谷物, 只要他们达到生产队对国家的上缴额即可, 剩下的粮食他们可以自行处理, 可以卖给国家粮站, 也可以在市场出售。这样的大包干实际上绕过了集体, 社员成为独立的农业生产者。安戈的一个访谈对象告诉他: "(当'大包干'实施时), 我们觉得自己就像飞出笼中的鸟儿。" 1980 年后, 各地官员开始大力推进去集体化: 土地、生产工具, 从扁担到扬谷的簸箕等集体资产开始分配 (通常都是免费的) 给农户, 畜力、拖拉机、果园开始通过抓阄或拍卖方式转让给农户, 工厂也开始租赁给农民企业家。到 1983 ~ 1984 年, 集体资产基本分光了。去集体化以后, 农民合作行为更是寥若晨星。安戈调查的 4 个样本村庄只发现两例合作 (指合

---

[1]　安徽省凤阳县地方志编纂委员会编《凤阳县志》, 方志出版社, 1999。
[2]　陆学艺:《"三农论": 当代中国农业、农村、农民研究》, 社会科学文献出版社, 2002, 第 268 ~ 270 页。

作者常年共同生产）：一个是来自同一家族的三个兄弟，"在过去，他们一直（因为单名小姓）受到歧视"；另一个是来自五个"家庭成分不好"的堂兄弟。安戈同时指出了由于村民拒绝合作所带来的诸多问题，比如重新分配后的耕地犬牙交错，无法实行机械化耕作问题，农民租借耕牛等畜力的困难，老人、妇女、孩子、疾病等家庭的生活维续问题以及村庄灌溉问题。① 如此导致农民温饱有余，发展乏力。

"大包干" 30 年后，小岗的发展现状似乎印证了安戈的分析。"大包干"是在计划经济体制下的增量改革，其效益来自对农民生产积极性的激发。而在市场经济条件下，只是强调"分"的意识，将置农户于原子化境地，难以应对市场力量。在市场经济条件下，合作对于农民来说不仅是生存问题，更是发展问题。

四　合作趋势：后包干时期的安徽小岗

（一）农民专业合作经济组织，或高效农业推广

农民专业合作经济组织是农业产业化经营的基础环节，在市场经济条件下，大力发展农民专业合作经济组织是进一步推进农业产业化经营的必然选择。近年来虽然上级政府大力倡导，但是农民专业合作经济组织在小岗一直没有发展起来，究其原因有如下几个方面。

首先，虽然说小岗村民之间都有这样或那样的亲戚关系，但是相互之间的不信任是小岗的一个重要特点，父系继嗣纽带基本断裂。"大包干"发起人 XG16 说："曾有学者向我建议，我们小岗种植葡萄的人搞一个葡萄协会，规定会员不准私人卖葡萄，一律组织起来卖，比如凤阳的石英砂就很有名，后来他们组织起来，搞了一个统一价，连邻近的蚌埠也不放价，你看人家价格就上去了！但是我觉得小岗不行，小岗没有这样有本事的人，也没有能力，没有资本。"又说："你找个人出去统一卖葡萄，他在外面卖了 3 元一斤，回来他就说 2 元一斤，你有什么办法？人的私心重，什么问题都解决不了！"

---

① Unger, Jonathan, "The Decollectivization of the Chinese Countryside: A Survey of Twenty - Eight Villages," *Pacific Affairs* 58, No. 4, 1986, pp. 585 - 606.

其次，农业女性化问题。农村男性转移到人们优先选择的非农行业中，他们通常在离其家乡有一些距离的城镇就业，而将所有工作中最不受欢迎的工作——农活——留给了妇女。[①] 在种蔬菜方面极少有户际合作。农业中最复杂的合作关系涉及谷物。[②] "粮食产量在小岗已经到顶，再攒劲也还是那样，而且农业生产成本在不断增加。""农业不可能致富，被抛弃是早晚的事情。""水稻再干，一亩顶多1200斤，又能卖几个钱？"

再次，农业专业合作经济组织若有成效取决于一些条件：一是可靠有效的官员治理；二是稳定的农村生态，农民可以安得其所，食有所托。[③] 但是小岗的农业生态目前并不稳定，典型的表现是农药、化肥使用问题。就农业投入而言，土地的稀缺和充足的劳动力使农民通过精耕细作和投入各种农业生产原料如化肥、农药和水资源来最大化土地的生产效率。为什么中国农民在农业生产中过度使用化肥？这不只是科学种田问题，而且是个社会学问题。OECD的报告[④]指出：1980年以来，中国的化肥使用量增长了几乎四倍；近期的研究表明，化肥使用过度达20%～50%，农药使用过度达40%～50%。中国农业政策中心的研究表明，在化肥使用量降低了25%～35%的地区，农业产量并没有显著的下跌。有两种假设可以解释这种现象。一是认为这是农民的一种冒险农业管理策略；二是认为土地的承包期限和农民的流动助长了农民过度使用化肥。当农民工农忙回家时，其惯常做法是将所有的农业生产材料"毕其功于一役"，而不是根据农业生产的最佳生长时节进行生产，因为他们停留在家中的时间有限。此外，研究还发现，政府、科学团体、种植者、农业产业链的代理人比如农业生产资料的供应者向农民兜售一种农业生产资料的信条：少点是好的，但是如果多点会更好。XG2说："农药销售人员告诉我们每一种农药只针对一种病害或虫害，

---

① 〔加〕朱爱岚：《中国北方村落的社会性别与权力》，胡玉坤译，江苏人民出版社，2004，第33页。

② 〔加〕朱爱岚：《中国北方村落的社会性别与权力》，胡玉坤译，江苏人民出版社，2004，第36页。

③ Hsiao, Kung - chuan, *Rural China*：*Imperial Control in the Nineteenth Century*. Seattle and London：University of Washington Press，1960，p. 502.

④ Huang, Jikun; Hu, Ruifa; Cao, Jianmin and Rozelle, Scott. "Non - Point Source of Agricultural Pollution：Issues and Implications, Environment, Water Resources and Agricultural Policies," Lessons from China and OECD Countries. *Paris*：*OECD*，2006.

有的药负责大虫，有的药负责小虫，有的能打死成虫，但打不死虫卵，有的则相反，最好每样都配点。"这样下来，农民在生产的这个低端链上的利益被许多中间人盘剥，而且到最后还是要农民自己承担后果。

（二）村庄修路：合作的草根力量

小岗村的修路是农民合作行为具有代表性的个案之一。以下内容来自笔者对小岗村 XG5 的半结构式访谈。

问：修路的事情是怎样发起的？是如何集资的？（访谈时间：2009 年 10 月 6 日上午）

XG5：原来我们村是泥巴路，村里上学孩子多，离合浦路（国道）远。平时上集上街很不方便。以前穷修不起，另外我们一直期望政府出资。这次我们自己决定把它搞好。路长约 800 米，宽约 4 米，路基厚约 15 厘米。村民共出资约 22000 元，人均 70 元。凡是户口在村子里，不管在不在村里居住，都必须出资（在村民看来在外打工终究居无定所，不是长久之计）。家里若有拖拉机或三轮车要多出一份。另外一种出资人即捐助人员，主要是在外面做得不错的包工头、国家公务人员或离退休人员等。但大部分是群众出资。户口不在村里，但在村里居住的，像我们村的小学教师 XG7 也算捐资人员。他是国家人嘛，吃皇粮不是农村户口。但是，捐资人员是不出工的。捐资约有 6000 多元，最高单笔捐资是 1600 元。我们 2003 年春动工。安排拖拉机拉石子、瓦片和石粉。修路完全由村民自行发起。受益的是我们村的人。刚收钱时，由 3～4 人挨家挨户收取，也有主动送到轮班村长那里的。一人为私，二人为公。我们负责财务的是 XG6 老先生。村里人相信他。他以前是行政干部，享有威望，他做保管员我们放心。他也是主要发起人之一。按照你的话讲，我们是国家在基层的权力代理人，但是我们也不能忽视这些民间领袖的力量，他们很有号召力的。修路材料由村长开单据，拿单据到 XG6 那里兑钱。他既负责保管，又负责支出。

问：整个修路经过是怎样的？中间遇到了哪些矛盾？是如何得到解决的？

XG5：由于修路的时间比较长，中间遇到农忙时节即停工，年底方竣工。中途停了午、秋两季，收菜籽和稻，约有两个月吧。我们需要把原来的路基拓宽，有些路面要重新铺设，有一段路面恰好与邻村中小王相邻，拓宽时占用了他们的一些农田。由于我们村第二年分田，我们就拨了两块地约两亩，给中小王了。中途比较顺利，但矛盾还是有的。我们的路经过一口水塘，行政村在兴修水利时，挖掘机要来施工，由于机会难得，XG6要求挖掘机就势拓宽路面，并付给机主3000余元的施工款。此事未征得村民同意，许多村民颇有微词，加上村民知道挖掘机机主与XG6是亲戚关系，更是感到不满，其中尤以XG8为首。XG8是以前村里的领头人，但是此人不直爽，老百姓不信任他。修路的事情自然没让他出头，但XG8好出风头，那时候正巧XG6需要回原单位，此时工程尚未竣工，工程预算款只剩1000余元，此时由XG6家属（其妻）XG9出面，在工程未完成之前就叫人刻了一块高约5米，宽约2米的公德碑，把此项工程的领管人员、外助人员和各家户主的名单全部刻在上面，名字后附有各自的捐款额，路名取自捐款最多和次多的两人姓名的最后两个字（两人分别捐助了1600元和1000元），名为"车庄民富路"。这件事情引起了村民更大的非议。村民认为路还没有修好，不应立碑，另外那些应该出钱的（指户口在村里的）不需刻在碑上，应突出捐资人的姓名等。而XG9认为只要不贪污，不做亏心事就半夜不怕鬼敲门。其中尤以XG8最为不满，但事已至此，木已成舟，只好作罢，但不满始终在心中隐藏着。当时路没修完，石粉只铺了一半，但石粉还在继续运送，此时XG8终于粉墨登场了，他出面拦截送石粉的货车，说没钱了，不准司机再送，石粉工程只好就此打住，最后运的两车石粉由于XG8的阻拦，没有进村，司机就把石粉倒在路边上，后来被村民自家挑回，等于被蚕食了。XG9对此亦多不满。双方僵持了一周后，有人开始从中周旋：现在上不上，下不下，眼看已到春节，路再不修好，捐助人员回乡后如何向他们交代，等等。这时镇上的"一事一议费"也由治保主任XG10从镇上拿到，计有3000余元，加上2001年行政村电网改造剩下的旧铝丝的出售所得700余元，剩下的工程在经济上已绰绰有余。XG8于是接下了余款的出纳工作。此时工程已经重新开始，XG9已回淮北，当年12月底完工。但石碑的落款时间是2003年11月。

问：整个工程有没有出现公为私用等问题？在合作修路过程中有没有其他的小插曲？

XG5：整个工程造价不多，基本上没有人贪污，整个过程大家出钱出力，都很透明。至于合作的小插曲，倒是有几个。原来打算按照村子里的地理结构修分别贯通东西和南北的两条路，呈十字形。但是有的人家把离门口不远的石头和石子往自家门口挪，到最后十字路成了"环城路"，户户通，有的把大石头往自家门口搬，影响很坏。领管的人干脆临时决定让家家都通，经济上有保障，因此现在的村庄基本告别了雨天的胶鞋。另外，村子在修路时排水出现了一些矛盾。门口的水道一修就变实了，雨天不能通水。时间一长，路面就有很多凹道，由于路基不厚，装涵洞很不方便，也无必要。时间长了路面不美观。有的村民就自己解决这个问题，各自负责自家门口的路基，但出村的大路无人负责。要说还有别的事情比如有的村民偷石粉，但那不是主流，行政村干部基本上没有介入。这次的修路完全是我们老百姓自发组织的结果。我们这都是自己搞的，只要是给我们村带来好处就行。

可以看出，后包干时期小岗合作反映的问题主要表现在以下两个方面。

第一，村庄空壳化的政治问题。家庭联产承包责任制作为一种制度在小岗建立以后，原先在生存压力下产生的"压力同盟"开始解体，"大包干"发起人之间内部龃龉开始出现。现任村庄领导群体内部存在激烈的矛盾冲突，而"大包干"继承人也不再享有其父辈的权威，难以发挥权力精英的角色功能。政治空壳化导致村庄基层组织建设停摆，使村庄规划、对接外部资源以及基于公共服务的集体行动等失去重要的组织资源和制度保障。上文提及的"环城路"是村庄规划缺失的具体表现，而"推土机"事件则证明：权力精英权威失去合法性基础，导致村庄集体行动难以持续。

第二，村民原子化的社会问题，突出表现是缺少"中间团体"。关于"中间团体"的作用，社会学家卡麦农引用皮纳（Pinard, Maurice）的观点认为：在压力情境下，中间团体（the intermediate groups/associations）提供了沟通的网络，借此，中间团体提供了一种分化的力量，动员成为一种为争取中间人而展开的斗争。按赵鼎新的分析，中间团体至少有以下三种作用：一是有利于制衡国家权力的过渡滥用；二是有助于培育各种社会团体之间的联系和契约关系的建立，支撑了一个共享的社会意义和社会传统；三是有益于社会各部门各部分的动员。由于社会团体的广泛性和交叉性，个体往往参加不同的中间团体，因而大大降低了个体在加入单个团体的心理压力和社会紧张感，分散的精力无法形成聚集的社会能量，降低了社会冲突的刚性、激烈程度和发生强度，有形或无形地阻止了大规模的集体反抗和社会动乱。[①] 由于没有中间团体的缓冲和减压，村民出现问题时难以找到"说理"的平台。单个村民在直面村干部的同时，无法形成一个凝聚力强的群体。在小岗村，没有发现上述这两种群体。小岗村民直面的是"抬头不见低头见"的村干部。矛盾、纠纷的化解很容易在剑拔弩张的气氛中升级。空壳化加剧了村庄的原子化，村民的原子化斩断了理想农村中温情脉脉的意义之网，碾碎了农村的文化颗粒，导致农村的文化氛围更为萧条和单调。村民平时的关系很难在家族外建立起来。他们自己也没有形成一种有凝聚力的联结。

由上可知，小岗现阶段合作所处的尴尬境地：有合作需求却无力达成合作行动。究其原因，不只是因为小岗人有着对集体化时期外生型强制合作的惨痛记忆，更与当代中国农村合作资源匮乏直接相关。原子化的农户，既无传统村落的社区资源支持，也无现代社会组织的制度供给，只能遵循实用主义逻辑，力求自保，罔顾发展。

五　结论与讨论

农民外生型合作的主要推手是国家政权建设，内生型合作则来源于对市场化力量的应对。前者是农民被动合作，后者是农民主动合作。在以外生型合作为主的村庄，比如小岗，一种强调"分"的政治符号被强加在村民身上，实际上是将"分"（"大包干"）的集体行动与"分"的体制化设置混为一谈。都说农民合作难，作为集体行动的"大包干"过程不就是一个典型的合作成功案例吗？将"大包干"包装成"分"的意识形态是政治正确的产物。所以，尽管联产承包责任制仍然强调"统分结合"，但在实际操作中则只"分"不"统"。例如，在 2007 年暑假的一次关于小岗发展研讨会上，有与会者指出：小岗作为中国实行家庭联产承包责任制的发源地，最突出的是强调"分"的"敢为天下先"精神，一旦重走合作

[①]　Zhao, Dingxin, "State – Society Relations and the Discourse Activities of the 1989 Beijing Student Movement," *The American Journal of Sociology*, Vol. 105, No. 6, 2000, pp. 1592 – 1633.

之路，可能给企图"妖魔化"中国的力量提供支持。另外，小岗是安徽乃至全国的明星村，是改革的旗帜，作为农村改革乃至中国改革象征符号的小岗村选择重走合作之路，会导致人们对改革本身产生怀疑，因而不利于国家的政局稳定。这些担心和质疑导致对农民合作，尤其是农民内生型合作的避讳。

在后包干时期，国家只允许小岗实施家庭承包制；小岗是样板，不可以求变。从社会变迁的角度来看，没有哪一个制度设置是一成不变的，而且中国社会转型是急剧变迁，从计划经济体制向市场体制转型，加之全球化的影响，某一个被特定安排的政治经济制度如果仍然因循守旧，只能意味着发展停滞。这是小岗虽然有外部资源注入，却没有发展起来的真正原因。

小岗是中国的明星村，这里提供的是一个明星村落与所有的中国普通村落相似的社会事实。其特殊性在于小岗作为中国 9 亿农民，60 多万村落的典型。这个典型在 1978 年前后通过政府的勘定成为制度建构的一种示范和模板，实际上也是后来城市改革的典型。"大包干"很快解决了温饱问题，但是发展乏力：所谓"一朝踏过温饱线，廿十年未过富裕坎"即是其真实写照。"大包干"初始，市场尚未出现，通过激发农民生产积极性带来的增量效益对于解决农民温饱问题具有显著效果，发展问题并不具有迫切性和优先性。随着国家经济运行从计划经济步入市场经济，"大包干"后的农民有一个面对市场的问题——个体农户如何对市场进行判断、估计和预测。现实中，农民坠入了单个个体无法解决的市场旋涡，被抛出发展的轨道。

小岗农民合作历程反映出如下几个特点。

第一，在农民的"生存伦理"受到威胁时，农民的主要诉求行为立即回缩到家庭本位的原点上：重要的不是赚利，而是保本不亏。王晓毅提出农民连"杀头"都无惧，为何不能够团结起来把当时的公社搞好？[1] 他显然没有考虑当时的历史境遇和农民集体行动的逻辑。历史境遇决定农民不是"理性人"，吃饭问题的紧迫性和安全伦理的至上性加速了当时社会事件的紧张性。生存压力唤起了大家的联盟。但是，一旦压力解除，维系联盟的

---

[1] 王晓毅：《小岗村的悖论》，《读书》2004 年第 6 期。

力量即遭削弱，事件又将回到常规的状态。经过国家勘定和宣传，小岗的常规化被打断了。坦诚地讲，小岗是不打算成名的（最起码小岗人自己没有料到），小岗的成名具有偶然性和人为性，是国家推行家庭联产承包责任制过程中体制化的结果，实际上在改革后成为一个被破坏的共同体。

第二，小岗人的包干到户是一个被政治过分渲染和人为拔高的典型。问题在于典型性往往不是普遍意义上的代表性。典型性不是一种常态。典型是事物的最佳状态和最优表现，它聚集了几乎所有的"优势"和"资源"，具有不可再造、无法模仿和复制的特点，把这种典型作为一种代表性来推广，容易使小岗外的村庄感到一种压力。质言之，小岗获得这种政治资本的先赋性表明小岗是政治动员和国家塑造的时代产物，具有一种临时性的特征。

第三，"大包干"过分宣扬了农民的个人主义，这本与现代性培育有契合之处，但是这种个人主义若任意放大，则会造成农村发展的诸多消极后果：首先是村庄公共物品的供给和维护问题；其次是农民的多重需要满足问题。农民集体主义的解体不能不说是农民的悲哀。[①] 人民公社的解体并不代表"集体主义"作为一种个体存续与社会互动形式的消亡。我们不应混淆作为"情结"的集体主义和作为表现集体行动的"形式"。小岗并没有改变中国农民的集体主义互动模式，只是从一种"紧张情境"中重新定义和组合了农民的个人主义。这种权宜的策略在解放农民生产积极性的同时，也给小岗后续的发展带来了诸多的负面影响。

总的说来，对小岗村新中国成立以来合作历史的考察论述，可以看出如下几点。第一，家庭联产承包责任制在小岗实行以后，村民的信任机制呈现崩坏趋势，在一个信任稀缺的村庄环境里，每一个人就是一个纯粹的"经济人"，日常实践遵循的是"丛林法则"。这种不信任机制主要是村庄外部资源的引入、国家力量自上而下的干预和村庄内部自组织力量薄弱导致的；具有博弈能力的县镇乡政权代理人、村干部、村民在失序的去集体化时代，呈现出混乱的互动局面。第二，国家力量在集体化时期一直对小岗实行着摧枯拉朽的改造，在后集体化时期，虽然乡村社会结构已经发生变化，但是这种力量同样存在于小岗之中，只是改为借助村庄"宗法"势力

---

① 王晓毅：《小岗村的悖论》，《读书》2004 年第 6 期。

罢了。如此导致村民之间矛盾加大和冲突加剧，最终表现为村庄治理"失灵"和村庄"失序"，国家力量的"主观愿望"和"客观效果"之间差距加大。第三，特定时期的制度安排对小岗现行的发展构成了压力和阻碍。关于农业"大包干""发源地"的小岗"是否可以发展工业"的争论证明了"国家权力在后集体化时期回撤和下放"的认识不符合现实。地方政府的权力有强化国家权力的可能，也有弱化国家权力的可能，不能把这样的可能性理解为国家权力与地方权力的一致性。第四，小岗的发展滞后是体制、资源、环境等多重因素叠加的结果，其发展样态是中部农村的一个缩影。"大包干"后各种外部资源的注入因缺乏村庄内部有效的承接手段，不仅无益于村庄发展，反而给小岗人带来了种种"纠纷"和烦恼。小岗其实是一个普普通通的中西部村庄，它贫瘠的土地、不便的交通、较为落后的村民文化素质和落后的村庄工业，加上中国非均衡发展战略和不平等的城乡结构，这一切使小岗问题的解决远远超出了小岗人的自身能力。

第二章　农民合作的条件分析

——以小岗村农业合作社为例

一　问题的提出与研究意义

（一）研究意义

十七大和十六届三中全会提出走科学发展观的道路，建设和谐社会，构建"生产发展、生活富裕、乡风文明、村容整洁、管理民主"的新农村。"其实质意味着什么？实际上是一个国家、社会与村落共同体互动结构调整的过程，就是以'以城带乡，以工补农'的方式，把外部资源源源不断地向新农村注入，然而资源注入农村来，农村如何接收、消化和吸收这部分资源，来扩大内生的发展才是关键的问题。"① 所以有必要在村落共同体、市场和国家互动建构的框架下研究如何建设好新农村。当前，许多学者在探讨这一主题时不约而同地认为农村走合作的道路才是破解"三农"问题的有效方法，如笔者在探讨农民能力与农村社会资本方面，认为构建农村合作组织才是有效的手段；姚洋则推崇从市场入手探讨农民合作；等等。然而仅仅认识到农民合作的重要性还是不够的。笔者认为研究农民合作还有待于进一步的深入，有必要探讨农民合作组织中的合作条件。

现实情况是农民合作似乎很难实施。在市场经济环境下，使分散的一家一户的农民充分合作，建立多样性的村落内部或超越村落的组织，成为建设新农村的生力军，是推动新农村建设重要的一环。在建设新农村的过

① 沈浩办公室访谈所言，地点：小岗村，2009 年 4 月 18 日中午，采访人：李远行、王云飞。

程中，必须把农民组织起来，使农民通过合作提高与其他行为主体讨价还价的能力。此外，增加农民的合作能力也是建设现代农业、培育新型农民的应有之义。农民合作可以增强抵御风险的能力和共享收益，不合作则无法享受收益甚至要付出失败的代价，显然预期收益或利益才是农民参与合作最重要的因素。正如乔治·霍曼斯（George C. Homans）在其社会交换理论中所认为的，人们所有的行为都是为了获得报酬，不管是内在的，还是外在的。比如，人们工作，不仅可以获得金钱，也可以获得友谊、满足，增加自我尊重，避免失业的耻辱。① 正是这种交换双方或多方为了自己预期的报酬，而进行不断的讨价还价。人们选择合作还是不合作，"在对两种行动进行取舍时，会根据他（她）当时的认识，选择那种随着获利可能性增大，结果总价值也是增大的行为"②。但是，这种选择结果往往会陷入博弈论的囚徒困境，使得合作走向分裂或瓦解。另外，人们也不是完全的理性选择，恰恰相反，有时人们的行动动机和行动后果并不总是一致的，如1978 年前的小岗，当时走的是互助组、初级社，直到高级社，吃大锅饭，实行的是绝对平均主义，干与不干一个样，干多干少一个样，其目的就是集体经济，消除差别，绝对平均。然而，这种良好的主观愿望背离了经济规律，在客观上严重地挫伤了群众的积极性。小岗成为远近闻名的"吃粮靠返销，用钱靠救济，生产靠贷款"的"三靠村"。用严俊昌的话说，为了"不做饿死鬼"③，1978 年 12 月的一个寒夜，小岗生产队 18 户农民签订"秘密协议"，按下了 18 个鲜红的手印，连夜将生产队的土地、耕牛、农具等生产资料依照人头平均分到各家各户，搞起了"大包干"。可见除了共同的报酬之外，还有其他因素影响着合作。所以探讨农民合作的一般条件不仅对农村构建合作组织有着重要的意义，而且对新农村建设也有借鉴作用。

探讨农民合作中的一般合作条件的意义在于如下两点。

其一，在哪些条件下农民之间合作的可能性可以提高？由于中文文献中对于农民合作的研究多集中在农民合作组织结构、农民合作文化以及农民合作能力等问题上，而对于农民合作条件的研究并没有给予足够的关注。

---

① 侯钧生主编《西方社会学理论教程》，南开大学出版社，2001，第 195 页。
② 〔美〕乔纳森·H. 特纳：《现代西方社会学理论》，范伟达主译，天津人民出版社，1988，第 338 页。
③ 严俊昌：《小岗村 30 年的改革历程》，《今日中国论坛》2008 年第 Z1 期。

因此本章试图通过探讨农民合作的条件，进而对合作制理论加以拓展。

其二，研究农民合作的一般条件，不仅有助于加强对农民合作机制的认识，而且对增强农民合作能力有着重要的现实意义。

（二）相关文献综述

1. 国外农民合作研究

虽然合作是社会中常见的现象，但西方社会学中直接论及合作的文献成果并不多，至于农民合作条件的研究更是鲜见。关于合作，一种观点认为所有的社会行动都是合作，甚至竞争也是一种合作。"没有合作，社会就不可能存在。"[①] 西方社会学理论中韦伯的目的合理性的社会行动与价值合理性的社会行动、涂尔干的机械团结与有机团结、滕尼斯的社区与社会、卢曼的信任论等都有着合作的影子。

19世纪至20世纪初，西方社会学出现了马若孟（1970）、黄宗智（1985）、施坚雅（1965）、萧公权（1960）、杜赞奇（1989）等关于社会变迁和国家政权建设的研究，其中有不少涉及合作的内容。

在黄宗智看来，由于地方政权、农民和村庄在20世纪的变化，旧的国家、士绅和村庄的三角关系受到了新的压力，最后导致了一套完全不同的国家—社会关系和一个新的社会政治结构的出现。这个过程对农民合作产生了一定的影响。具体到农民合作是更紧密还是更松散，则取决于村落的经济和社会结构的基础及其变化。[②] 马若孟认为，当时的华北农业生产处于商品化的过程中，虽然由于家族势力不明显，村庄内部有一定的阶层分化，农民之间在生产中的直接合作比较少，但这并不表示农民之间没有任何合作。实际上，农民在生产、生活中经常合作以解决物品、资金、劳力短缺等各种问题；农民还在地方政府的要求和指令下组织各种合作形式，比如"青苗会""红枪会"等来保护庄稼和维护治安。[③] 杜赞奇则认为农民合作是在"文化网络"的内部发生的，随着权力中心的不停移动，如从村内移到村外，其合作范围亦时大时小。同族成员之间在社会和经济活动中有不少协作，这在祭祖、借贷和土地买卖上表现得最为明显，而且，人们突遇

---

① 〔美〕戴维·波普诺：《社会学》，李强等译，中国人民大学出版社，1999，第132页。
② 〔美〕黄宗智：《华北的小农经济与社会变迁》，中华书局，2000。
③ 〔美〕马若孟：《中国农民经济》，史建云译，江苏人民出版社，1999。

紧急事情时往往先求助于同族成员。虽然国家赋予村庄以征收赋税的责任使得一个相对开放的农民社会转化为一个封闭的且有很强集体认同的合作社区，但 20 世纪华北乡村活跃的土地市场和恶霸控制乡村政权的局面，使得在村落范围内建立农村合作实体并非易事，农民的合作越来越少。也就是说，20 世纪初国家政权的扩张破坏了原本在乡村社会起重要整合作用的权力文化网络，使农民合作在很大程度上变得更加不容易了。①

2. 国内农民合作研究

国内关于农民合作的研究主要集中在农民合作组织和农民合作能力两个问题上。20 世纪 20 年代至 40 年代，出现了以晏阳初、梁漱溟等为代表的乡村建设学派以及以费孝通为代表的社会人类学派等。梁漱溟更多地从文化的角度来认识中国农村和农民的特性，认为中国社会是一个分散的、无组织的社会，农民之间缺乏合作的传统。中国要实现现代化，农民必须联合成以理性和伦理关系为基础的、积极的、有组织的团体。② 费孝通提出"差序格局""双轨政治"对乡村社会的结构予以描述。其调查的江村、禄村等农村地区，都有各种农民合作的现象，但是受"差序格局"的影响，中国农民的公私观念具有很强的相对性。③

1978 年社会学重建以来，对农民合作的研究可分为两个部分：一是从人类学角度，以王铭铭为代表；二是从社会学和政治学角度。董磊明认为，当前农民从整体上处于高度分散的原子化状态，许多地方合作不能形成，原因在于缺乏强有力的外生组织和内生组织的整合，单个农民很难支付合作的成本；农村缺乏一种力量来启动农民的合作。④ 曹锦清提出"农民善分不善合"的问题。他认为，中国传统村落里的农民没有"共同体意识"，也不可能自发地形成管理村落共同事务的村落组织，各农户力求自给自足，对那些无法自给自足的家庭需要，通常是依靠血缘关系网络内的"礼尚往来"的关系运作方式来解决的。可见，中国传统村落农民，历来善分不善合……伴随着公社制度的解体和家庭联产承包责任制的推行，家庭重新成

---

① 〔美〕杜赞奇：《文化、权力与国家》，王福明译，江苏人民出版社，2003。
② 《梁漱溟全集》，山东人民出版社，1990。
③ 《费孝通全集》，群言出版社，1999。
④ 董磊明：《农民为什么难以合作》，《华中师范大学学报》（人文社会科学版）2004 年第 1 期。

为生产的基本单位，农民的传统行为方式得以恢复。但同时，在市场经济条件下，传统行为方式具有局限性。[①] 而贺雪峰认为笼统地说"农民善分不善合"是不确切的，当前农民合作已无法从村庄内部自发地生成，可以考虑建立外生型的合作组织，可以通过县乡体制的改革来提高农民合作能力，提供公共物品，实现村庄秩序。[②]

姚洋推崇从市场入手探讨农民合作。他认为，市场为我们提供了一个合作平台，我们中的每一个人都通过自愿的交易获得了利益，这些利益的加总就是市场为全社会提供的合作剩余。相对于直接谈判所获得的合作，通过市场所获得的合作更稳固，因为这个合作完全建立在自愿的基础上。而且，这种合作的成本相对于收益来说也最低，因为市场是最节省信息的资源配置方式。所以，我们要积极利用市场所提供的功能，并以此寻找新型合作方式的可能性。[③] 金太军认为，在现阶段的农村，村民合作能力几乎处于有史以来的最低点。要减轻农民负担，在农民与国家的博弈中形成与基层政府的谈判或博弈能力，必须提高农民的合作能力，拓展农民的合作网络，建立跨村落，甚至跨乡镇或县域的农民组织，如农会。[④] 张鸣强调诚信对农民合作的重要性。在转型时期，不仅农民合作赖以发生的诚信社会制度不存在了，而且值得信赖的精英也不存在了，可供谈判的话语也没有了，整个的环境气氛只是在刺激相互的不信任。在这种情况下，农民合作难就不难理解了。[⑤]

总的来说，上述研究普遍认为农民合作问题对当前农民、农村、农业的发展具有重大意义，并从学理上展开了多向度的研究：或从文化的角度，或从市场的角度；既有社会学、人类学的范式，也有政治学的范式。但是，这些研究主要集中在农民合作组织结构、农民合作文化以及农民合作能力等问题上，而疏于对农民合作条件的探讨。

---

① 曹锦清：《黄河边的中国》，上海文艺出版社，2000。
② 贺雪峰：《新乡土中国》，广西师范大学出版社，2003。
③ 姚洋：《以市场代替农民的公共合作》，《华中师范大学学报》（人文社会科学版）2004 年第 5 期。
④ 金太军：《拓展农民合作能力与减轻农民负担》，《华中师范大学学报》（人文社会科学版）2004 年第 5 期。
⑤ 张鸣：《漫议乡间合作发生的文化条件》，《华中师范大学学报》（人文社会科学版）2004 年第 5 期。

（三）研究方法

1. 理论分析

本章主要是在国家、市场和村落共同体三者互动形成的关系中，从社会交换理论视角，如由理性选择、报酬、刺激，惩罚、成本、情感、行动等因素建构一个理想类型，来分析和探讨农民合作的一般条件。

2. 定量与定性研究相结合

本研究主要通过田野调查、问卷调查和半结构式访谈的方法，结合文献收集等方法采集相关的数据资料，其中大量的数据资料主要来源于对小岗及其周围村庄大庙余村、大韩村、石马村、小严村、梨园村、韩赵村和小岗农贸市场农民的直接调查，一部分资料来源于小岗纪念馆和沈浩书记（已故）的提供。在对资料进行整理的基础上，笔者进行了定性和定量分析并得出研究的相关结论。在研究合作的约束条件时，笔者把抽象出的生产和生活成本、股权界定、客观经验的公平感、强互惠者、权威力量、外部资源注入等合作的影响变量因素，整合成合作条件的理想类型。

3. 实证调查和案例分析

为了掌握第一手材料，除了要深入调查外，在个案的选择上还特别注重选点的代表性、样本性。小岗看起来很特殊，其实有它的普遍性。新农村建设中会有资源源源不断地注入农村，而在外部资源注入农村后，农村如何接受、消化和吸收这部分资源以促进内生发展才是问题的关键。小岗显然已经有了这样一个外部资源输入的过程，所以解剖小岗，可以解释中国农村尤其是中西部农村发展迟滞的原因。

调查发现，小岗有着大量的社会行动者参与合作的案例，既有成功的案例也有失败的案例。失败的有"大包干"前小岗生产队集体化实践、现在的蘑菇大棚协会等，成功的有当今的小岗村农业合作社、农家乐等合作项目，这些合作案例的多样性、跨时代性为笔者观察和解读农民合作提供了全面、系统的样本，并且可以在同一个结构即国家、市场和村落互动中进行纵向和横向的比较。

4. 研究思路

本文依照迪尔凯姆的实证研究方法，将农民合作视作社会事实，即探讨农民合作或不合作的因素，这些因素构成合作的条件。农民合作条件可以界定为在既定约束下所拥有的生活成本与生产成本、通过合作达到的预期收益以及收益与成本的相关性、惩罚保障机制、外部资源注入等。既定约束是指农民合作条件中的约束条件，社会行动者在既定条件下拥有生活资本和生产资本。社会行动成本的公平分摊方式和预期收益构成合作的原动力，这种原动力实现的手段是农民合作中的激励条件：搭便车与认同的公平感、外部资源的注入、社会行动成本的公平分摊方式、预期收益与股权等。而农民合作条件中的收益与成本的相关性和惩罚保障机制是合作的推动力和保障，这样就构建了一个系统分析我国农民合作条件的理想类型：约束、刺激与惩罚保障预期收益的关系结构。

二　合作条件理想类型

（一）概念界定

社会行动：社会行动者参与是合作不可或缺的条件。韦伯认为："社会行动（包括不为和容忍）可能是以其他人过去的、当前的或未来所期待的举止为取向（复仇从前的进攻、抵御当前的进攻、对未来进攻的防御措施）。'其他人'可能是单个个人和熟人，或者人数不定的很多人和完全不认识的人（例如：货币意味着是一种交换的财富，行为者在交换时所以接受它，因为他的行为以这样的期望为取向，即为数众多的、然而不认识的和人不定的其他人，将来在交换时乐意接受它）。"[1] 可见，韦伯的社会行动是有主观意义的，即社会行动具有针对他人的主观意义。韦伯把社会行动进一步分为理性行动和非理性行动两大类。塔尔科特·帕森斯（Talcott Parsons）在《社会行动的机构》中提出了一种所谓的"唯意志的行动论"（the voluntaristic theory of action），唯意志的行动包含四个主要要素：行动者、目的、手段和规范。凡人的社会行动总有一定的目的性，而其目标的实现离不开一定手段和条件，同时所有的社会行动都受一定的行为规范的制约。霍曼斯则大量借用经济学的基本概念来阐述他的理论命题，他认为：行动时行动者个体的行为，只在追求报酬，避免惩罚的行为。[2] 综合这些，为便

---

[1] 〔德〕马克斯·韦伯：《经济与社会》上卷，林荣远译，商务印书馆，1997，第 54 页。

[2] 侯钧生主编《西方社会学理论教程》，南开大学出版社，2001，第 194 页。

于研究，本章把社会行动定义为：个体在采取行动时也要以他人为取向，除要获得同样的报酬和预期收益目的之外，行动者必须达成协议并采取一致行动或近似一致行动来完成组织的目标，否则，共同的预期收益则不能实现。那么这样的一致行动则从个体性上升到了群体性，具有了社会性，即达到社会行动。

合作条件：合作需要一定的投入，即资本。何为投资？在霍布斯那里是指一个人拥有的全部资源，包括社会地位、知识、专长、资历、性别、种族等。林南（Nan Lin）在《社会资本——关于社会结构与行动的理论》一书中认为，社会交换的基础是社会资本与名声，而社会资本是通过社会关系获得的资本，社会交换所涉及的关系理性关注的是交换的关系方面——关系的维持与发展通常是通过认可（或对另一个行动者会传播它的期待）的中介作用实现的。参与社会交换的动机是通过网络与群体的认可来获得名声。交换的效用是关系收益（社会关系的维持）的最优化——也是一个收益与成本的分析。在这个基础上，也存在着两个交换参与规则。第一，如果某一个交易促进了一个关系的持续认可的传播，那么这个交易会继续。第二，如果交易不能促进关系的持续，那么面临着两个选择：①寻找可替代的交易（为了诱使和鼓励认可，将会在交易中提高恩惠）；②维持交易，承受或降低关系成本（在认可中没有收益或降低收益）。[1] 所以，在农民合作过程中，社会资本发挥了很大的作用。"它不仅为合作经济组织争取到了经济支持、人力支持，还有各种政策支持。当然，由于农民合作组织内在机制的缺陷，以及组织成员社会资本拥有量的不同，成员的发展也出现不同的状况。拥有社会资本较多的成员，通过合作组织更能扩大自己的社会资本网络，获取更多的利益；而拥有资本量少的成员就只能分到一些边缘利益，甚至得不到预期的收益。"[2] 可见，为了合作获得预期收益，研究者皆认为合作需要有一定的资本，即成本。合作条件即既定约束条件下所能持有的资本、资源和合作成本分摊。所谓既定，就是在现有的环境或状态下，社会行动者只能采取这种行动，而不能采取别种行动，就如同在原始社会的

---

[1] 〔美〕林南：《社会资本——关于社会结构与行动的理论》，张磊译，上海人民出版社，2005，第157页。

[2] 王欣：《社会资本视角下的农民合作经济组织研究——以陕西省L县N村为个案》，华中师范大学硕士学位论文，2007。

人只知道刀耕火种，而不知道也不会使用机械耕作。约束，就是在面对这种既定条件下采取行动的成本，既包括行动者参与合作组织所需要的资本，也包括行动者不参与这种合作导致的生活成本和生产成本增加甚至是社会资本增加。此外，这种约束也与个体差异、认同感、价值观、信任、权力、地位不平等、伦理道德等有关。综上所述，本章把合作条件界定为既定约束条件下所能持有的资本、资源和分摊的合作成本和不参与这种合作所导致的生产成本和生活成本的增加。

预期收益：预期收益是指一项行动结果中，报酬减去成本所剩下的纯粹获益。行动所产生的利润和不采取行动将要带来成本增加（合作后成本增加消失，这种成本增加的消失恰恰可以看作合作的收益）都可以成为预期收益。在霍布斯提出的六大命题中，如攻击—赞同命题，在一个人行动没有得到他预料的报酬时，或得到他没预料的惩罚时，他将会感到气愤，便可能去从事侵略性行为，这种行为的结果变得对他更有价值。在一个人的行动得到他预料的报酬时，尤其是得到的报酬比他预料的报酬大时，或者没有得到他预料的惩罚时，他会感到高兴，更可能从事认可性行为，这种行为结果变得对他更有价值。[1] 他这里的报酬不仅仅是指经济学上的货币收益，也包括满足、成功、逃避惩罚等非物质收益。合作者在采取行动时出于自己获益更大的动机，也可能存在搭便车或违约的行为，给他人带来收益上的不利，或者心理上的不平衡与成本分担增加，给合作组织的存在带来威胁，如离心倾向等，所以合作组织为维护自身的存在和利益，有必要建立一定的规则来维持这种合作的行为，即参与合作的社会行动者彼此达成一种契约关系，若是有人违背了这个契约，不论这个人是组织内部的，还是组织外部的，都将受到该契约的惩罚，根据柯武刚、史漫飞的观点，"制度如果要发挥作用必然包含惩罚含义，不包括惩罚的制度是无效的"[2]。而执行惩罚的人或机构则是可以从组织中获利的人构成的权威力量和强互惠者。也许这种规则是潜在规则，或者是显性规范，但它为预期收益提供了保障，换句话说：预期收益依赖于惩罚的实施作为保障。

利他惩罚的强互惠者（Ernst Fehr and Simen Gachter）：基于日常观察和

---

① 〔美〕玛格丽特·波洛玛：《当代社会学理论》，孙立平译，华夏出版社，1989，第 48 页。

② 〔德〕柯武刚、史漫飞：《制度经济学：社会秩序与公共政策》，商务印书馆，2000，第 32、110 页。

大量偶然证据认为，人们非常反感搭便车者、投机者，并且认为合作者或许有意愿惩罚搭便车投机者，合作者自己会为惩罚行为付出成本或代价，甚至他们不能指望将来从他们的惩罚行为中获益。也就是说即使在惩罚活动是有成本的且不能为惩罚者提供任何物质回报的条件下也会有人担任惩罚者的角色。Bowles、Gintis 和 Santa Fe 等经济学家认为，当一个带着合作的倾向进入一个新的社会环境的强互惠者，被预先安排通过维持或提高他的合作水平来对其他人的合作行为做出回应，并对其他人的搭便车行为进行报复，即使会给自己带来成本，甚至是不能理性预期这种报复能在将来给个人带来的收益，这个强互惠者既是有条件的利他合作者，也是一个有条件的利他惩罚者，他的行为在付出个人成本的时候，会给族群其他成员带来收益，即存在正的外部性。之所以称其为"强互惠"，是为了区别其他如互惠利他主义、间接互惠以及由重复交往或积极分类所维持的安排个体自利行为的交往的"弱互惠"。① 可见，强互惠者可以界定为为合作而不惜一切代价来惩罚搭便车者或者投机者的社会行动者。

（二）相关说明

第一，本章试图分析农民合作组织中的合作条件或要素，这些条件正如前面介绍的，除了共同的经济利益外，还有其他的条件、要素在发挥着功能性作用，甚至是决定性作用。所以本章有意回避经济学上的纯粹理性，在社会学的视野下探索农民合作。而在社会学的视野下探索农民合作的条件，需要研究的是群体性行为，否则就不具有社会学的意义了。所以在调查研究时，调查分析的对象虽然是个体，但是个体的行为总是在一定的社会环境下，个体在采取行动时也要以他人为取向，除要获得同样的报酬和利益目的之外，行动者必须达成协议并采取一致行动或近似一致行动来完成组织的目标，否则，共同的利益不能实现。那么这样的一致行动则从个体上升到了群体性，具有了社会性，即达至社会行动。所以，通过这种个体的行为研究易于发挥观察法的优势，能够深入分析影响合作的相关性变量。

---

① Bowles, Samuel and Herbert Gintis, "The Evolution of Strong Reciprocity: Cooperation in Hetero-geneous Populations," *Theoretical Population Biology*, 2004, 65（1）. 转引自王覃刚《关于强互惠及政府型强互惠理论的研究》，《经济问题》2007 年第 1 期。

第二，参与合作的前提条件是要存在共同的预期收益，但是这种预期收益不是合作的唯一条件，恰恰相反，在许多时候往往预期的收益不是合作的主要条件，而其他的条件反倒成为合作的主要影响因素，如对投机者的不公平感会导致合作的失败，又如对搭便车的愤恨而选择退出合作等。所以除了看到预期收益是合作的条件外，本章把着眼点更多地放在其他合作条件上，如不公平感、惩罚、信任等。

第三，本章在分析农民合作的时候发现，在新农村建设中，政府扮演着重要的角色，企业和村落的强互惠者也参与其中，所以农民的合作是在多重权威下展开的，政府、企业、农村内部精英等权威力量共同形塑着农民合作的条件。

（三）理想类型

在政府、市场和村落三者互动中，各自发挥的作用及大小是不一样的，这样便构成了新的格局，即社会结构。在这种社会结构中，若要探索合作的条件正如马克斯·韦伯认为的那样，需要建立一个"理想类型"。这种"理想类型不是'假设'，但它为假设的构造提供指导；它不是对现实的描述，但它旨在为描述提供明确的表达手段"①。所以，本章建构了一个既定条件下—刺激—惩罚保障预期收益的理想类型。在这种理想类型中，既定条件下的约束可以建构为既定约束下所拥有的生活成本与生产成本、不合作所付出的生活成本和生产成本的增加、通过合作达到的预期收益以及收益与成本的相关性。社会行动者在这种既定条件下依据自我所拥有的生活资本和生产资本采取行动，且不论是价值性行动，还是工具性行动。生活成本与生产成本的多与寡、成本的公平分摊方式和预期收益构成了组织合作的内驱力，这种内驱力在一系列因素的刺激下，如搭便车与认同的公平感、外部资源的注入、社会行动成本的公平分摊方式、预期收益与股权的明确界定等，成为实现合作的手段。从中，笔者可以观察到政府、市场和村落各自所发挥的功能。农民合作条件中的收益与惩罚保障机制是合作的推动力和保障。综上所述，本章构建出一个系统分析农民合作

① 〔德〕马克斯·韦伯：《社会科学方法论》，杨富斌译，华夏出版社，1999，第185～186页。

条件的理想类型：由既定约束、刺激和惩罚性保障预期收益三因素构成的关系结构。

三 合作组织中的既定约束条件

（一） 概念的具体化与操作化及假设

合作的既定约束条件，是一个很抽象的概念，它与自然科学的概念不一样，很是模糊不清，不利于观察和问卷调查，所以若要研究，需要对其进行具体化和操作化。概念的具体化过程就是一步步从抽象层次下降到经验层次，使概念具体化为可观测的事物。操作化则是建立一些具体的程序或指标来说明任何测量概念。所以本章把既定约束条件进一步地操作化到经验层次，即可以观测的资本约束，这种资本约束可以转化为三种假设类型：缺乏合作所致的生产和生活成本提高、信任程度所致的交易成本、参与合作所需社会行动者既定条件下拥有的生活资本和生产资本。缺乏合作所致的生活成本和生产成本的提高可以界定为若不参与合作，将会带来很多的不方便、预期收益不能实现和额外支出。信任也是构成合作的一个条件，因为信任致使合作成本增加或减少，甚至不能达成合作。参与合作所需社会行动者既定条件下拥有的生活资本和生产资本可以界定为参与合作所必须有的资格条件，如本社区的人员、缴纳会员费、出让土地使用权等。

因为本章重点是从社会学的角度来探讨农民合作的合作条件，所以尽力排除经济学范式的干扰。因此在预期收益方面，不会仅仅看重农民的货币收入，尽管农民的货币收入对于合作有很大的促进作用。毕竟，现实中即使能够获得大量的货币收益也不愿意合作的现象比比皆是，如不公平感、对搭便车的愤恨等。

基于上面的具体化操作，本章提出了三个假设：

（1） 如果合作匮乏所致的生产和生活成本越高，农民对于预期收益的需求行为增加、需求强度越高，那么农民合作行为增进的可能性就越高。

（2） 如果信任程度所致的交易成本越低、参与人之间信任度越高，那么农民合作行为增进的可能性就越高。

（3）参与合作所需社会行动者既定条件下拥有的生活资本和生产资本越低，农民合作对预期收益需求越高，农民合作的可能性就越高。

（二）研究个案：小岗村农业合作社

1. 成立合作社的背景

（1）发展迟滞

小岗村一经摆脱"大锅饭"的困境，实行"大包干"后，便迸发出了自身的生机。其中，粮食亩产量，1978 年为 18.7 公斤，到 2004 年一亩地产水稻大概千把斤，小麦约六七百斤的样子。农民人均收入，1978 年为 22 元，而 2005 年人均收入 3255 元，仅是大寨村的 60%、华西村的 3%。1978 年，小岗村没有单干的时候只能收 3 万斤粮食，单干后当年就收了 18 万斤，一举就增加了 5 倍。这种包干到户迸发出来的生机给小岗村的人们曾经带来了希望和欢悦，它不仅解决了人们的吃饭问题，而且引发了中国改革。"大包干"这种制度创新对于解决人们的温饱问题是有效的，然而要想致富仍很困难，用沈浩的话说：小岗之所以没有发展起来，一是交通极其不方便，他离凤阳县城有四十多里，过去人们进城需要绕很多的弯路。若是在交通便利的情况下，而不是在当时的环境下（指政治环境），小岗村民也是不敢按手印的。二是土地贫瘠、资源匮乏。小岗就是黄泥岗地，并且处在江淮岭地，地势高低不平。虽然靠近淮河，但是十年九旱。三是原始积累主要靠传统农业，依靠传统的生产方式组织生产解决温饱是有余的，随着国家的优惠政策实施，解决吃饭问题是完全可以的，但要想创业、致富是远远不够的。所以有人形容小岗为"一脚跨进温饱线，二十年越不过富裕槛"。相比之下，外面的快速发展给小岗村民带来越来越多的反思。依靠传统的生产方式组织生产，农业是村民主要的收入来源，正如石马村的刘先生一家，其全家的收入，大部分来自农业，农业收入约占总收入的百分之九十以上，在外面打工的收入不能达到总收入的百分之一。但是传统的农业生产并不能给村民带来可观的收益，大庙余村韩老汉就有这样的感受：种粮食挣的钱少，且成本高，有时还入不敷出。种稻子一年全家只有五百元的收入，且成本费用年年增加。若是种菜，一年可以挣三四千元钱，但是一亩地，需要两台机子抽水浇灌，水源——水渠距离土地太远，水量不足，土地分散，浇灌困难，柴油价高等原因，使得种菜的成本过高，全家难以承受。正当小岗村民为摆脱贫困在苦苦寻觅时，南街村、华西村、大寨村的成功经验似乎给小岗指出了一条道路，于是2004年初刚到小岗挂职的沈浩在当年十月就带着12名村里人赴山西大寨以及河南耿庄、红旗渠、南街村实地调研，学习其他村庄的经验，反思自己的发展之路。

（2）基础设施落后

小岗村民觉得制约小岗发展的另外一个原因，是基础设施不完善。一是道路成为发展经济的一个重要障碍，大庙余村的一位韩老汉描述：村里道路不是很好，田间水少，岗地不是平原，土壤不行。土地零散，东一块西一块的，田间没有道路，人不能进去，所以就不能耕种。如那个双孢菇在小岗不好卖，但是在合肥那边卖的倒是挺好的，主要是自己运不出去，也没人收购。二是灌溉、庄稼喷药设施不够完善与机械缺乏成为阻碍小岗村农业发展的原因，许多农业生产无力对抗旱灾与作物病虫害。石马村的周建支曾因土地遭遇病虫害，地里的小麦成片死亡，几乎颗粒无收。往年周建支家小麦收成平均起来应该是六七百斤，而今年收成不到300斤。三是资金的缺乏，使得村民不得不将收小麦的钱作为本钱种水稻，收水稻的钱作为种小麦的本钱。所以改变这种基础设施落后的状况，成为大部分村民的愿望。因此，沈浩书记来到小岗村之后，首先想到的是走合作化的道路，通过互助的渠道使村民的生活条件得到改善，用他的话说："一是可以改过去路很难走、住的很差的状况，为宽敞明亮、道路整洁的小区。二是可以为财政做出贡献。通过'村村通'的实施，即使是几户人家，水、路的问题也会解决，也会把水泥路铺过去。"

（3）合作意愿

小岗村虽然是以"大包干"打破原有的体制的，但是这种分并不表明小岗村没有合作的意愿，相反，随着时间的推移，这种合作的意愿也愈发强烈。合作既存在于村民的基因之中，又有着现实的需要，借用沈浩的话说："小岗村分的形式，在分的过程中呈现出的又是非常的团结。在酝酿'大包干'事情的时候，若是有一个人反对分，那肯定就分不成了，这是个很矛盾的现象。一盘散沙的农民若想建设新农村是很困难的，必须成立合作组织，走合作的道路，组织农民合作包括土地流转。"问卷调查的结果也显示，在33份随机问卷调查中，有合作意愿的有22个，约占66.67%；不愿合作的有8个，约占24.24%；不能确定的为3个，约占9.09%。可见，整体而言村民有着较高的合作意愿，是与通过合作能够获得技术、先进的管理、农药、种子有关的，用小岗村村民严德友的话说："我合作的目的，一是便于统一管理，统一销售、统一技术指导、统一购买农资，也就是说，便于与市场对接。因为合作社可以形成规模，而不是一家三五亩地。二是出去找市场好找一点。比如说我一千亩地，一年能保证供相对人多少货，相对人就会相信我。三是大量地购买农资也便宜得多，节约农业成本。"另外，还有很多村民与大韩村的丁锦东一样有着自己的打算，丁锦东说："我们家人都是比较保守的，自家播种小麦一亩800斤收成，水稻一亩1000斤收成，要是有懂技术的人来种的话，那能有一亩1200斤的收成。通过参与合作，把自己的承包地租给懂技术、能干的，自己还可以干其他的事，这是好事。比如像我，我平常待在学校，家里有十几亩地，土地流转的话，一年900块钱一亩，一年我家总收入就有6000块钱。我自己种地的话一年也不过6000块钱，且为这6000块钱，我还要付出很多的心血。就我12亩地，谁给我6000元钱一年，我会全把它流转出去。此外，我们家的年轻人都出去打工了，老人带孩子种地也是勉强干，如果能够流转给别人，自己也不要挂念老人了，并且闲的时候还可以抽点时间打打麻将，休闲一下，或者是到外面旅游，还可以找些其他的事干。这样何乐而不为呢？"

（4）市场冲击

在市场经济环境下，个体农民难以与其他市场主体进行博弈，往往处于被动、无力的地位，所以必须把农民组织起来，使农民通过各种组织形式合作起来，以获得可与其他市场主体进行博弈的资本，改变自己的弱势地位。市场冲击下农民显得无奈的例子在小岗村比比皆是。大庙余村朱队长介绍自己的经历："我们种甜叶菊，新庄人也种甜叶菊，都是自己家育苗。去年整个村庄都种甜叶菊，可去年整个甜叶菊市场下滑，卖不出去，有的卖出去了，可到现在钱还没拿到。今年，整个庄子都不种了，掌握不了行情。你叫农民怎么办？没办法干啊！我们庄他们俩就是例子（指在座的两个村民），去年种了甜叶菊，找张三、找李四，好不容易卖出去了，钱也是一两个月后才拿到。"为了发展经济，小岗种植经济型作物——黑豆，黑豆作为原材料主要销往韩国，价格远远低于韩商加工后的产品。黑豆的价格受气候和市场供求关系的影响也很大，天气稍有不好，需求稍有不足，黑豆的价格就会大大降低，对处于产业链低端的农民很是不利，其风险往往就是以一年收入不高作为代价。正如本村朱队长所言："黑豆，就是在我们这里种植的，那时七八块每斤，现在价格就掉了……甜叶菊这东西种起来也难，你十点钟看天好，一会儿下两滴雨，甜叶菊马上就黑了。在没有黑之前五块五一斤，黑了，两块都卖不了！所以别人就是包销让我们种，我们都不敢弄，毕竟包销不包质量啊。"严宏昌认为："我们这里无论是小麦还是水稻，都是作为原料卖出去，要是加工成面粉或者大米，装成小包装，才不会几块钱一斤，原料只能卖几毛钱一斤。"

2. 成立合作社的谈判过程

（1）对过去农村集体化的担忧

尽管小岗村村民合作的意愿很高，但是农民还是不敢轻易迈出合作的步子，其中的一个重要原因就是担心重返过去集体化的老路子。用严峻昌的话说："过去不是有合作的嘛？一家一户都干不好，还合作？以前政府提倡合作，互助组，全都失败了。"所以当村支部书记沈浩提出把小岗村的土地集中起来成立农村发展合作社的想法时，首先遇到的反对声音不仅仅来自普通村民，而且"大包干"带头人之一的严宏昌也表示强烈反对，严宏昌认为："小岗要立足自身基础图发展，不能开倒车，不能让全国的农村骂我们。把村民的土地迅速收回去，农民连赖以生存的土地都没有了，很容易再度返贫。"[1]尽管他明白要致富须走工业化道路，但是工业化的基础还不行。小岗村集体化的历史给一些人留下了难以抹去的阴影，所以当笔者在调查中问及村民当时的互助组是怎样成立和合作的时，石马村的周道青说："当时成立互助组是这样的，你家有多少地，我家有多少地，我们一起干活，你家有牛给我使，你家劳动力少，我家劳动力多，我家（劳动力）就帮你干，或者（种地时）你家有水了，我家帮你栽。那个时候，管理的人是到什么时候，就选什么样的人，不行就不用，专找那种'愣头青''扭叶子'，痴不痴，愣不愣的，六亲不认的。一天一个人二两粮食都吃不到，吃芋头杆子、糠，没饭吃，没力气干活，他们就用鞭子抽，社员连牛都不如，我们这片打死、饿死的人占到百分之六十。"

（2）对土地被流转后的担心

对于农民把土地流转给合作社，再成为合作社的一分子参与劳动，村

---

① 王刚：《小岗村：分与合》，《中国新闻周刊》2006年第13期。

民除了有对互助组的担忧，还有对合作能不能带来预期收益的担心。村民认为合作是要走的，但是要看怎么合作。如果还是干农业生产，恐怕合作的收效也不大。土地不流转到合作社，在他们看来至少可以保证有饭吃，所以严宏昌就说："老百姓有土地，不论是土地长期不变，还是永久不变，老百姓从这一代到下一代都会有饭吃，不存在流浪到社会的情况。如果把土地流转出去，一家卖了几万块钱，几万块钱花光了，也没土地种了。土地12400元一亩被他们买去，再反过来几百元一亩租给老百姓。但是老百姓能不能赚钱，现在不知道。所以说究竟给老百姓带来什么好处，我们也不敢说。"当然村民对土地流转也不是完全反对的，他们认为合作要有一定的环境，有一定的成效，"大包干"带头人严宏昌也这样认为，用他的话说："经济发展了，农业合作也就顺理成章了。一个简单的道理，集体经济合作有了一定的成效，农民有了保障，就愿意将土地入股，成立合作社。合作需要一定的基础，需要稳定的环境。工业有工业的合作，农业有农业的合作。解决这个问题，第一点，选好项目，包括农业项目。比如这一次，引进 GLG 公司，也应该借此机会，成立'公司＋农户'的模式，来慢慢带动合作。现在是买断了农民的土地，我们的看法是'小岗的这一片土地是卖给了外国人，究竟对小岗村有什么帮助，现在还不知道'。如果都是这样的公司进入小岗，小岗村的土地也全部卖了，一家卖了4万、8万块钱，过几年都花了怎么办？共产党领导全国人民，尤其是我们老农民，我们人人都有土地，最后为了上项目，把老百姓的土地卖给了外国人，失去了土地，失去了生存的基础，这些老百姓怎么办？还不是在社会上流浪？"

（3）土地情结

土地对于农民来讲就是命根子，这一点在乡土性很浓的中国更是强烈。人们的保农→保土→保根等观念根深蒂固，[1]尽管出现过"工商精神"，但是也没有转化为韦伯所言的资本主义精神。土地对于农民的重要性促使他们在流转土地参与合作的时候，不得不有所考虑，所以在小岗村成立农村发展合作社的时候，会有严宏昌的怀疑："到这个村子来流转土地的一个是美国的公司，一个是加拿大的企业，这将来还不是成为外国人的地了？"当我们在调查农民对于流转土地参与合作的看法时，就有一位村民——石马村

---

① 李培林：《村落的终结——羊城村的故事》，商务印书馆，2004，第16页。

周道青很关心她的土地，问她的地以后是否还能要回来。

（4）政府主导

面对种种的疑虑和障碍，小岗村是选择原地踏步走，还是选择改变现有的体制，成为摆在小岗村新老改革者之间的明显分歧。在访谈中，小岗村村支部书记沈浩的设想是，通过土地流转，重新把土地集中起来，成立合作社发展集体经济。他个人认为有三种模式：农民将土地流转给农业龙头企业，每亩收土地流转费500元；同时，可以参与受让土地承包经营权企业或经营者的年底分红；此外，农民给龙头企业打工，传统意义上的农民将转变为现代农业的产业工人。所以2006年2月10日，在安徽省委书记郭金龙到小岗村调研时，沈浩依据自己对山西大寨以及河南耿庄、红旗渠、南街村的调研，提出了自己的思路，即把土地集中起来，实现资源的整合，完全按照工业化的思路来发展农业。原有的1400亩土地，沈浩规划将其全部并入合作社，村民以土地持股。合作社的名称就叫安徽省凤阳县小岗村农业合作社。规划资本金为305万元，由小岗村和滁州市粮食局以及上海大龙畜禽养殖有限公司联合出资。沈浩当时估计，将来资本金的规模要扩大到5000万元。在这个新型合作社中，私企上海大龙畜禽养殖有限公司以现金出资占有85%的股份，小岗村以土地和相关优惠政策的投入占有10%的股份，而滁州市粮食局持股5%。[①] 此番设想遭到严峻昌等老改革者的反对。最后，经过两个月三次会议的讨论，小岗人同意了村委会的意见，"23户农民自愿与由上海大龙畜禽养殖有限公司投资的凤阳县小岗发展合作社达成合作协议：将400多亩土地集中起来，以每亩一年500元的租金出租给合作社，用于建设5个标准化商品猪养殖基地及种植牧草。出租土地的村民可选择外出打工，或成为企业的工人，每月领取600元左右的薪金。这项合同的期限为20年，合同内容设定、租金5年一调整。5年后，农民可用土地入股分红或选择继续出租"[②]。

（5）公司企业担保

农民合作会有一定的风险，这种风险或是因为资金的短缺，或是因为

---

① 孔祥迎、蔡敏：《凤阳县小岗村23户农民土地集中出租发展合作经济》，http://news.sohu.com/20060421/n242917306.shtml。

② 孔祥迎、蔡敏：《凤阳县小岗村23户农民土地集中出租发展合作经济》，http://news.sohu.com/20060421/n242917306.shtml。

市场的难以预测，或是因为科学技术的动力不足，新成立的小岗村农业合作社也不例外。这个风险农民是难以承受的，也是无力应付的，而通过合作社，上海大龙畜禽养殖有限公司能够承担这些风险，在某种程度上为合作提供了担保，规避了风险。2005 年 3 月，上海大龙畜禽养殖有限公司向安徽省凤阳县小岗村农业合作社一次性注入资金 305 万元。在技术方面，由公司提供"大明贡猪"种猪和饲养技术，筹建畜牧业、种植业等必需的生产设施和生活设施，若按照该公司汤为平总经理所说的一头母猪可产子猪 20 头，那么一头母猪一年收入 2000 元。另外，合作社的成立保证了市场的需求，依照合同，所养殖的"大明贡猪"由公司处理或销售，不得转销给他人，这就稳定了市场需求，不用担心所养"大明贡猪"价格变化或无处销售。并且，农民的预期收益也能够得到保障。依照土地承包经营权流转协议约定，"承包经营权流转期为 20 年，流转方式五年一调整；五年后农户可以自愿选择土地承包经营权入股或出租的流转方式；租金以 2006 年稻谷 0.7 元/斤为基准同比例增减，并于每年 2 月 10 日前付清当年全部租金；承租方在符合小岗村发展规划的前提下，拥有土地生产经营的自主权；在经营过程中如需雇用劳动力，转包农户享有优先权"[1]。这既保证了村民的收入，又满足了村民的就业需求。

3. 小岗村农业合作社基本结构和运作

（1）规定了各自的股份

经过漫长的谈判，讨价还价，2006 年 4 月 20 日下午，小岗村 23 户土地承包经营户与安徽省凤阳县小岗村农业合作社在所在镇司法部门的作证下正式签订了首批集并的 200 亩土地承包经营权流转协议。在这个合作社中，村民、企业与政府分别确定了自己的角色，发挥着自己的功能。村民凭借自己的土地使用权的出租参与合作，从合作中获益；企业通过资金的投入、技术的提供、市场的维护提供担保的功用，从合作中得到利益；政府在合作中一直起到组织和协调的作用，在政策上和技术上给予优惠，对合作既能起到中间人的作用，又能推进合作的进行。三者的互动以自己投入的多少而获得利益，这种投入可以化为各自的股份，这种股份既是自己获益的凭据，也是各自产权的明晰。在安徽省凤阳县小岗村农业合作社内，

---

① 阮文彪：《小岗村土地集并的制度经济学分析》，《学习论坛》2007 年第 3 期。

整个小岗村占有 10% 的股份，滁州市粮食局持股 5% ，而上海大龙畜禽养殖有限公司以现金出资占有 85% 的股份。

（2）规定了收益分配过程

合作社的形成不是没有内在的规范，相反这种规范是建立在契约或者协议的基础上，不论这种规范是正式的还是非正式的，特别是在收益分配方面。若是有违者，无论是来自合作社内部的，还是外部的都会对合作社的集体感情构成伤害，那么这个违者就会遭受来自周围的不满、敌视，甚至来自制度的强力者的惩罚。所以合作的各个部分的预期收益都是依靠惩罚作为保障的。安徽省凤阳县小岗村农业合作社内，也有着一套规范。依照协议，村民应得到出租土地使用权的费用为每亩 500 元，若在合作社工作的，每月还可得 600 元左右的薪水。在五年后，村民还可以依据自己的股份参与合作社的分红。而上海大龙畜禽养殖有限公司依据协议，有提供技术、筹建的义务和责任，可以凭借 85% 的股份分红和使用土地搞种植业和养殖业。政府部门即滁州市粮食局和村委会能够起到协调和组织作用，在某些时候也可以担当仲裁者的角色，粮食局以 5% 的股份参与合作，分取收益。

（3）规定了成本分担过程

农业合作社的成立，对于前期的投入有着规定，依据成本承担的多少，获得不同的利益，而成本的承担也是有所差别的。小岗村村民参与合作就要转让土地使用权，以出租的形式交给合作社，那么村民就失去了自由操作的生产权利，以此作为本钱成为合作社成员，获得收益。而公司要承担市场风险的成本，既要提供资金和技术支持，又要提供种猪和种植作物；同时在需要人力时，承担着优先使用参与土地流转的村民的义务。

（4）规定了参与合作的资格条件

若要参与安徽凤阳县小岗村农业合作社，除了规定了参与者的成本分担、预期收益外，还规定了参与这个合作的资格条件。这种规定可能不是显性的，但是村民对此达成了共识，或者说是潜规则。村民把土地流转给合作社是成为合作社成员的一个必要条件，所以只有拥有土地的人才具有这个资格参与合作。但是仅仅拥有土地还是远远不够的，需要村民在自愿的情况下，把土地流转给合作社，合作社有自由支配使用权，那么这个村民才算是正式成为合作社的一分子。这就排除了这样一部分人，即小岗村内部一些人不愿把土地流转给合作社。当然这部分人，也不能享受合作社所有的收益，如分红的权利、租金的获得权及优先就业权等。这种被排除在某种程度上是对内部预期收益的保障，恰恰是对不参与合作的外部者的惩罚。参与合作的村民获得出租土地使用权费用每亩 500 元，在合作社工作的，每月还可得 600 元薪水，以及五年后参与合作社分红的权利。除了要拥有土地并流转给合作社是参与合作的一个必要条件外，还应当是小岗村的村民才行。笔者在调查中就发现有些非小岗村的村民给笔者介绍，其实他们也很想参与到这种合作中，但是没有这个机会，只有小岗人有这个机会。石马村的黄金松就表达了自己很想加入合作社的想法："但是当时因为石马村还没有被并到小岗村，所以自己没有这个机会加入，只能干瞪眼，也没有办法，若是以后还有机会，我愿意把所有土地都流转出去，自己不仅可以每月坐收租金，而且还可以在合作社内打工挣钱。一是不用出远门可以挣到钱，二也可以照顾到家里，何乐而不为呢？"在问卷调查中，笔者发现有着同样想法的人不在少数，33 份问卷就有 16 份对参与合作经济持肯定态度，占到 48.5%；而持反对意见的只有 7 份，约占 21%。

同样道理，上海大龙畜禽养殖有限公司参与安徽省凤阳县小岗农业合作社也是有着自己的条件的，首先是一次性斥资用于合作社的注册和按 500 元/亩的租赁价支付给转让土地的村民。安徽省凤阳县小岗村农业合作社成立当年规划投资为 305 万元，滁州市粮食局仅持股 5%。

（三）缺乏合作与生产和生活成本

小岗农业合作社的成立之所以得到许多村民的支持（人们参与合作的意愿高达 66.67%，不愿合作约占 24.24%），与村民不合作所致的生产和生活成本提高有着高度的相关性。

1. 生产成本的提高

缺乏合作首先造成生产成本的提高。不参与合作，村民首先面临的一个问题就是面对市场的冲击而显得势单力薄，难以与其他市场主体对等博弈。叶圣陶的《多收三五斗》讲述的是在粮食丰收的时候，农民的收入不一定会增加，甚至会降低。造成这种现象的原因是在市场交易中，农民处于弱势，最终的价格是由他人说了算。换言之，农民没有与其他市场主体博弈的能力，只能是处于"人为刀俎，我为鱼肉"的处境。当然这反映的是旧社会农民的境况，但是现在的情况也表明市场的变化让村民难以把握。

正如大庙余村朱队长介绍的那样，自己种的甜叶菊，面对市场需求不足或下滑时，卖不出去，即使能够卖出去，现钱也不能拿到。种的经济型作物——黑豆，作为原材料主要销往韩国，价格远远低于韩商加工后的产品。天气稍有不好，需求稍有不足，黑豆的价格就会大大下降。此外，农药、化肥的价格却与日俱增，农业生产资料价格上涨，而粮价相对偏低，一亩地，即使风调雨顺，年收入也仅有 500 多元，所以农民的种粮积极性不高。

其次，村民的农业基础设施和农业技术落后，也带来了生产中成本的提高。"大包干"之后，村民的土地由集体分发到个体，虽然激发了农民的积极性，但是也带来了诸如不能机械化操作、规模化经营困难的问题。在一块土地上既有蔬菜，又有小麦、水稻等其他作物，所以很难统一管理；且在一块土地上既有这家的土地，也有其他家的土地，就很难开展大型机械操作和统一施肥、喷药等，严重阻碍了生产效率的提高，若是赶上天气不好、病虫害或者干旱，那么农作物就会减产甚至绝收。调查中有一位姓高的村民，来自梨园村，向笔者介绍了自己的感受："因为土地都是零散的，种稻子时要打药，我家要打，别人家也要打，但是我比他提前几天打药。我打了，虫跑到其他人地里去了，等过了几天，我家地里的药效过了，别人再去打药，虫又跑到我家地里来了，所以虫子还是杀不死，打药与没打药没有什么区别。若是能够合作就好了，彼此通个气，同一时间喷药，效果肯定会好些，但是村子里没人牵头，就没人干，都很自私。有时候也想一起打药，可是一片地有好多家，不好统一做。"沈浩书记也坦言："'大包干'后土地被分成一块一块的，一户农民家里有三十亩土地可能要被分在四十块地块上，不同地块（因为当时分地的时候，见着一块地人人都有份）的情况一直都没有改变，所以生产的基础设施，如水利灌溉设施、道路条件不但没有得到便利，反而得到很大的破坏。所以不合作不行，合作才是解决这种情况的好方法。假如我们现在进行土地平整，对五百亩土地进行统一耕作。平整可能涉及二十户农民，这二十户农民选择一个头，这个头协调大家要种什么作物，怎么种，等等。就以种小麦为例，我们可以统一播种引进的良种，运用机械统一施肥、统一灌溉。例如打药，我们可以有专门的技术人员按照药量要求配药、规定时间打药、根据作物特性等科学合理地统一喷洒农药。相反，若是没有统一的管理、科学的播种、完善的农田设施和周到的服务体系，想做到统一行动是很难的。如说要打药了，这二十户人家，大家都背着药箱去打药，你家没有人在家，我可以代你打，下次你再帮我打。而不是今天张三打农药，李四看到了，于是李四第二天也去打药，而且加大剂量把虫子再赶到张三家地里。另外，我们还可以统一销售，统一与面粉厂合作卖个好价钱。这样，我们的粮食质量就会好，也能提高劳动生产效率，那农民的收入就无形中增加了。所以说农民一定要有组织才能富起来。现在就缺少这个，农民还是各自为政。"

2. 生活成本的提高

缺乏合作不仅给生产带来了许多不便和导致生产成本的提高，而且缺乏合作也使得村民的生活成本增加。首先就是道路不畅，因为道路不畅带来的是一些农作物难以运出，如双孢菇在小岗村的价格就很便宜，大概是 5 毛一斤，而在合肥就可以卖到 2 元一斤，但是因为小岗本身是岗地，道路不是很好，所以找人运出去就要帮忙费，这个帮忙费无形中提升了成本。在调查中，就有一位来自大庙余村的韩老汉说："我们这里不行，没有水，不是平原，土壤不行，土地零散，东一块西一块，也没路，进不去，就不能种。那个双孢菇不好卖，合肥那边卖的倒是挺贵的。主要是自己也运不出去，也没人收购。"

缺乏合作导致生活和生产成本提高，所以小岗村村民在认识到这一点后，对合作有着强烈的愿望。合作能够使这种缺乏合作导致生产成本和生活成本提高的问题得以解决，小岗村通过成立安徽凤阳小岗农业合作社，既防范了市场的冲击，收益旱涝保收，又得到了上海大龙畜禽养殖有限公司的投资和在养殖技术上的帮助。村民将土地流转给合作社，由合作社统一经营，既能实现规模化经营，又能科学合理地发展经济作物。土地零散产生的不便和成本的提高在合作社的体制下都得到了解决。人们参与合作的意愿表明：合作匮乏所致的生产和生活成本越高，农民对于预期收益的需求行为增加、需求强度越高，农民合作行为增进的可能性就越高。

（四）信任程度与合作成本

1. 无信任导致合作成本的增加

因为信任危机而不能合作的事情比比皆是，但是这种不信任会增加交易双方合作的成本。这就是囚徒困境难以避免的心态。调查发现，人们普遍认为合作首先需要有信任，否则合作者可能推出参与机制，使得合作难以进行和维持。如巴恩费尔德研究了意大利南部的一个村庄，发现这个村庄很贫困同时又不存在任何集体的行动，不存在当地人的联盟，没有农民的组织，甚至教堂都不能组织基本的慈善活动以关心孤儿。尽管村民面临洪水的侵害，但不设法共同对灾害进行控制；尽管村民在收获季节最担心身体不好，但没有邻居间相互帮助的习惯；显然村民存在预期收益但没有发生集体行动。巴恩费尔德与村民进行了广泛交流，并做了心理测试，发现村民对家庭以外的任何人都缺乏信任或忠诚。所有的行动都从个人利益角度来仔细计算，为他人做事不是他们考虑的内容，那些主张为他人做些事的人被看成是另有企图。① 尽管这是一个极端的案例，但是双方无法信任导致合作难以进行，该村的洪水不能控制、预期收益难以实现，换言之，无信任导致合作成本的增加。

2. 信任导致合作的进行

在小岗调查中，许多村民认为尽管他们很想合作，但是要合作须与信得过的人合作才行，个人间的信任也是呈费孝通所言的"差序格局"的分布，这种信任建立在血缘关系和地缘关系上，由近及远层层递退。特别是在婚嫁、丧事中更是如此，尽量用血缘关系、地缘关系较近的人。石马村的周建支就是这样："做红白事的时候，我办我请我本家的人，他办他请他本家的人。邀请别人来家里一起干的事情都是我们家族里面的，像伯父、大娘、叔叔、婶婶之类的，邻居很少的。如果家里人实在很少，人手实在不够，也可以请邻居、朋友来帮忙。"村民韩庆丰在回答笔者关于合作是否要信任时说："那肯定要信任，不信任是不能合作的，合作中要有个带头的。合作要有亲戚关系，邻居也行。有的也不行，要看他讲不讲道理。"

安徽凤阳县小岗农村合作社的成立，是由村委会出面，经过两个月三次会议的讨论，村民才同意村委会的意见，把土地流转给合作社。由于村委会与合作社的引入，让村民对合作的对方——上海大龙畜禽养殖有限责任公司能够产生信任，可以说"合作社使得原先分散的农户（假设加入合作社的成员为 N）得以集中。当违约事件发生时，受损方更有动机通过诉讼

---

① 转引自〔美〕A. 爱伦·斯密德《财产、权力和公共选择》，黄祖辉等译，上海人民出版社、上海三联书店，2006，第 43 ~ 44 页。

来维持合约得到执行，而违约方也将受到惩罚。当违约方预见到自己的违约行为会被诉讼时，出于'成本—收益'的权衡，他会一定程度上约束自己的机会主义行为，从而使得合作的稳定性增强。"①

巴恩费尔德（E. Banfield）在研究一个意大利南部村庄时发现，人们在合作中若是存在不信任状态，将有可能导致合作的成本增加甚至失败。这在小岗农业合作社案例中得到了验证：人们在选择合作对象的时候，也在打量对方是否是可以信赖的人，这种信赖可以建立在血缘关系或地缘关系上，也可以是政府部门的保证。总之，信任程度所致的交易成本越低、参与人之间信任度越高，那么农民合作行为增进的可能性就越高。

（五）既定条件下拥有的生活资本和生产资本

参与合作所需社会行动者既定条件下拥有的生活资本和生产资本可以界定为参与合作所必须有的资格条件，如本社区的人员、缴纳会员费、出让土地使用权等。

1. 村民参与合作要具有的生活资本和生产资本

参与合作的村民在选择合作的对象时，也不是没有条件的。在今天华北村落共同体的变迁中，存在着"搭套"这种合作形式，人民在选择搭套对象时，"首先一点便是相互间的亲密关系和感情"。农家搭不搭套以及能不能搭套，是由与一定的经济规模相联系的劳动力、畜力、资金、雇用力状况来决定的。从而，按经营规模的基准可以将近代的华北农民分为三种情况：①有搭套（合具）的能力，但是没有搭套的必要；②有搭套（合具）的能力，同时也有搭套的必要；③没有搭套（合具）的能力，但有换工、借用役畜以及寻求他人农耕援助的必要。② 张思从这三种类型中分析得出的结论是"从事搭套的大部分农家，本来都是在经济规模上没有什么根本差别的中农和部分贫农，搭套事实上总是在保持着同等经营规模条件下的农家双方之间进行的。所以除了彼此间关系亲密之外，搭套还需要财产上的均等，就像十亩地的和十亩地的农家，二十亩地的和二十亩地的农家在一起那样，搭套是拥有或耕种相同数量土地的农家几个人聚集在一起所形成

---

① 沈思柱、卢西彬：《小岗村经济组织发展模式探讨》，《农村经济与科技》2008 年第 8 期。

② 张思：《近代华北村落共同体的变迁——农耕结习惯的历史人类学考察》，商务印书馆，2005，第 138、157 页。

的关系，搭套是在耕作亩数和其他条件大约相等的农家间进行的"①。

小岗农村合作社的村民在参与合作时，也是彼此有所选择的。这种选择既有明显的规定，也有不明说但是彼此有共识，或者说是潜规则。村民把土地流转给合作社是成为合作社成员的一个必要条件，所以只有拥有土地的人才具有这个资格参与合作。但是仅仅拥有土地还是远远不够的，需要村民在自愿的情况下，把土地流转给合作社，合作社有自由支配使用权，那么这个村民才算是正式成为合作社的一分子。除了拥有土地并流转给合作社是参与合作的一个必要条件外，还应当是小岗村的村民才行。笔者在调查中就发现有些非小岗村的村民也很想参与到这种合作中，但是没有这个机会。这就排除了这样一部分人，即小岗村内部一些人不愿把土地流转给合作社，没有参与合作社的可能。当然这部分人，也不能享受合作社所提供的收益，如分红的权利、租金的获得权及优先就业权等。这种被排除在某种程度上是对内部预期收益的保障，恰恰也是对不参与合作的外部者的惩罚。

2. 企业参与合作要具有的资格条件

同样道理，上海大龙畜禽养殖有限公司参与安徽省凤阳县小岗农业合作社也是有着自己的条件的，首先是一次性斥资用于合作社的注册和按 500 元/亩的租赁价支付给转让土地的村民。在合作社工作的，公司每月还要支付村民 600 元的薪水，五年后，合作社成员参与合作社的分红。另外，公司还要稳定市场的需求。依照合同，所养殖的"大明贡猪"由公司处理或销售，不得转销给他人，所以不用担心所养的"大明贡猪"价格变化或无处销售。在技术方面，公司还要提供"大明贡猪"种猪和饲养技术，筹建畜牧业、种植业等必需的生产设施和生活设施。上海大龙畜禽养殖有限公司参与合作除了要具有这些资本外，还要优先考虑使用参与合作社的村民，否则村民如果觉得不公，就可以在 5 年之后退出合作社，选择不合作的行为，导致合作不能持续进行。

3. 村委会和粮食局扮演的角色

村委会出面和滁州市粮食局的加入，无形中增加了村民对合作社的信

---

① 张思：《近代华北村落共同体的变迁——农耕结合习惯的历史人类学考察》，商务印书馆，2005，第 165 页。

任，毕竟政府的公信力远远大于企业、个人的公信力。所以在开始成立合作社时，虽然遇到了许多不同的声音，有老改革者的担心，有村民的担忧，有难以抹去的集体化阴影，但是经过村委会两个月三次会议的讨论，最终村民同意了村委会的意见，把土地流转给了合作社。

公司参与以及村委会和粮食局的投入，使村民加入合作社所承担的风险大大降低，村民只要流转自己的土地使用权给合作社，无需其他条件就可以从合作社获得 500 元/亩的年收入。村民在土地收益得到保障的前提下，又能够从合作社获得工作和薪水，所以村民对参与合作社持积极的态度。这也表明：参与合作的社会行动者在既定条件下拥有的生活资本和生产资本越低，农民合作对预期收益需求越高，农民合作的可能性就越高。

四　农民合作条件中的激励条件

（一）搭便车与公平感认同

霍曼斯在其理论中专门对公平感进行了诠释，他认为报酬的公平与否是相对的，取决于一个人的客观经验。在同类行动中，一个人总是以过去成功地从事这一行动时的成本与报酬、投资和利润的比例为尺度来衡量眼前或将来的行动，并根据个人投资的增加提高标准。如果在眼前或将来的行动中，报酬和利润比过去下降了，行动者就会觉得不公平。比如，一对夫妻在结婚前，男方经常给女方买花，而结婚后不再送花，女方就会觉得男方不浪漫了，不爱她了。客观经验的另一个标准是行动者认同的比较群体。人们在交换中，通常还要把自己的所得与自己认为相类似的人相比较，而较少与和自己比较疏远的不太相似的人进行比较。比如，教师通常和其他院校的教师进行待遇比较，如果差别较大，就会认为不公平，哪怕与其他阶层差距更大，他们也不会用来做第一比较群体。[①] 可见，公平是相对的，主要在于合作者的内心感受。若是成员感到自己处于不公平的对待时，那么就有可能导致合作的效率很低，甚至失败。对于搭便车，人们更是感到不能容忍，"Ernst Fehr and Simen Gachter 基于日常观察和大量偶然证据认

---

① 侯钧生主编《西方社会学理论教程》，南开大学出版社，2001，第 200 页。

为人们非常反感搭便车者、投机者，并且认为合作者或许有意愿惩罚搭便车者、投机者，甚至合作者自己会为惩罚行为付出成本或代价，甚至他们不能指望将来从他们的惩罚行为中获益"①。

1. 小岗村生产队有着村民感到不公平的原因，结果以走向"大包干"而告终

1955 年，小岗村人欢天喜地地成立了互助组、合作社，后来又成立了高级社，吃上了大食堂。但是这种合作社良好的初衷，却未能得到满意的效果，甚至在后来极左的环境下，严重地打击了人们的积极性。绝对的平均主义，大锅饭，使一些社员觉得很不公平，特别是干得多的、干得好的社员，觉得其他人窃取了自己的成果。所以使社员觉得与其他人都是一样的分配收益，还不如不干、少干。合作社绝对的公平分配，没有显示出其相对的公平分配，不仅使强者有不公平感，而且弱者也不愿意积极作业，所以出现生产效率低下的结果。正如小岗从互助组成立到高级社的过程中出现的那样，自留地里有人，集体地里则是另外一番景象。据严宏昌说："我发现生产队集体的地里不怎么有人。有时候我们当队长的到了地头，发现大家都懒洋洋地没有跟上来，到的人干活也不积极。"②

2. 安徽凤阳县小岗村农业合作社的社员普遍感到合得来，结果合作取得了良效

用严峻昌的话说："相互合得来就加入。"其实农村的"合得来"包含着很多层次，既有彼此出资的多少，又有加入合作社的人出力多少；既有彼此的感情因素，又有相互信任的原因，等等。"合得来"其实就是个人经验层面的公平感。

村民若要参与合作社就要转让土地使用权，以出租的形式交给合作社，成为合作社成员，获得收益。小岗村村民参与合作社无需劳动即可获得收入，一方面，保障了收益的稳定，可谓是"旱涝保收"；另一方面，村民通过合作社的工作又可以获得同样的收益，所以他们没有不公平感。参加合作社的村民与未加入合作社的小岗村村民相比，会有一种优越感；对比没

---

① 转引自刘建平、丁魁礼《农民合作行为中的惩罚机制研究》，《华中科技大学学报》（社会科学版）2009 年第 2 期。

② 钱江：《划时代的红手印——小岗村"大包干"契约的产生经过》，《党史博览》2008 年第 9 期。

有资格加入合作社的非小岗人，他们感到庆幸。

这种与自己过去相比较收益有所增加，与同伴相比较有相同的待遇，与其他群体相比较有优越感，保证了参与合作社村民的公平感。

公司企业则要承担市场风险的成本，既要提供资金和技术支持，又要提供种猪和种植作物。同时在需要人力时，承担着优先使用参与土地流转的村民的义务。但是该公司也觉得很满意，很公平。在自己分担成本的同时，公司还拥有了85%的股权，凭借85%的股权可以分得主要收益和拥有合作社决策的主动权，并且小岗村这个招牌也给其产生了源源不断的无形资产。

小岗村农业合作社社员普遍感到合得来，结果合作取得了良效，说明公平感有无对于合作起到促进或瓦解作用。公平感的刺激对于合作的作用不是以理性为标准的，人们的公平感在某些时候甚至超越理性，在合作中起着主导性作用。

（二）外部资源的注入

1. 政府的投入

新农村建设其实就是外部资源不断地注入，这种资源不仅仅是经济上的投入，还有政策上的倾斜和优惠。农村如何接收这部分资源，怎样用好这部分资源，发挥外部资源注入后的最大收益，是政府、社会与研究者普遍关心的问题。

小岗生产队的成立虽然有着合作的形式，但是这种合作的形式是在当时国家工业化的大环境下实施的，所以会有城乡二元社会结构。农业产品与工业产品的剪刀差导致农村资源的部分抽离，用于支援工业建设，这种抽离显然对于农村的发展产生了消极影响。

与此相反的是新农村建设，通过城市带动农村，工业反哺农业来破解"三农"问题，促进农村的发展、农民的富裕、农业的现代化。安徽凤阳县小岗农业合作社就是不断把外部资源加以整合的平台。政府通过提供信用、政策优惠和协调，使村民得到预期的收益而乐于合作。

2. 企业的投入

小岗村村民乐于参与该合作社的另外一个原因，与同外部公司的合作所带来的资源的注入有很大相关性。通过将土地流转给合作社，村民从中得到租金和打工收益。公司则提供了资金、技术并且稳定了市场需求。因此，村民在收益大、风险小的条件下更乐于采取合作行动。

（三）社会行动成本的分摊方式

合作需要社会行动者投入一定的成本。互动的双方或多方在合作的同时，对成本分担的方式是否满意将决定合作能否顺利进行。

1. 村民投入土地成本

依照协议，23 户农民自愿以每亩一年 500 元的租金流转给合作社，用于建设 5 个标准化商品猪养殖基地及种植牧草。流转出土地的村民可选择成为企业的工人，每月领取 600 元左右的薪金。村民把土地流转给合作社，合作社具有支配使用权。对于农民而言，土地是其赖以生存的第一资源，可以说土地是其最宝贵的也是唯一的本钱，农民的土地情结不仅仅表现在春分的祭祀活动（"以祭土地神为先，祭五谷神次之"）上，[①] 还有对自己过去形成的惯习的尊重和继承。

农民的土地情结是以其能够提供生产和生活资料为前提的，一旦他们脱离了土地劳作依然能够获得生存的资料时，村民就有可能选择合作行动，所以当他们在以出租土地给合作社，通过流转使用权获得租金和薪水的刺激下，觉得投入土地是公平的，那么这就越发有利于合作行动的达成。

2. 企业承担资金、技术和市场风险的成本

在成立安徽凤阳县小岗村农业合作社时，上海大龙畜禽养殖有限公司既要提供资金和技术支持，又要提供种猪和种植作物。同时在需要人力时，承担着优先聘用参与土地流转的村民的义务。该企业承担的成本若从协议来看似乎较多，但是深入分析一下，企业承担资金、技术和市场风险，不但没有增加成本，反而降低了成本。因为该公司拥有 85% 的股权，其分红也是 85% 的利润。所以只有合作社获得的利润越多，其成本相应的才会降低。但是要获得高额的利润，是与技术、资金和市场风险分不开的，所以上海大龙畜禽养殖有限公司通过提供资金、技术和稳定市场需求，既增加了合作社的收益，相应地也降低了自己的成本。

成本分摊是否合理对合作能否延续有很大的影响，小岗村农业合作社

---

① 邹全荣：《武夷山民间的神农信仰》，《神州民俗》2009 年第 5 期。

通过成本的合理分担，使得合作的多方乐于合作，这表明合理的成本分担将会有利于合作进行，反之，则使合作难以进行。

（四）预期收益与股权的明确界定

1. 合作不能带来预期收益时，合作将会终止

预期收益是合作的最终目的，若博弈的双方或多方是零和博弈，那么一定会有一方失利、被动，则第二次的合作将难以达成。张思在《近代华北村落共同体的变迁》一书中讲到，搭套中的解套几乎都是由于农家经营的土地、劳动力和畜力的变动使然。张荣在介绍自己解套的原因时说："第一家搭套的是李广玉家。他家虽然人口多，但是能够算得上劳动力的几乎没有。李广玉的二哥李广恩当时刚刚能够驾驭牲口，经常挨家里牲口咬。有一天，在播种时李广恩干了让牲口吃掉种子的坏事，为此我跟他打了一架，就这么着……接下来第二家是吴仲和家。当时吴的哥哥仲武还很小。有一年正值准备播种的农忙期，吴殿扬（前者之叔）却得了一场大病，他们全家都去照看他，结果没有人能来干农活了。所以我家就坚持过了这一年，第二年就跟他家分开了。孙继贤的情况是，他家人给我姐姐说了门亲事，对方却是南法信（邻村）的恶少。因此，我们两家也分开了。"[1] 可见，搭套中的解套几乎是由于农家经营的土地、劳动力和畜力的变动使然，这种变动恰恰是其中一方觉得吃亏，不能从合作中得到预期收益，最终导致不合作的发生。

2. 合作能够带来明显的预期收益时，合作得以进行

在霍曼斯的社会交换理论中，人类的一切行动都是为了获得最大报酬，这种报酬包括物质的和非物质的。在合作中社会行动者也是尽力实现自己的获益最大化，当获益增多时，就会有"赞同命题"。小岗农业合作社的多方在合作中都有实现自己利益的方式，村民通过流转土地使用权给合作社，成为合作社中的一员，从合作社获得土地出让金，并且在合作社内工作还可以获得一定薪水，10%的股份保证了其分红的权利。总而言之，村民在合作中的收入得到了保障，这种收入远远大于其承包地劳作的收入。

---

[1] 张思：《近代华北村落共同体的变迁——农耕结合习惯的历史人类学考察》，商务印书馆，2005，第 214 页。

公司通过合作的方式，取得了土地使用权和其他设施建设权。据该公司介绍："首批租用的土地将用于建设 5 个标准化连锁专业养猪小区，每个小区可存栏繁育 300 头母猪，自繁自育，年出栏优质商品猪 5000 头左右，年总出栏 2.5 万头优质商品猪，可安排 50 个生产就业岗位，年总产值约2000 万元人民币，实现年利润 200 万元左右。"① 此外，85% 的股份也保障了其分红的权利。

可以看出，预期收益在合作中是前提和目标，且不论这种收益是物质的，还是非物质的，只要合作不能带来预期收益，此种刺激就会带来合作的终止，相反，只要合作能够带来明显的预期收益，此种刺激就会使合作得以进行。

五 农民合作条件中的收益与惩罚保障机制

（一）收益与惩罚保障机制

合作社作为一个社会组织，显然也有组织一般构成要素，即规范、地位、角色和权威。规范是社会互动的基础，是社会关系及其功能的基本价值的具体表现。若要社会组织正常运行，则人人必须遵守规范。这种规范建立在契约或者协议基础上，不论这种规范是正式的还是非正式的，特别是在收益分配方面，若是社会行动者违背了规范，无论是来自合作社内部的，还是外部的都会对合作社的集体感情构成伤害，那么他就会遭受来自周围的不满、敌视，甚至来自制度的强力者的惩罚。

1. 惩罚可以保障合作的继续进行

合作已经成立，便在契约规范中对合作的双方有着约束作用。若是惩罚保障机制不存在，那么就有可能存在这种情况，即不守信、不守约的状况，彼此就会缺乏信任，结果导致预期收益难以实现。合作社的社会行动者因为预期收益难以实现，致使不能合作引起的生产成本与生活成本的增加，将会给社会行动者造成更大的损失。所以惩罚在合作中就成为保障合作继续进行的条件，对社会行动者的预期收益起着保障作用。

---

① 阮文彪：《小岗村土地集并的制度经济学分析》，《学习论坛》2007 年第 3 期。

2. 通过惩罚搭便车维护集体认同

迪尔凯姆提到机械团结和有机团结，在机械团结社会中，个人隐没在集体之中。个人意识压抑在集体意识之中，如"作会"是一种类似"连坐制"的社团，当个别社团成员出现不当行为时，就会损害每个社团成员的个人利益，这样社团成员就有实施集体惩罚的权力。[①] 搭便车或投机者给合作组织带来了不公平感，组织外的行动者无须投入和成本分担，就享受组织提供的收益，显然这对组织参与者是不公平的。最重要的是这种不公平感会伤害组织的集体认同，严重的会分解组织，所以为了维持组织而对搭便车的惩罚显得尤其必要。

（二）惩罚保障机制的实施主体：强互惠者和权威力量

执行惩罚要有执行者，但是并不是所有的人都能够担任执行的主体。惩罚要耗费一定的成本，所以乐于执行惩罚的主体与其在组织中的利益相关，一个是强互惠者，另一个是权威力量。

权威力量是一种合法化的权利。它是维持组织运行的必要手段，它使成员在组织内感受到约束和限制。权威存在于社会组织中，人群中如果缺乏组织，则意味着缺乏权威。权威的运行必须在组织团体中进行，组织是权威的合法化。另外，权威依附于职位。权威指职位权威，一个人占据某个职位，他就是该职位的权威，而当他离开这一职位时，权威的运转作用也就停止了，但是权威本身依然存在。在本章中，笔者认为权威来自政府和合作社内的精英。

政府通过参与合作，能够对合作的双方起到协调和保障预期收益的作用。合作社内获得利益的社会行动者，只有对不合作者加以惩罚，才能保障自己的利益。

（三）惩罚保障机制的实施过程

自迪尔凯姆、福柯以来，惩罚被视为"总体事实"，"惩戒是一个具有所谓'连根拔出'意义的问题"[②]。惩罚分为直接的惩罚和间接的惩罚，直

---

① 王鹏飞：《城中村的堕距——羊城村个案的再解读》，《新学术论坛》2009 年第 3 期。
② 朱晓阳：《罪过与惩罚：小村故事（1931~1997）》，天津古籍出版社，2003，第 5 页。

接的惩罚如刑法惩罚、打骂等，间接的惩罚有拒绝、不搭理、不合作和欺骗等。可见，这些方式都表现为排他性，这种排他性构成惩罚的重要特征。其具体实施过程有对内的，也有对外的。

惩罚的内部惩罚往往甚于对外部成员的惩罚，对叛逆者的惩罚更甚。组织通过对内部行动者更严厉的惩罚，将会对其他成员构成威慑力，从而有利于组织的稳定，换言之也有利于合作行动的持续进行。在对外部惩罚的同时，执行主体还要建立对外排他性机制，通过这种对外的排斥以保障群体的利益不受侵占和合作的运行。正如小岗村农业合作社那样，村民通过土地流转租赁给合作社后成为合作成员，在享受各种收益时，却排除了这样一部分人，即小岗村那些不愿把土地流转给合作社的村民。这种被排除，在某种程度上是对内部预期收益的保障，也恰恰是对不参与合作的外部者的惩罚。此外，非小岗村的村民也被排除在外，尽管他们很想参与到这种合作中，但是他们没有这个机会。

综上所述，合作组织通过惩罚不仅可以对搭便车和投机者进行惩罚，也可以维护集体感情和公平感，保障合作行动的持续和社会行动者的预期收益，换句话说，惩罚越能排斥搭便车者和投机者，惩罚越是被执行，社会行动者合作的可能性就越高。

六 结语

新农村建设意味着农村的社会结构变迁，通过工业带动农业，城市反哺农村，将有外部资源不断注入农村。在此过程中，如何接收好、利用好这部分资源，并不断地消化、吸收掉，才是新农村建设的着力点。研究发现，小岗村农业合作社较好地整合了国家、市场和村落的资源，给小岗村的经济社会发展提供了新的平台。在国家、市场和村落三者的互动过程中，政府发挥着协调、信誉担保和组织等方面的作用；企业发挥其资金和技术优势，起着技术供给和市场稳定的作用；村落则发挥试图改变现状的内生推动作用。

进一步研究验证了前述假设：如果合作匮乏所致的生产和生活成本越高，农民对于预期收益的行为需求增加、需求强度越高，那么农民合作行为增进的可能性就越高；如果信任程度所致的交易成本越低、参与人之间信任度越高，那么农民合作行为增进的可能性就越高；如果参与合作所需社会行动者既定条件下拥有的生活资本和生产资本越低，农民合作对预期收益需求越高，那么农民合作的可能性就越高。

此外，个人客观经验层面上的公平感的强弱对于合作起到促进或瓦解作用，甚至是决定性的作用；参与合作的社会行动者在外部资源输入的刺激下能够得到更多的收益，社会行动者更乐于选择合作；合理的成本分担刺激将有利于合作进行，反之，合作则难以进行；只要合作不能带来预期收益，此种刺激将会终结合作，相反，只有合作能够带来明显的预期收益，合作才能得以持续进行；惩罚越能排斥搭便车者和投机者，惩罚越是被执行，那么社会行动者合作的可能性就越高。

第三章　农村合作社的社会功能分析

——以六安市 DCH 六安瓜片
茶叶专业合作社为例

一　问题的提出与研究意义

（一）研究意义

本书所探讨的农村合作社，缘于我国在实行家庭联产承包责任制后新的合作制度的出现。西方国家合作社的发展已有一百多年的历史，实际操作较为成熟，相关理论研究也很丰富。而新型农村合作社在我国的发展历史仅二三十年，在实际操作中暴露了不少问题，理论研究也相对薄弱。

学术界有关农村合作社研究的论著呈现出三个较为明显的特点。第一，在研究范式上，绝大多数从经济学，尤其是制度经济学视角来论述农村合作社；在内容上，多是将农村合作社作为一种独立的"企业组织"来剖析，着重探讨其产生的可能和发展空间、所有权结构、产权界定、内外部制度安排等。第二，在对农村合作社的功能定位及研究结论上，更多强调农村合作社的组织化方式对我国农村经济发展的重要性和必要性，突出了农村合作社的规模效益、交易成本的降低及"企业性质"等经济功能。第三，总体上，发展农村合作社是实现农户小生产和大市场有效对接的必然选择，且将进入高速发展期。

从已有的研究中发现这样一个问题，很少有人立足于社会学领域，从非经济因素层面进行分析。农村合作社，除了经济功能外，是否具有社会功能？如促进农村文化、教育和农村社区可持续发展，提高农民社会参与能力，等等。如果有，它发展的现状如何？是否存在问题？这些问题为笔者提供了一个考察农村合作制的新视角。

我国特殊的农业历史与环境，使得我国农村合作社发展的外在条件与其他国家显著不同：农户生产规模细小化，较普遍的农民兼业现象，农民分化造成农民的非均质化。[①] 因此，我国农村合作社的社会功能研究具有重要理论价值和现实意义。

第一，从学理上廓清农村合作社的"社会功能"可以拓展农村合作制研究领域。目前，学界、政府及农村合作社的组织者都过多地认为农村合作社的"本质属性"是一种经济性组织，过分突出农村合作社的规模和效益之上的价值诉求。由此，一方面，造成了社会各界人士更多从经济意义上去考量农村合作社问题，却忽略了其理应包含的"社会性价值诉求"，如对"公平"和"公正"的追寻等。农村合作社是在市场经济体制下，农民作为弱势群体，为改善自身生存状况而组织的一种特殊形态。另一方面，对农村合作社"功能"范畴认识的偏差，也影响了农村合作社功能的充分发挥，偏于经济功能而社会功能缺失。

第二，农村合作制是助推转型期乡村社会秩序进化的现实需要。党的十七届三中全会的决议中提出加快形成城乡经济社会发展一体化新格局的目标。而要实现该目标必须扭转农民"原子化"和乡村"碎片化"状态，改变农民的弱势地位，即提高农民对"社会性资源"的占有，如社会参与的能力和机会等。在此过程中，农民组织化的"载体"——农村合作社，可发挥重要的作用。农村合作社具有哪些社会功能，自然就成了不能回避的现实议题。

（二）国内外研究现状

1. 国外研究现状

理论界一般认为，对于农村领域合作社的正式研究始于 20 世纪 40 年代，起始是经济学方面的研究。Emelianoff 1942 年出版的专著《合作经济理论》，Enke 1945 年发表的文章《消费合作与经济效率》都将传统厂商理论

---

① 马彦丽：《我国农民专业合作社的制度解析》，中国社会科学出版社，2007，第 5~6 页。

应用于合作社，把合作社视为厂商类型的一种，并建立了一套有效的合作社的分析方法，使合作经济作为社会科学中一门独立的学科出现在人们的视野中，推动了合作社经济理论的发展。

合作社正式的经济学模型产生于20世纪40年代。从20世纪40年代到20世纪70年代，经济学家考察合作社的视角概括来说有三个。一是将合作社视作一种垂直一体化的形式，称其为"农场的延展"。代表人物有Emelianoff、Robotka、Phillips等。二是将合作社视作一个独立的企业，称其为"作为厂商的合作社"。由Enke（1945）在研究消费合作社时提出。此后，Helmberger等（1965）运用企业理论，设计了一个合作社模型。Sexton（1990）运用新古典理论发展了一个在农业营销方面的空间竞争模型。这些思想都将合作社当作一种企业形式。三是将合作社视作一种以集体或联合行动存在的联盟。代表人物有Staatz等。

20世纪80年代以来的30年里，有关合作社的理论研究取得了一些新进展，研究的主要成果是承接并扩展了先前的三个主要视角从而形成了三个主流思想：一是对"作为厂商的合作社"的扩展；二是合作社是一种"联合"形式；三是合作社是一种"合约集"。这里，把合作社视为一种"联合"或"合约集"的观点可以看作是集体或联合行动的联盟模式的扩展，认为合作社应是效用最大化群体的联合，此观点在20世纪90年代得到显著发展。根据当前我国农民专业合作社发展的现状特征，合作社的结构和运作模式更多地表现出的是一种联盟组织的形式。因此，我国合作社更为符合以上"合作社是一种联盟组织模式"的研究范畴。

20世纪90年代以来，西方合作社理论研究大多数引用了新制度经济学的相关理论，其研究的内容也主要集中在产权安排、交易成本、代理成本、契约理论和集体行动逻辑等方面。

2. 国内研究现状

1918年我国诞生了第一个合作社——北京大学消费合作社，至今我国合作社发展已有90多年的历史。20世纪二三十年代，华洋义赈会和著名学者梁漱溟、晏阳初等分别在河北省、山东省等地开展了以信用合作、运销合作为主的合作社实验，带来了我国合作社发展的小高潮。但是，这一时期的合作社数量不多、覆盖面很小，最终也不了了之。新中国成立以后，农村合作社大体经历了三个阶段：土改完成后至 1956 年的互助合作时期，高度集中的人民公社时期，20 世纪 80 年代以来的农村合作组织发展的时期。第三阶段是我国真正意义上的农村合作社发展阶段。我国关于农村合作社的研究现状，主要有下面几种倾向。

（1）对国外合作经验的介绍

虽然我国真正意义上的农村合作社发展较晚，但是对国外相关合作经验介绍的文献颇为丰富，主要集中在合作社制度研究的初期。当前我国普遍实行的家庭联产承包责任制并没有实现农村经济长足发展的预期，其存在的缺陷逐渐引起大家关注，国际上的合作社成功范例也日益引起了相关研究者的重视。如姚铭尧对罗虚戴尔合作社原则以及之后的国际合作经济原则进行了详细阐述；徐更生、刘开明主编的《国外农村合作经济》，对国外农村合作社的情况进行了系统介绍；石磊以韩国新农村建设经验为基础，介绍了韩、日等国农民合作经济体制的特点与实施的过程等。这些著作都旨在吸收国外成功经验，为我国农村合作社发展提供一定的指导性意见和借鉴意义。

（2）从国家—社会关系的视角看农村合作社

农村合作社的蓬勃发展，带来了农村合作社的深入研究。学者们考察了新中国成立以来我国农民合作化的历史进程，总结各个阶段的经验教训，并试图将农村合作社的发展过程与国家—社会关系联系起来，政府与合作组织之间的角色关系成为研究探讨的重点。

林毅夫（1989）认为，新中国成立后集体化运动之所以失败，是因为国家强力下农民退出权得不到保障，导致了农民自主监督权的失效，多次博弈变成一次博弈，这样农民的积极性得不到提高，造成了当时生产效率低下，这也成为农民合作失败的一个主要原因。[①] 贺雪峰认为，当前国内农村研究实际上存在一种隐含的研究前提，"即追求利益最大化的农民，可以通过自愿的办法建立农村社会的内生秩序，从而实现公共品的最优供给"，但是这一隐含的研究前提"混淆了公共品与私人品的差别，忽视了对乡村秩序社会文化基础的考察，其后果不仅在于无法

---

① 　转引自贺雪峰《退出权、合作社与集体行动的逻辑》，《甘肃社会科学》2006 年第 1
　　期。

正确解释新中国农村发展的历史，而且无法为目前中国农村的发展提供有用的对策"。① 温铁军认为，国家应当对农村合作社组织进行扶持和帮助，但是前提应是要把农民作为社会主义新农村建设的主力军。"那怎么能让他们成为主力？第一个方面是有些农民开始建立专业化合作，这种合作社是农民交入社费，然后交入社股金，形成利益关系"，他还认为，农民合作社的形成将会弥补国家退出农村后，农村社会组织的空白；"一些家族势力、宗教势力等都在很快地发展，这时候如果我们不主动地用有利于稳定乡村的改良性的社会组织去填补这个组织空间，问题会恶化的"。②

（3）对农村合作社组织内部效率机制的研究

这主要体现在经济学当中对农村合作社组织效率和效益方面的研究，学者们大多重视农村合作社组织在经济发展中的优势，多从农村合作社的成立条件，限制因素等方面进行研究。

许淑芬从经济学的交易费用、规模效益等理论出发，论证了农村经济合作组织在市场上拥有的优势，并对当前农村合作社组织在发展过程中存在的若干问题进行了解析，在组织规模、防范机制等方面都提出了建议。③

马彦丽、林坚从奥尔森集体行动逻辑推论出发，将合作社成立的条件定义为：第一，不平等原则或精英原则，即存在合作社组织参与的核心户或能够使他人在交换中获益的精英；第二，小组织原则，即限定合作社组织的人数，以解决集体行动中搭便车的困境。④

（4）选取案例的研究

有一部分学者通过对一个个农村合作社发生和发展的轨迹研究，勾勒出当前我国农村合作社发展过程中可以借鉴的成功经验和教训等。

例如，何慧丽、温铁军等人对河南省兰考县农村合作社的研究，罗兴佐、贺雪峰等人对湖北省荆门泵站农民合作取水的研究，贾大猛、张正河对吉林省梨树县百信合作社的研究，等等。这些研究主要从事实出发，探讨农村合

---

① 贺雪峰：《退出权、合作社与集体行动的逻辑》，《甘肃社会科学》2006 年第 1 期。
② 邢久强：《充分发挥政府和农民两个积极性——著名学者温铁军谈新农村建设》，《前线》2006 年第 1 期。
③ 许淑芬：《我国农民合作经济组织若干问题探析》，《现代农业科技》2006 年第 2 期。
④ 马彦丽、林坚：《集体行动的逻辑与农民专业合作社的发展》，《经济学家》2006 年第 2 期。

作组织的功能和环境，对农村合作社得以维持的内外部环境进行了分析，并对一个具体的社区内农村合作社组织如何发展提出了意见和建议。

（三）研究方法

1. 基本思路

本章以分析积累资料为着力点，选取个案为研究对象，进行实地调查和深度访谈，探讨农村合作社的社会功能。本章在对农村合作社"社会功能"廓清和定位的基础上，以安徽省六安市 DCH 六安瓜片茶叶专业合作社为个案进行分析，着重探讨农村合作社具有的已发挥及未发挥的社会功能。

2. 研究路径

（1）借助文献分析对农村合作社的"社会功能"进行定位和分析

学界研究农村合作社较多强调它的经济性和企业性质，而这种定位显然缩小了农村合作社的功能范畴，忽视了农村合作社的社会意义。实际上，从合作社原则的演化来看，合作社的本质特征在于组织内部的同一性，即农村合作社的财产所有者与使用者同一。合作社应是以服务对象——社员为本，而不是以投资者——股东为本。这是合作社与其他企业组织最大的不同之处，合作社并非一个纯粹意义的经济组织。从社会学角度来看，农村合作社是在社会转型时期农民这一弱势群体在现有的社会经济条件下为求生存和改变自身社会境遇，自发走到一起，试图借助组织的力量，相互扶持实现自我保护的特殊形态组织，强调的是"人的结合"而非"资本的结合"，经营宗旨应具有实现经济效益与社会公平的双重目标，既要追求经济利益，又具有相当的社会功能。

（2）对农村合作社的社会功能及当前我国农村合作社社会功能缺失原因的分析

首先，本章对案例合作社进行剖析，并从学理层面对农村合作社应有的社会功能进行分析，如促进农村社区发展，承担农村社会、文化、教育及社区可持续发展的功能；提高农民的合作参与能力，培养民主意识，特别是市民意识，使农民获得更多发展权的功能；农村合作社的发展为国家与乡村社会关系重构提供了契机，有助于国家与乡村社会新的良性互动关系的形成的功能；等等。在此基础上，本章探讨发挥和强化农村合作社的社会功能的必要性。

其次，本章对农村合作社社会功能缺失的原因进行剖析，从农民的社会认知因素（对农村合作社的认识不足）、农村合作社的合作水平等方面，分析对农村合作社社会功能发挥的影响。

3. 研究方法

本文采用的研究方法主要是文献法、实地调查法和个案研究法。

（1）文献法

文献法是一种通过收集和分析现存的，以文字、数字、符号、画面等信息形式出现的文献资料，来探讨和分析各种社会行为、社会关系及其他社会现象的研究方法。[①] 根据文献产生的根源可分为第一手文献和第二手文献。

本章使用的第一手资料有：六安市人民政府颁发的关于农村合作社的各种文件，所选个案合作社的具体资料等。第二手资料有：国内外学者编著的关于农村合作社方面的书籍，撰写的关于农村合作社方面的文章等。

文献法的作用主要有：通过对六安市政府文件和具体农村合作社典型材料的介绍，及通过对国内外学者编著的书籍和发表的论文的分析整理，找出目前农村合作社社会功能发挥研究所达到的程度和可供借鉴之处。以此作为笔者研究的背景支持，并在此基础上以期发现新的研究点。

（2）个案研究法

个案研究法即对一个人、一件事、一个集团，或者一个社区所进行的深入全面的研究，是与抽样调查完全不同的一种定性研究方法。它强调尽量收集与研究对象相关的各方面资料，详尽地描述某一个体对象的全貌，了解事物发展、变化的全过程。也就是说，研究个案就是要将个案看成一个连续有机的复杂过程，而不是单个部分的简单组合，强调研究要注重研究对象的整体性、情境性和关联性，不能孤立地看问题。[②]

笔者主要采用深度访谈法，围绕六安市 DCH 六安瓜片茶叶专业合作社社会功能发挥情况访问相关部门的领导和具体合作社成员，获取本书写作的第一手资料。

（3）实地调查法

实地调查法指的是一种采用自填式问卷或结构式访谈的方法，系统地、

---

① 风笑天：《社会学研究方法》，中国人民大学出版社，2003，第 217 页。
② 王思斌：《社会学教程》（第二版），北京大学出版社，2003，第 364 页。

直接地从一个取自某种社会群体的样本那里收集资料，并通过对资料的系统分析来认识社会现象及其规律的社会研究方式。[①]

笔者采用自填式问卷法，设计《农民合作社调查问卷》《农村合作社社员访谈提纲》，对合作社社员进行简单随机抽样调查，主要是定量了解合作社概况，及社员参与合作社的情况和感受，并辅以个案研究。全部问卷的发放、回收和检查核实工作都由笔者独自完成。调查对象分为两类，一类是加入 DCH 六安瓜片茶叶专业合作社的农户，共收回有效问卷 240 份；另一类是未加入 DCH 六安瓜片茶叶专业合作社的农户，共收回有效问卷 240 份，共得到有效问卷 480 份。

4. 概念界定

（1）合作

在中国现代汉语词典中，"合作"一词的基本含义是：人们（或组织）为了共同的目的一起工作或共同完成一项任务，诸如分工合作、技术合作等。英文中"合作"一词（cooperate）源于拉丁文，原意是共同行动或联合行动，它反映的是人们在经济活动中的平等互助关系。在社会学中，合作意指"社会互动中，人与人、群体与群体之间为达到对互动各方都有某种益处的共同目标而彼此相互配合的一种联合行动"[②]。

由此可见，目标一致、认识接近、动作配合、守信用是成功合作必备的四个要素。如果没有两个或两个以上的合作参与者，或者合作者之间不存在一致的目标要求，或者没有为实现一致的目标、要求而联合起来的行动，就不会有合作行为、合作组织。因此，参与主体的多元性和行动目标的一致性是合作的根本特点。

（2）农村合作社

学界对农村合作社的定义认同存在多种不同的意见。有的学者把存在于农村地区的合作社，如各种合作协会、股份合作社等，笼统地称为农村合作社。由于缺少相关法律法规的规范，合作社在使用名称上是多种多样的，很难从名称上对其进行准确的界定。

总体看来，目前，无论是政府部门还是学界，对农村合作社有三种程

[①]　风笑天：《社会学研究方法》，中国人民大学出版社，2003，第 153 页。

[②]　何宏光：《国家—社会视野中农民合作特点考察》，《哈尔滨工业大学学报》（社会科学版）2006 年第 6 期。

度不同的理解：一是最广义的理解，包括各种类型的农业合作社、农民专业协会、乡镇村集体经济组织、农村股份制企业以及供销合作社和信用合作社；二是从广义上理解，包括各种类型的农业合作社、农民专业协会、乡镇村集体经济组织和农村股份合作制企业；三是狭义的理解，指各种类型的专业农业合作社，被界定为"同类产品的生产经营者自愿联合起来，维护和发展成员利益、自主经营、自我服务、自负盈亏的合作经济组织"。①

本书在借鉴国内外对农村合作社内涵阐述的基础上，结合实地调查，将农村合作社的内涵特征归纳如下。

第一，在农户自愿的基础上，联合而成的群体性合作组织。一定数量的农户，基于自愿，联合起来并从事农产品生产经营活动的合作性群体，就形成了农村合作社。这个组织可为农户互动沟通提供平台，进行信息、技术等的交流，并在相互的协作与配合中，形成共同的群体意识、群体规范和群体凝聚力，在合作中追求共同目标的实现。

第二，以某些成员为核心的网络结构组织。在农村合作社组织内部，实行的是以户为基础，统分结合的组织方式，每个农户同时也是独立核算、自负盈亏的经营主体。由于农户生产经营所具有的相对独立性，农村合作社的内部组织结构是相互联系的网络形式。受到传统习俗的影响，我国农户个体性突出，农村合作社之所以能实现在"分"的基础上的"统"，是因为具有将分散的农户凝聚起来的力量，这种力量即来自合作社组织的核心成员。要说明的是，合作社组织的核心成员可以是合作社组织成立时已经具备的，如一些农村合作社创立的能人发起者；也可以是在农村合作社的运转过程中逐渐形成的。

第三，围绕某类农产品生产经营活动为农户社员提供相关服务。农村合作社以某类农产品的生产经营活动为纽带，在家庭独立经营层面进行的是便于农户分散经营的部分环节，将那些能够有效地进行大规模经营的经济活动或技术环节从农户分散经营中分离出来，组建成合作社经营模式，并为社员提供与农业生产相关的一系列服务，如技术、信息、资金、销售等。

---

① 孔祥智：《聚焦"三农"：180 位专家学者破解"三农"难题》，中央编译出版社，2004，第 283 页。

目前我国实践中的农村合作社，从功能上看，主要可分为五大类型。[①]

第一，农民自发主办型。

此类农村合作社是由农业生产大户或农村能人围绕某一产业或产品，自发组建，模式是"合作社（协会）＋农户＋基地"。社员利用各自的土地种植或养殖某类农产品，以土地、劳动力、资金的形式入股，按股份的多少分红，实现决策民主化，形成利益、风险共享共担的紧密合作组织形式。这种合作社完全体现"民建、民管、民受益"的办社原则，也是我国今后合作组织发展的主导方向。

第二，市场、基地领办型。

此类农村合作社是以已形成的专业性市场或生产基地为产品集散地，并以其为核心开展某种或几种农产品的生产和销售，从而形成区域主导产业，形成专业化、社会化的生产体系。

此类农村合作社有利于农户直接根据市场需求组织生产，减少中间环节，体现了社员农户自主决策经营的权利。但是，在参与过程中，农户仍处于被动接受状态，企业与农户不能形成关系紧密的利益共同体，农户个体不能参与产业化的全过程，得不到产业化的平均利润。除此之外，这种类型的合作社会造成一种困境，市场基础滞后，管理规范化程度低，因服务的对象繁多而难以实施有效的服务；信息覆盖面小，信息传递速度慢，较难发挥正常的调节作用，农户仍然要承受自然和经济的双重风险压力。

第三，龙头企业领办型。

此类农村合作社由大型龙头企业牵头，采取"企业（公司）＋合作社（协会）＋农户＋基地"的模式。其充分利用龙头企业的强大优势，发挥合作社的纽带作用，在产品基地、农户与市场之间承担多种服务功能，结成密切的产加销一条龙、农工贸一体化的生产经营体系。

此类农村合作社能降低农户经营的市场风险，以合同的形式规定了公司与农户直接的经济利益关系，农户也可以凭此享受农产品生产的后续利润，利用公司的经营经验和渠道获取市场供求信息，方便及时调整生产经营结构，指导生产经营过程。但同时此类农村合作社也存在不足之处，如

---

① 刘振伟：《关于农民合作经济组织的法人地位》，《农村工作通讯》2005 年第 5 期。

当市场出现波动或遇到自然灾害时，市场风险会再度转移到农户身上。

第四，政府部门领头主办型。

此类型的农村合作社由政府有关部门领头创建，采取"部门+合作社（协会）+农户+基地"的模式。其由政府部门领导兼任合作社理事长，有关部门参加，利用其技术、人才、场地、管理经验等优势，充分发挥专业大户的销售网点优势。目前许多省市的农村供销社领办的农村合作社，理事长往往由乡镇领导或供销社领导担任。

第五，复合型。

此类型的农村合作社是将农民自愿组建的农业专业协会和各类生产合作社组合起来，形成范围更广的综合性农村合作社，为农业一体化经营提供各类服务。

此类复合型的农村合作社负责把农产品加工、储藏、销售、运输组织起来，承担生产技术指导和信息服务的功能，并进行产销活动，为农民提供各种服务。在合作社的运作过程中，既可以向生产资料购销等产前部门延伸，又可以向农产品销售、加工等产后部门延伸，还可以向产中环节提供全方位的服务，是连接"龙头"企业和农户的重要层次，是协调"龙头"企业与农户利益关系的理想中介。

该类合作社采取的是自愿互利的创办原则，与农户在根本利益上是一致的，与其他形式相比更易组成利益共同体。它在不改变农户原有经营规模的同时扩大了整体规模，从而提高了农民的市场主体地位。[①]

（3）社会功能

美国社会学家塔尔科特·帕森斯认为，功能是维持社会均衡的一种适当的有用的活动，是控制体系内结构与过程的运行条件，如果要了解任何一定的结构，就必须提示这个结构中所发挥的功能。[②]由此可见，功能和结构两者应结合起来，不可分离，结构是功能的载体，离开一定的结构，功能就失去了依托。日本社会学家富永健一则给予了功能以解释性概念的特征，认为："所谓功能，是指将系统的要素和多个作为要素集合体的子系统，或者说整个系统所负担的活动、作用、职能解释为与系统实现目标

---

① 秦朝钧、王军：《国外农村合作社的发展与我国当前农村合作社建设》，《现代农业科技》2005 年第 1 期。

② 宋林飞：《西方社会学理论》，南京大学出版社，1997，第 97 页。

的系统适应环境所必须满足的必要条件相关时，对这些活动、作用所赋予的意义。"①

本章所探讨的农村合作社的社会功能，概括起来说是农村合作社这一社会组织满足个人、群体与社会需求的能力，或者说是该种社会组织对所赖以生存的社会大系统的生存、运转所具有的作用、影响以及后果。

某一社会组织的社会功能总是与一定的需求联系在一起的，并且该组织的社会功能总是体现在组织整体及其内部成员的行动之中，其发挥的社会功能如何只能根据维持自身和社会整体的发展所做出的贡献而确定。

5. 个案选择

当前我国农村地区的合作社运动蓬勃发展，六安市 DCH 六安瓜片茶叶专业合作社仅是农村合作社中的普通一员。它体现了国家政策下，新时期中国农民新型合作社产生和运作的一般过程，也在一定程度上体现了现阶段我国农村合作社的典型意义。笔者选取 DCH 六安瓜片茶叶专业合作社为个案，基于以下两点原因。

第一，在事实上，该农村合作社是当地政府的典型示范合作社——农民专业合作社信息化建设合作社，各项工作都走在当地农村合作社的前列。

第二，该农村合作社目前正处于发展阶段，还不是一个十分成熟的合作社，例如，合作社的规则、方式、政策宣传等都还保留着一定的民间性，还不是法律上和形式上十分完备的合作社组织。但是通过对这种形式的合作社的考察研究，分析其取得的成果的同时，更能对其发挥的功能起到警示作用，促进合作社的功能完善。

二　农村合作社社会功能分析

农村合作社，作为一个服务于农业、农村和农民的组织联合体，搞活农村经济是其初衷，因而其经济功能的重要性是不容忽视的。但同时作为一种内嵌于农村社会的组织形式，也作用于周围环境发挥着各种社会功能。

如何看待农村合作社的社会功能呢？"合作社兼具企业部门与社会的功

---

① 〔日〕富永健一：《社会学原理》，严立贤等译，社会科学文献出版社，1993，第 162 页。

能，是具有社会功能的企业形态，其社会功能是通过企业经济活动实现的，合作社社会功能是由合作社本性决定的。"①

农村合作社的社会功能，总的来说，有向上和向下两个方面。一方面起到了拾遗补阙的作用，另一方面还实践着教育和培养广大村民的社会品德。且这两种功能不是互不影响的，而是相辅相成，相互融合的。

（一）提供服务，传播科技文化知识的功能

市场经济条件下，改善农民个体的弱势地位是农村合作社组建的初衷，农村合作社通过提供各种服务实现这一良好初衷。如为社员提供各种所需信息，帮助社员做出正确的经济或非经济决策；为社员提供各种物质服务，便利社员种植及养殖工作；为社员提供资金服务等。

农村合作社的服务功能不难理解，而在提供各种服务的过程中，农村合作社还促进了先进的科技文化知识的传播，带来了农村地区科技文化水平的提高。

我国农村人口多，农民的文化素质普遍偏低，农业基础薄弱，农村科技文化水平低，这是不争的事实。农业科技信息主要掌握在政府部门、事业单位及科研院校的手中，农村缺乏科技创新的主体。二元化社会格局、农村地区边缘化等导致农业科技信息和科技成果往往不能顺利转化，农业科技信息最多只能延伸到乡镇，在乡镇与农户之间，出现了一个断层。这个断层造成的体制不顺、运转不良的问题，现在已经严重影响了广大农民对促进农业生产的新技术、新成果及其推广服务的强烈需求，影响了新农村建设要求增加农业科技投入的强烈需求。在这种形势下，农村合作社恰恰可以连接这个断层，弥补不足。

一方面，农村合作社可以作为一些农业科研、教育和技术推广单位在农村的农业科研、教育、试验、推广基地，这样，农村合作社就转变为农业科技推广中有特殊优势的一个载体：将科研院所、大专院校等与千万农户相连，将农业科技的推广者、需求者、应用者三者有机结合起来。农村合作社疏通了农业科技成果和农业实用技术流向农村地区，转变成现实生产力的渠道。有些实力雄厚的成熟农村合作社更能在这样一个疏通过程中

---

① 唐宗焜：《合作社功能和社会主义市场经济》，《经济研究》2007 年第 12 期。

提高自身的科研能力，进而培育新品种。另一方面，由于农业科技的引进是一项高成本、高风险的投入，因此农户很难单独引进某一项农业技术。农村合作社联合生产和规模生产的特点，在收集信息、掌握先进技术、拓展市场等方面相比相对单一的农户个体生产具有很大优势。农村合作社具有一定的资金优势，促进了农业科技的引进，并且通过对新引进的品种和技术统一在合作社进行小规模的试验后再推广，为社员提供技术培训、咨询等服务，通过引导、示范等使社员认识、接受新技术、新方法，从而降低了技术引进的风险，加快农业科技的推广速度。

除了为农村地区疏通农业科技推广渠道，增强农业科技转化能力外，农村合作社也促进了市场信息、政策信息等在农村地区的传播。在这个过程中，农村合作社通过多种渠道搜集各种信息，并将杂乱的信息加以鉴别和整理，为农户提供咨询服务，减少农户生产经营的盲目性。同时，技术的扩散效应，使合作社所在区域内农民的科技文化水平也相应地得以提高，在一定程度上推进了地区内信息技术资源的优化整合和共享利用。

（二）促进新型农民培育的功能

从社会学角度来看，农村合作社作为一种民间组织，其组织起来的背后有某种共同的价值、信念以及一致认同的目标。也只有在此基础上农民个体才可能联合起来组成一个可以体现共同价值和信念，实现共同目标的组织——农村合作社。反之，如果没有这种共同的价值与信念，没有共同的认同目标，农民个体是无法联合起来的，农村合作社也就不可能产生。实际上，共同的价值、信念及目标认同，基于共识而形成的组织规范，以及按此规范进行运作的组织实质上就是社会资本，它能为合作社的成长发育提供价值、信念、认同、合作、信任、规范等资源。与此同时，这种资源也可以使那些处于农村合作社中的社员慢慢培养沟通和交流技巧，从而最终提高人们参与社会的积极性和能力，培养社员的公民意识和民主精神。[①]

作为农村合作组织，农村合作社对培养农民个体的主体意识和自治意识，有很大的促进作用。

---

① 李茂平：《民间组织的道德整合功能研究》，华中师范大学博士学位论文，2008。

1. 促进农民个体民主意识的成长

我们常说农民的民主意识不强，原因离不开农民长期以来的弱势地位。民主意识薄弱又反过来加固了农民的弱势地位，不懂得通过积极有效的参与来维护自己的合法利益。农村合作社是农民自愿组织、共同经营、民主管理的组织形式。其自身的主体权利意识较强，组织自身民主运作的方式得到发展，且能对社员产生潜移默化的影响，为社员日后的进一步民主化管理、进一步有效参与民主政治起着培养锻炼的作用。在一个完善的农村合作社里，社员是合作社的管理主体，董事会、监事会等组织内部机构都是通过社员的民主选举产生的，组织内的重大事务也是由社员民主决策的。农村合作社所实行的社员民主化管理，是一种人本化民主管理，既是对民主制度的完善，也是对民主思想的发展。社员民主化管理模式增强了社员的主体意识和合作精神，有助于改变几千年来我国农民孤立、封闭的状态，使社员能够平等地参与农村合作社所涉及的公共事务中去。此外，农民还有机会通过农村合作社，特别是那种大型、上规模的农村合作社在参与国家相关政策、相关立法的制定过程中，保障自身的权益。

2. 促进农民个体诚信意识的成长

为了实现共同的经济利益，农民个体之间会通过各种方法来防止及制约不讲信用的情况。长期的信息交流，可以建立互惠规范、培育农民相互之间的信任感，这有助于摆脱集体行动的困境，推动自发合作。进而强化和树立农民的群体诚信意识，优化农民的治理方式。在农村合作社长期的潜移默化中，诚信就会逐渐成为一种公共的价值和道德意识。

3. 促进农民个体公共精神的成长

"袋装的马铃薯"，已经成为中国农民的代名词。长期以来，我国几亿农民缺乏真正属于自己的组织，许多农村组织多是管理功能大于自治服务功能，"自扫门前雪"的现象已不足为怪。属于农民的集体组织应该是农民自愿、自发形成的，而不是基于国家行政划分的。① 农村合作社是属于农民自己的组织，理论上把为社员服务放在第一位，谋求的是社员投入最小化和产出最大化。组织成员会对组织产生归属感。合作社文化在吸收了人文

---

① 车裕斌：《中国农地流转机制研究》，中国农业出版社，2004，第110页。

主义中以人为本的价值精华的基础上，倡导团结互助、公开、社会责任和关心他人的集体主义的道德准则。① 合作社倡导互助合作，认同完全的个人发展离不开他人的协作，期望通过联合的行动和相互合作，以取得更大的成绩，特别是能不断提高市场竞争力和在政府中的地位。由于利益的相关性，社员对合作社有着深深的认同感。通过在合作社的自主治理，唤起农民个体对公共事物的关注。

（三）协助村庄社区治理的功能

提及村庄治理，人们首先想到的是村委会这一村民自治组织。1988 年试行，于 1998 年修订的《中华人民共和国村民委员会组织法》中规定，村民委员会是"村民自我管理、自我教育、自我服务的基层群众自治性组织，实行民主选举、民主决策、民主管理、民主监督"，"办理本村的公共事务和公共事业，调节民间纠纷，协助维护社会治安，向人民政府反映村民的意见、要求和提出建议"。同时，村委会还必须"协助乡、民族乡、镇的人民政府开展工作"。这种村民自治组织制度在颁行初期，人们对其倾注了很多期望，希望通过这个自治制度能更好地维护农民的利益，促进农村社会和经济的发展。而这二十多年的实践表明，这个自治组织被行政化了，并没有如人们所期望的那样保障农民的经济和政治权益。村委会与村党支部作为体制内的组织形式，在村庄治理上明显表现出无力，两委之间甚至产生矛盾，造成村干部威信下滑、村庄治理资源严重流失等现象。

农业税的全面取消，一方面减轻了农民负担，另一方面带来了国家行政力量从农村的退出，换句话说，国家通过基层政权来治理村庄的能力减弱了。要治理长期困扰我国的"三农"问题，必须从改善农村的村庄治理环境入手。在"官退"的背景下，必须寻求"民进"的方式来实现对广大农村的治理，这要依赖农民个体的广泛参与和配合，提高农民的组织化水平。当体制内的形式不能解决问题时，可以寻求体制外的方式，农村合作社无疑就是一个比较有效的选择方式。

从某种程度上说，农村合作社的产生是市场经济进驻农村和村庄治理的需要，因而农村合作社的运作可从不同方面发挥村庄治理的社会功能。

---

① 石琼、王勇、吴亚军：《关于合作社组织功能的探讨》，《商业现代化》2009 年第 6 期。

1. 协调村庄治理资源的使用

村庄治理资源，指有助于实现村庄治理的所有资源，如经济资源、人力资源、权力资源。.

要实现最优化，就必须实现资源的最优配置，村庄治理同样如此。可从以下三个方面分析农村合作社是如何在村庄治理中帮助实现治理资源的优化配置的。

（1）经济资源

经济资源是村庄治理资源的基础。目前村两委对村庄经济资源的组织和整合能力在不断弱化，除了在调动土地使用上拥有绝对权力外，其他能力已经很难发挥。即在村庄治理中，土地资源可以通过体制内的方式实现优化配置，但是资金等经济资源很难通过体制内的方式实现优化配置。如何将村庄所有的资源统筹起来，实现最大化生产，是对体制内组织和体制外组织的极大考验。

农村合作社这一体制外组织，在一定程度上弥补了体制内组织职能上存在的缺陷。可以通过多种途径，在不同范围内实现经济资源的整合，以服务于村庄治理。

（2）人力资源

人力资源指的是具有劳动能力的人口总和。这里所说的村庄治理的人力资源是指在村庄治理中，具有智力、技能和体力劳动的人的总和。村庄治理的主体可分为三类：体制内精英、体制外精英和普通农户。体制内精英的权威主要来自国家权力，体制外精英的权威主要来自其所占有的村庄资源、学识、地位等，可以说是魅力型的权威。普通农户往往很难参与到村庄治理的决策性事物中，大多只承担决策的履行任务，普通农户要想参与实质性的村庄治理，往往需要通过第三方中介以及自身极强的治理参与表示，因此是在村庄治理中极易被忽视的一方，同时也是村庄治理主体数量最大的一方。

一方面，农村合作社通过加工环节，增加了就业岗位，稳定了农村劳动力总量，缓解了农村劳动力流失和农村人才流失等现象，提高了农村地区人口的总量。另一方面，农村合作社通过提供技术培训、民主治理等方式提高了农民素质，增强了农户沟通能力、团队合作能力、经营管理能力等，这有利于农村人力资源的开发和储备。

此外，由于乡镇一级政权在职能上的弱化，特别是农业税取消以后，基层政府失去了很大一块权力职能，原来充当村庄代理人的体制内精英也面临"失业"的现象。目前，这些体制内精英主动地选择加入合作社，寻求与非体制精英的融合，来填补由于职能缺位所带来的权威下降。这时，通过农村合作社这个平台，就能更好地将上述三类治理主体联系起来。在农村合作社的运转过程中，相互融合转变，逐渐实现村庄治理三类主体的基础一致化，减少矛盾的产生，形成村庄治理的多元共治基础，有利于村庄治理最优的实现。

（3）权力资源

村民自治是农民的一大创造，已被社会各界认可，它在制度设置上是先进的。但是由于村庄治理的一些局限性，如各种配套机制的不健全等，这给村民自治的良好运行制造了阻碍，因此也产生了不少问题。这种由于体制内无法实现配套而带来问题的情况，可通过体制外的方式得到解决，农村合作社就是一种良好的选择方式。

在农村合作社这个平台中，合作社的领导者可能是村庄精英，这样可能就产生种种问题：合作社的这种体制外精英与政权产生的体制内精英是否存在矛盾？通过村民自治，民主选举，体制外精英与体制内精英很可能相互转换，二者是否存在排外情绪等？这些是农村合作社要面对的，在长期的实践中，目前农村合作社已经总结了不少应对村里此类问题的方法。如请体制内精英——村两委干部担任农村合作社顾问、出席合作社的重大活动；鼓励社员积极入党等。合作社与两委之间合则两利，斗则两害的思想已为广大人民所领悟。以沟通的方式加强了解，在了解的基础上合作，无疑有利于村庄治理。

2. 促进村庄治理模式的良性转变

村庄治理之所以存在问题，主要是由于村庄权力和利益分配不均衡。要使村庄治理有利于村庄发展就必须选择良性的村庄治理模式。目前村庄的治理主体主要是体制内精英、体制外精英及普通村民三个群体，在治理模式上是党支部与村委会共同管理，而居于核心地位的是党支部。但是这种由制度规定的体制内治理显然不能让广大村民满意，导致村民参与意识不强，村庄治理陷入低效境况。

如何将体制内治理与体制外治理结合起来，调动广大普通农民的参与积极性，实现有效的村庄治理？单独依靠体制内治理或者体制外治理都是不合适的，甚至会因两者之间的博弈消耗大量的村庄治理资源。农村合作社可为这两种治理模式提供补充，使两者相互优化。使村庄治理向多元治理的模式转变，是调节村庄治理中主体矛盾的良好方式。

总的来说，农村合作社在村庄治理中的作用，主要体现在试图将体制外的资源与体制内的治理相结合，并在一定程度上以合作社自身的管理为村庄治理设立了模型。因为合作社治理的主体——社员，与村庄治理的主体——农民，两者身份是一致的。所以农民在接受合作社文化的同时也改变了村庄治理的思维。两种治理必然发生联系，并相互影响。

一些实力较强的农村合作社，大多也从事一些农村公益事业，如资助乡村社区的基础设施建设、教育以及社会保障等，为农村社区的建设做出了直接的贡献。农村合作社的发展还可分担村两委承担的部分经济事务，这就可使村两委腾出更多精力，集中力量做好村民自治、农村社会治安等工作，从而间接地促进了农村的全面发展。农村合作社是在农民自愿的基础上组织起来的，与农业生产、农村生活和农民群众有着密不可分的联系，其核心成员大都是本地的乡村精英，容易在当地农民群众中形成强大的凝聚力和感召力，赢得农民的信任和支持。正是因为这个特点，农村一些正式组织和其他外部组织可通过合作社加强与农户的沟通效力，促使建立广泛的农村内部网，有效配合农村其他正式组织，调动地方人力资源，从而推动社会主义新农村建设。

（四） 保护农村社区环境的功能

从事农业生产的农民聚居地即为农村，农村社区环境是以农民聚居地为中心的、一定范围内的自然及社会条件的综合，包括农业生产环境和农民生活环境两部分。

家庭联产承包责任制的实施，使农户经营土地的积极性得到极大提高，人们用各种方法挖掘土地的潜力，在向土地索取的同时却无暇思考该如何"照顾"土地。由于高强度、不合理的开发活动，近年来我国生态退化范围迅速扩大，危害程度日益加剧。

例如，我国目前已是农药、化肥的生产和销售大国，在农业生产领域中农药、化肥等石油化工类生产要素的使用数量和品种都呈上升趋势。农药、化肥的大量施用，虽然在一定程度上短期提高了农作物的产量，但同时也产生了严重的负效应，破坏了农村社区环境——农药污染已经成为我国影响范围最大的一种有机污染。使用的农药大部分直接进入土壤，破坏了土壤结构，污染了水环境，造成地力下降、水土流失等恶性影响，进而导致粮食减产和品质下降。农药残留过高，不仅影响农产品品质，而且也给人们身体健康带来不利影响：破坏食物、饮用水等有益成分。随着我国加入世界贸易组织，农产品在国际贸易中，因农药、化肥等残留物超标造成的经济损失巨大，严重影响我国农产品的市场竞争力。

农村合作社为了提高农产品的品质及市场竞争力，通过各种措施对入社农产品进行严格的质量安全监控，积极推进无公害农产品、绿色食品、有机食品的整体发展模式（在我国食品质量安全认证中，从质量安全等级上将食品划分为无公害食品、绿色食品、有机食品）。高质量安全的农产品的生产与良好的农业生态环境密切相关。合作社通过实施标准化、规模化的农产品生产模式，严格控制对高污染的农药、化肥等农资的投入量，农业生产过程以采用有机肥料为主，改善了区域内农业生产的自然生态环境，生产出更高质量安全等级的农产品，进而增加农产品的附加值。也就是说，合作社为了提高农产品的品质，在加快无公害产品生产示范基地及农业标准化生产示范区发展的同时，也推动了当地自然生态环境的改善。

（五）促进社会公平的功能

市场经济条件下，一切遵循市场规律，而公平仅依靠市场调节难以得到保障。由于信息不充分等，买方和卖方在很多情况下是相互分离的，特别是在农业生产经营中，市场支配力不平衡和垄断是极为常见的，农产品的特殊性——易腐性、季节性，更是使得这种单方的垄断势不可当。

在这种自然和市场的"双重风险"下，农村合作社的发展无疑会发挥通过农民自发联合形成的集体力量实现自救的作用，解决因市场失效带来的社会不公平等问题。这一点在西方的合作社理论中可找到依据。罗吉尔·斯贝尔（Roger Spear）认为，合作社在面对市场失灵和政府失灵的问题上是有效的，提供准公共物品以及对社会（社区）问题的反应也是迅速的；

合作社通过社会授权利益、社区联结等产生的正外部性具有较好的社会效益。[①] 米歇尔·L. 库克（Micheael L. Cook）通过观察研究美国农业合作社中传统合作社重构、升级与新一代合作社的出现的发展情况认为，合作社是解决消费者偏好多样性存在的有效方式，还可以有效地处理私人产权和公共物品产权的关系。他还认为合作社具有可以提供公共品和准公共品的服务功能。[②]

按照国际通行原则的《合作经济组织法》，将个体农民组织起来，以合作经济法人而不是单个的自然人的形式出现在经济舞台上。通过相关法律规定所赋予农村合作社的明确无误的权利来维护农民在市场经济中明确无误的基本权利。甚至是通过足够的社会和政治影响，争取与其经济地位相当的话语权。这种形式组织起来的农民个体就不再因缺乏组织资源而成为社会地位低下的弱势群体，而成为占我国人口最多，与社会其他阶层平等的社会阶层，实现了渴求的社会公平。

三　六安市 DCH 六安瓜片茶叶专业合作社案例呈现

（一）DCH 六安瓜片茶叶专业合作社的基本情况

1. 合作社组建的背景

六安地区属于亚热带季风气候区，平均海拔约 600 米，年平均气温约 16℃，无霜期约 240 天，年降雨量 1600～1900 毫米，土质肥沃，水湿条件适宜，土层深厚，含有丰富的有机质和磷钾肥，适宜茶树生长，优越的生态环境为茶叶自然品质风格的形成创造了极其良好的生长环境。

六安瓜片（又称片茶、六安茶），是绿茶中的特种茶类，其色、香、味、形的品质风味在全国十大名茶中别具一格。采自当地特有品种，通过独特的传统加工工艺制成的状似瓜子的片形茶叶，具有悠久的历史底蕴和丰厚的文化内涵。六安地区产茶的历史始于秦汉时期，在明清时期，有三

---

①　Roger Spear, "The Cooperatives Advantage," *Annals of Public and Cooperative Economics*, 2000, pp. 507 – 523.

②　Micheael L. Cook, "The Future of U. S. Agricultural Cooperatives: A Neo – institutional Approach," *Amer. J. Econ*, 1995, pp. 1249 – 1253.

百年的贡茶历史：从明嘉靖三十六年（1557）武夷茶罢贡后，到清咸丰年间（1851~1861）贡茶制度终结，历经两朝几十位皇帝。它是历史上十余种贡茶中时间最长的。明代徐光启在其所著的《农政全书》中称，"六安州之片茶，为茶之极品"。明代陈霆在其所著的《雨山默谈》卷九中称，"六安茶为天下第一。有司包贡之余，例馈权贵与朝士之故旧者"。明代大学者李东阳、萧显、李士实三名士联句《咏六安茶》："七碗清风自里边，每随佳兴入诗坛。纤芽出土春雷动，活火当炉夜雪残。陆羽旧经遗上品，高阳醉客避清欢。何时一酌中霖水？重试君漠小凤团！"在世间广为流传。此外，明代名著《金瓶梅》、清代名著《红楼梦》，均对六安茶有所记述。新中国成立以后，六安瓜片一度作为中央军委特贡茶。

六安瓜片经历了一系列潮起潮落，在20世纪90年代以前，茶叶产量一度滑坡，没有形成良好的经济效益。究其原因，一方面，由于茶园管理粗放、茶叶单产低，且沿袭传统生产习惯，粗制滥造，生产技术低下，以致优质的茶叶原料做不出优质的茶叶产品，影响经济效益；另一方面，茶农呈无组织化状态，多是在自家房前屋后种植茶树，茶叶收获后就"坐等"外地商人来收购，而由于地处山区，交通、天气方面常会影响茶叶的出售，于是造成茶农相互压价的现象，反过来，由于茶叶收购价格得不到保证，严重挫伤了茶农的生产积极性，使得茶叶产量长期徘徊在低位线上。

20世纪90年代，六安市委、市政府提出了发展绿色农业的建议，对全市茶叶生产在农村经济和农民收入占重要部分的地区，从抓品牌、品质、品位入手，强力突出六安瓜片产地、工艺和品质的独特优势，进一步发掘六安瓜片深厚的历史积淀，制定了"抓好名优茶，开发有机茶，带动无公害茶"的产业生产的工作思路，作为实施茶叶生产战略的重要措施，同时提出了建设"茶叶生产大市""名优茶生产先进市""有机茶生产强市"的目标。经过政府支持、企业带动，更重要的是六安市农民的努力，茶农自发组建的茶叶专业合作社日具规模。

六安瓜片现在已经获得国家质检总局"地理标志产品认证"，并被列入国家非物质文化遗产目录。其中详细列出了六安瓜片原产地保护范围为六安市的26个乡镇。名列第一位的是六安市裕安区石婆店镇，即本章个案所在地。

2. 基本情况

DCH 六安瓜片茶叶专业合作社位于六安市裕安区石婆店镇，该镇是六安市西去边境的一个乡级镇，素有大别山门户之称。其地理位置坐标为东经 116°05′65″，北纬 31°41′40″，处于江淮分水岭西侧。北与霍邱县相邻、西与金寨县接壤；距周边乡镇——独山镇、鲜花岭镇，均在 10 公里以上；距六安市区 56 公里。年均降水量约 1075.7 毫米，蒸发量约 1450.5 毫米；年平均气温约 15.5 摄氏度，绝对湿度约 5.8 毫巴；全年无霜期约 222 天；该区降水充沛，多集中在 5～9 月份；11 月至次年 1 月降水较少，是枯水期。响洪甸水库位于该镇西南方十余公里处，库容为 27 亿立方米，是本地区最大的地表水水源。地形地貌属于大别山前的江淮丘陵区，地形起伏，岗垄沟谷相间，岗顶标高约在 80～100 米，谷底标高约在 61～82 米，地形高差约 20 米；地势呈西南高、东北低走向，整个镇呈南北带状分布。南端及东西两侧为山地，中间为地势较低的湾畈地区，是茶叶的良好种植地。该镇共辖 21 个行政村，1 个街道居委会，共有 306 个村民小组，总人数 4.2 万人，辖区面积 152.3 万亩。特殊的地理条件和人民的创造性，造就了茶树品种和茶叶生产的独特性。石婆店镇所产的六安瓜片在形、色、味、香等方面均堪称一绝，是典型的六安瓜片核心生产区，DCH 六安瓜片茶叶专业合作社就位于石婆店镇三岔村。

该合作社于 2003 年 12 月向裕安区民政局申请，于 2004 年 3 月 1 日获批成立，由茶农本着自愿的原则，经全体会员一致通过，由龙头企业推动成立。成立初期，社员 148 人，注册资金 20 万元。目前，该合作社共有社员 268 人、科技人员 28 人、运销大户 12 人、中介人员 36 人，其中理事会成员 5 人，并设有监事会，由 5 人组成。社员单位 6 个，分布在裕安区石婆店、西河口、独山三个乡镇各村。拥有基地 15 个，规模种植面积 5000 亩，合作社建筑面积 2000 平方米，其中加工车间 1500 平方米，年产各类茶叶 20 万公斤，合作社经营的主要产品"金六"牌六安瓜片在全国名茶评比会上多次获得"金奖"。合作社于 2004 年向国家申报了 1200 亩有机茶生产基地，并通过了检查验收，获得了有机茶生产认证。该合作社主要生产六安瓜片、六安碧毫、六安翠芽等茶叶产品。

3. 核心人物

DCH 六安瓜片茶叶专业合作社法定代表人，合作社社长为周益宏，男，

39岁，大专学历，系六安市金六茶厂厂长，安徽省劳动模范，六安市科技特派员，裕安区政协委员，高级农艺师。

此人经验丰富，聪明能干，为人热情，做事积极，任劳任怨。有多年的经济管理经验，视野开阔，敏感地意识到组建农村合作社不仅是顺应时代发展潮流的举措，而且是当地茶农的一个共同需求。更重要的是他有多年的经商经历，有着很好的人脉，积累了广泛的关系网，这点有助于合作社争取政府部门以及其他相关部门的支持。

笔者通过对他本人及社员的访谈，得到以下材料。

我老家在山区，从祖辈就种植茶叶，我自小也是闻着茶香长大的。六安瓜片有很深厚的文化历史背景，我们这里是生产优质茶叶的最好地方。我父亲就经营茶厂，我从学校毕业后，也很自然地回来经营茶厂。在与周围茶农打交道中，我感觉茶农个体力量单薄，缺少一个为茶农代言，属于他们自己的组织。我有管理经验，也懂茶叶种植，人员关系也很好，说干就干，经过多方筹备，动员茶农成立了这个合作社。从成立初期就得到市里领导的支持，我也是信心大增。说起办合作社的优势，除了有信心之外，还有就是质量和销路上有保证。

他有在政府部门工作的经历，有一定的关系网络。组建合作社时，周益宏先向政府部门汇报过，组建合作社所需的土地、贷款等都要通过政府部门（尽管实际获得的贷款只是很小的一部分，主要是靠社员集资）。但是贷款很难，最后也是周益宏去交涉的，通过石婆镇政府部门帮忙拿到了贷款。

可以说，作为合作社组建推动者，一般是在乡村中有见识，或是有一定的技术专长，或是拥有潜在的官方背景，在村民中有威信的人。同时，在这类人的领导下，农民个体能够得到实实在在的好处，而不至于让农村合作社成为形象工程。

（二）DCH六安瓜片茶叶专业合作社的制度特征和持续发展措施

1. DCH六安瓜片茶叶专业合作社的制度特征

该合作社除了具体实施办法与其他农村合作社有差异外，在制度方面与众多农村合作社有着一些共同特征。

（1）独立的经济类法人

合作社的设立，都要经过县级以上工商行政管理部门的登记注册并取得法人营业执照。《六安市农民专业合作社管理办法（试行）》第十二条规定，"合作社的登记机关为县级以上工商管理部门"。合作社作为一种特殊的企业，在法人类型上，一般登记为企业法人。其"经济性质"登记比较混乱，多数登记为股份合作社，也有登记为合伙企业或者股份制企业的。

DCH 六安瓜片茶叶专业合作社于 2003 年 12 月向六安市裕安区民政局提出申请，于 2004 年 3 月 1 日获批成立，并于 2008 年 8 月经六安市裕安区工商所重新登记注册，依法独立承担民事责任，不从属于任何单位或组织。

（2）农村专业合作社

农村合作社大多依托本地特色产业组建，其成员基本上是由从事同一生产经营的农民构成，体现了专业性以及所有者和利用者同一性原则。

DCH 六安瓜片茶叶专业合作社依托于当地的茶叶特色，业务范围包括茶叶生产加工、茶叶生产技术培训、茶叶生产技术和茶叶机械推广应用、茶叶产品销售等。

（3）入股是入社的必要条件

由于不同的农户承受能力不同，股金数量可以有差异：一人一股、一人多股或多人一股，但是社员入股必须认购一定数量的股金。

DCH 六安瓜片茶叶专业合作社在社员股金认购上规定，该组织会员认购股金可以用货币出资，也可以用实物、技术等，经具有评估资格的评估机构作价后出资。作价出资认购的股金与货币出资认购的股金同等享受权利和承担义务。还规定该组织的每名会员（含团体成员）认购的股金不得超过本组织股金总额的 20%，生产者会员认购的股金应当占本组织股金总额的 50% 以上。经理事会审核，会员（代表）大会讨论通过，会员股金可以转让给本组织其他成员，但不得转让给非本组织人员。

DCH 六安瓜片茶叶专业合作社向认购股金的会员颁发会员股权（金）证书，作为会员所有者权益及记载各财务年度盈余分配的凭据，并以记名方式进行登记。颁发给会员的会员股权（股金）证书须同时加盖本组织财务印章和理事长印鉴。

（4）基本上实行一人一票原则

合作社在决策表决时一般实行一人一票制，但基于社员认购股金数量的不同，社员表决设置与社员入股资金或产品交售规模相配套，也有一人多票或多人一票的。

《六安市 DCH 六安瓜片茶叶专业合作社章程》规定，实行一人多票的，单个社员的票数不得超过总票数的 20%，法人股由于股金数额较大，因而票数较多，但是不得超过总票数的 1/5。

（5）合作社与社员农户是两个不同的经营主体

《六安市 DCH 六安瓜片茶叶专业合作社章程》规定，合作社按章程规定为社员提供服务，农户按章程规定承担义务。从产权上看，社员入社，没有改变其自有财产和独立的市场主体地位，以其出资额为限对合作社承担民事责任。合作社作为独立的法人，以其全部资产为合作社债务承担民事责任。在整个经济活动中，两个主体各尽其能，相得益彰。

2. DCH 六安瓜片茶叶专业合作社持续发展的措施

（1）大力宣传贯彻《中华人民共和国农民专业合作社法》

《中华人民共和国农民专业合作社法》于 2007 年 1 月 1 日施行，它在我国农村合作社事业发展史上具有里程碑的意义：填补了新时期我国农村合作社发展上的法律空白，标志着农村合作社发展进入了依法发展的新阶段。

DCH 六安瓜片茶叶专业合作社注重向社员宣传该法的重大意义、精神实质和基本内容，并认真贯彻实施，力图增强社员及广大农村基层干部群众的合作观念，培养合作精神，使合作社法深入人心，在有法可循的基础上发展农村合作社。

（2）组织开展培训教育

组织社员开展合作社知识、科学种植技术、生产经营知识等业务知识的教育培训，让广大社员学习新知识、新技术，接受新信息，树立市场观念和经营理念，切实提高社员的合作意识、生产标准意识及产业化经营能力，快速提高社员的整体素质。

（3）扩大资金投入

以扩大资金投入方式来推动 DCH 六安瓜片茶叶专业合作社茶叶生产再上新台阶。合作社要进一步利用好与合作社发展的相关扶持政策及自身的资金积累，进一步改善茶叶种植条件，完善茶叶种植服务手段，加快合作社的市场化、社会化、服务化及产业化进程。

四 六安市 DCH 六安瓜片茶叶专业合作社 运转中社会功能的发挥

农村合作社社会功能的发挥不是孤立、单方面的，它是在合作社的正常运转中伴随其主要目标的实现，自觉或不自觉地产生的。在对 DCH 六安瓜片茶叶专业合作社的调研中，其发挥的社会功能主要体现在以下几方面。

（一）多管齐下，提供服务

DCH 六安瓜片茶叶专业合作社的宗旨是：推广茶叶先进技术，优化茶叶产品，提高茶叶品质，全面提升茶农素质，促进茶农增收。合作社力求上接市场，下连农户，对外参与竞争，对内提供服务。已发挥的服务功能主要有以下几方面。

1. 提供品牌服务

在访谈中发现，茶农都希望自己种植的茶叶产品有个好的品牌，但由于规模经营的局限，农民个体很难为自己的产品注册商标，农村合作社则帮助农户实现了这个梦想，DCH 六安瓜片茶叶专业合作社注册了"金六"品牌。合作社使用同一品牌，并注重抓品牌质量，从抓生产标准着手，规范生产技术；进行商标注册，打造名优品牌；开展无公害绿色农产品认证工作。

我们喜欢这个牌子，看着自己种植的茶叶变成品牌销售了，心里很高兴呢，像自己的孩子一样。看到市场卖的有我们的品牌，我们很高兴啊，心里高兴，种植（茶叶）也有动力了，有目标了。

2. 提供信息服务

这里的信息服务包括相关的市场信息服务及国家政策的传播。

在市场信息服务方面，调查问卷显示，在参加 DCH 六安瓜片茶叶专业合作社的农户中，有 55% 的农户表示"茶叶销售没有问题"，12% 的农户表示"问题很小"，11% 的农户表示"问题较小"，16% 的农户表示"问题较大"，6% 的农户表示"问题很大"；而在没有参加 DCH 六安瓜片茶叶专业合作社的农户中，仅有 10% 的农户表示"茶叶销售没有问题"，21% 的农户表示"问题很小"，23%的农户表示"问题较小"，34%的农户表示"存在着较大问题"，12%的农户表示"问题很大"。

"信息"变量与"农户参加合作社"变量交叉分析的卡方检验显著。这说明，参与DCH六安瓜片茶叶专业合作社使农户获取了更多的市场信息，便利了茶叶销售。

积极做好市场调查，并利用互联网等多种信息渠道为社员寻求信息，解决茶农缺乏市场信息的困难，减少茶农在生产过程中的盲目性，并及时对销售价格做出调整，大大提高了茶农抵御市场风险的能力。

以前，我们种茶很盲目，不管市场，就知道种茶、收茶，有时市场不好了，就担心茶叶销售，现在通过这个合作社，我们能明明白白种茶、收茶了，市场好，我们就多种，市场不好，我们就改种其他的，不像以前那样担心了。

在国家政策的传播上，合作社传播的主要是与农民自身利益切实相关的政策信息。在调查中，关于参加农村合作社与否的农户的法律意识程度调查也支持了这一观点。在参加合作社的农户中，28%的农户表示"了解已经颁布的《中华人民共和国农民专业合作社法》"，54%表示"听说过"，18%表示"一点也不知道"；而在没有参加合作社的农户中，仅有2%的农户"了解该法"，33%的农户"听说过该法"，高达65%的农户表示"对该法一点也不知道"。从对农村合作社性质的认知上看，参加合作社的农户中有90%认为"农村合作社是农民自发组织、以服务农民为目的的互助组织"，而未参加农村合作社的农户中仅有44%的人认同这一观点，并有高达40%的非社员农户不清楚农村合作社的性质。可见，参加农村合作社的农户与没有参加农村合作社的农户在合作社组织政策和性质的认知上差别很大。

3. 提供农资服务

农资服务包括提供茶树苗、农药等茶叶生产资料服务及所需资金服务等。

在生产资料服务上，调查问卷显示，在参加DCH六安瓜片茶叶专业合作社的农户中，78%的农户表示"没有问题"，19%的农户表示"问题很小"，3%的农户表示"问题较小"；而在没有参加DCH六安瓜片茶叶专业合作社的农户中，69%的农户表示"没有问题"，21%的农户表示"问题较小"，10%的农户表示"问题很大"。

"生产资料服务"变量与"农户参加合作社"变量交叉分析的卡方检验显著,这说明农户参加合作社与否对农户获得生产资料服务多少的影响明显,参加合作社对农户获得生产资料服务有一定的作用。

通过合作社这一正规渠道,统一以低廉的价格购进生产所需的器具、农药等生产资料,既保证了质量,又降低了种植成本,提高了茶农的利润空间。

比如,茶苗、农药、烘制器等统一购买,比单个价格低了很多,而且服务很周到。

在资金服务上,为了适应市场的发展,农业的扩大生产需要资金的投入,农业生产主体需要获得外部资金的服务。调查显示,在参加 DCH 六安瓜片茶叶专业合作社的农户中,对获得资金服务表示"没有问题""问题很小""问题较小""问题较大""问题很大"的比重分别为 38%、12%、10%、26%、14%;而在没有参加 DCH 六安瓜片茶叶专业合作社的农户中,相应的比重分别为 10%、17%、33%、29%、11%。虽然总体来说,无论是参加合作社的农户还是没有参加合作社的农户都存在生产资金短缺的问题,但是如果按照程度对"没有问题""问题很小""问题较小""问题较大""问题很大"五项分别赋值为"0""1""2""3""4",则参加合作社的农户在"资金短缺"方面的得分为 166 分,未参加合作社的农户得分为 218 分,而得分越高说明遇到的资金服务问题越大。由此可得出结论:未参加合作社的农户在获得资金服务方面的问题要比参加合作社的农户大。

另外"资金服务"与"农户是否参加合作社"两个变量交叉分析的卡方检验显著,这也说明了参加合作社有助于减轻农户生产资金的压力。实际上,在服务体系比较完善的合作社中,社员农户可以通过赊购等方式不用支付当期费用而从合作社获取生产资料供应,故参加合作社的农户在生产投入方面所需资金压力要比非社员农户小。合作社通过互助活动,能在力所能及的范围内为社员提供资金服务。

社员张某,2009 年在合作社的帮助下,获得农信部门贷款 5 万元。

4. 提供技术培训的机会

农业现代化和农村的发展,一方面要把现代化工业技术和高科技运用于农业生产和加工,另一方面要树立可持续发展观,促进农业的可持续发展。这归根到底还要靠人去落实,即要靠农民去掌握运用新的生产技术,需要农民确立现代的农业发展观，需要农民的现代化。对农民的教育和培训可以有很多途径，发达国家的经验表明，农村合作社是对农民进行教育培训的最有效、最方便的载体。通过提供科学技术服务培训，农村合作社能有效弥补农村有效公共服务的不足。

DCH 六安瓜片茶叶专业合作社定期开展技术培训班，对茶农进行技术培训，提高茶叶生产技术，还根据市场要求制定了生产技术标准，生产的茶叶产品经农业部相关农产品质量安全中心审核，获得无公害农产品和无公害农产品产地认证证书。合作社成立以来，针对生产中的技术要求、生产管理中的技术规范及新技术的推广，聘请了市农业局的技术人员多次对生产人员进行品种选定、种植等方面的技术培训。已举办各类培训班 8 期，投入项目资金 2 万元，培训人次近千。

该合作社组建以来，通过"三定五统一"（定品种、定质量、定价格，统一供种、统一技术、统一标准、统一品牌包装、统一销售），全程做好农户的服务工作，确保茶叶产品质量与安全。严格执行合作社生产技术标准，定期跟踪检查，使茶叶质量显著提高。

调查问卷显示，对于茶叶生产技术方面，在参加 DCH 六安瓜片茶叶专业合作社的农户中，62% 的农户表示"没有问题"，14% 的表示"问题很小"，15% 的表示"问题较小"，9% 的表示"问题较大或者很大"；而在没有参加 DCH 六安瓜片茶叶专业合作社的农户中，仅有 10% 的表示"没有问题"，14% 的表示"问题很小"，20% 的表示"问题较小"，44% 的表示"存在着较大问题"，12% 的表示"问题很大"。"生产技术"变量与"农户是否参与合作社"变量交叉分析的卡方检验显著，这说明参加合作社有助于解决农户在茶叶生产技术方面遇到的问题。

社员刘忠明种植的近万株茶树，经过合作社技术培训，严格按标准生产，并进行严格的筛选、分级包装，实行品牌销售后，产品单价高于市场 10~15 元/千克。

也正是由于合作社从茶苗生产、栽培管理到产品采收、包装、销售等制定的一整套的操作规程及提供的技术培训，从而使"金六"牌六安瓜片很快畅销市场。

（二）加强联系，促进沟通

20 世纪 80 年代我国实行家庭联产承包责任制以来，经济体制由单一的计划经济体制向多元的市场经济体制转变，这带来了政府主体权威的下降。同时，在"政社分离、经营权与所有权分离和以农户为基础"的体制逐步形成的过程中，也使农村基层政权丧失了实施组织、指挥所必需的物质基础。村民自治、撤乡并镇等，都表明政府正在努力转变以往"超级政府""全能政府"的形象，由此带来了农村基层政权控制力弱化的问题，该由谁来填补这一空缺呢？经多方论证，农村合作社这一组织的运行既符合农民的根本利益，也有利于国家的整体利益。

DCH 六安瓜片茶叶专业合作社在运转中的联系功能体现在两个方面：一是政府和农民之间的联系；二是农民和市场之间的联系。

在政府和农民之间，农村实行家庭联产承包责任制以来，特别是税费改革的实施，各级政府对农村的管理一直都缺乏有效的手段，国家的各项对农政策缺乏有效的载体，使得上情无法下达，下情无法上达。农村合作社则可以弥补这一空白，成为连接国家与农民之间的桥梁，协助政府贯彻和落实农业与农村政策，并把农民的意愿反馈给政府，为政府施政提供第一手材料，从而实现政府对农业的有效管理。一方面，农民可以通过农村合作社向政府反映自己的要求、意见，及时得到由政府发布的真实可靠的农业信息。由此，可提高党对农村的领导、政府对农业经济调控的针对性和时效性。进一步密切党群和干群关系，推进基层民主建设。另一方面，政府可以通过农村合作社这一中介来引导农民，落实党在农村的路线、方针和政策，把国家的政策和措施落到实处，减轻农民负担。在农民的生产经营自主权得到尊重和肯定的同时，政府也可以腾出更多的精力抓配套的服务工作。

国家给我们很多优惠，我们以前不知道，现在在合作社，政府一有关于我们农村的政策，我们马上就能知道，感觉很好。我们也不知道我们的意见能不能被政府采纳，但是在合作社里，我们经常讨论的，我想终有被领导人知道的时候。

在农民与市场之间，DCH 六安瓜片茶叶专业合作社不断地发展自己的组织结构，完善管理职能，总结过去的经验教训，学习省内外成熟合作社的成功经验，更结合自身的实际情况进行探索与突破，创办自己的发展模式，力求使农民有通畅的销路，商家有稳定的货源，在商家和农民之间架起一座双赢的桥梁。

建立示范基地，在市区建立营销网点。合作社积极创建生产基地，以基地连接大户的方式，增强茶叶产品的集聚辐射能力，并积极培育规模大户：合作社对种植 10000 株以上的茶农实施补助奖励政策，现已培养了 9 个达到 10000 株的大户，在合作社的带动下，全镇茶叶种植 7000 株以上的就有近百户。鼓励大户到基地生产经营，发挥基地、大户的示范作用。合作社还积极开拓市场，组建市场网络，不断扩大市场份额，依托茶叶生产基地，在市区建立营销网点，并外派专门从事茶叶营销的社员，直接销售合作社的茶叶产品。成立至今，合作社平均每年销售茶叶 20 万斤，创收 500 万元。合作社还将在流通环节中获得的利润，10% 留下作为合作社运转必需费用，40% 按股数分红，50% 返还给茶农。茶农得到了切实的利益，种茶积极性大大提高。

原则上，合作社保证收购社员的产品，社员的产品也保证卖给合作社，也有小商贩来收购的，有时给的收购价格更高，但是我们社员基本上还是把茶叶卖给合作社。合作是要讲信用的，不能贪那几个钱就把东西卖给小商贩了。而且小商贩收购不是很固定，遇到天气等原因就跑掉不收了。合作社就很好，我们社员有茶叶零售不掉，合作社都收购，保证我们的收入，让我们少费心，更是救急，让我们很放心。

合作社在传递信息、指导产销、购销服务、融通资金、监督市场公平交易和协调利益主体关系等方面发挥着重要作用，大大提高了个体茶农经营进入市场的组织化程度，降低交易费用。

此外，农村合作社在运转中还有密切乡村邻里联系的功能。在合作社的生产活动中，加深了社员之间的交流。合作社社员来自差不多的阶层，有着类似的经历可以分享，他们之间的交往甚至能扩大他们的交际面，帮助他们得到更多的机会。

DCH 六安瓜片茶叶专业合作社有 6 个社员单位，分布在同镇的不同村，合作社的正常运转，不仅加强了来自同村社员的交流，也增进了来自不同村的社员的感情。

现在是市场经济了，想过上好生活，我们就不能闲着。以前农闲的时候，全村人聚在一起热闹，现在都在忙着挣钱了，本村人交流也少了，也不愿意主动打听别人的事了，自己过好就行了。不过见到同一合作社的社友，觉得挺亲切的，有时会讨论一些种植技术上的事，交流多些。也因为在一个合作社，认识了不少外村人，有的关系还很好。我今年才订的儿媳妇就是社友的女儿，外村的，我们和她父母关系不错，挺好。

五　六安市 DCH 六安瓜片茶叶专业合作社社会功能缺失原因分析

农村合作社的社会功能如果能够充分发挥出来，对整个社会及各个阶层都是十分有利的，特别是在我国这样一个农业大国中。而由以上分析可以看出，个案农村合作社社会功能发挥存在许多缺失的地方。虽然有着比较完善的章程、组织机构、管理制度甚至能按相关规定定期召开会议，但可以说，其社会功能的发挥是在实现经济功能诉求的过程中无意识地"流露"出的，从总体上说，对合作社功能的诉求还停留在经济层面上。一旦所从事的农业生产结束、农业产品交易完成，农村合作社的功能也就随之消失，对于提高农民素质、推动农村社区建设等功能很少发挥，农村合作社的社会功能发挥严重缺失。究其原因可从内外两方面着手，内因要落实到农村合作社主体，即农民自身的因素；外因即外在的环境制度因素。笔者从以下几方面探讨了个案合作社功能缺失的原因。

（一）农民的社会认知因素

农民的社会认知因素主要表现为对农村合作社的认识不足，合作意识淡薄，没有认清发展农村合作社的重要性和必要性。

我是自己申请加入 DCH 六安瓜片茶叶专业合作社的，主要是因为想得到一些服务，茶叶能卖出去，而且卖个好价钱，也希望能得到技术上的培训。我也是多方面了解后才加入的，要是像以前人民公社那样的合作，我是不会加入的。你说的"社会功能"，我从没想过，合作社也不想麻烦，我们也不指望。

长期以来，人民公社化、合作社运动以及改革开放初期的"两社两化"在人们心目中的阴影已经根深蒂固。在农村合作社的组织建设中，农民存在戒备心理，"走一步看一步"的心态比较重，不愿积极地进行农村合作社建设。参加农村合作社的农户，名义上是参加了合作组织，但是实际上从内心到实践都保持着高度的独立性，团体组织意识弱，只期望通过加入农村合作社实现农产品的销售，目光较短浅，小农意识强。农户对农村合作社的消极认识，在一定程度上，制约了合作社社员素质的提高，导致合作社管理人才的缺乏。

目前农村合作社建设仍处于初期摸索阶段，没有多少现实的成熟案例可以借鉴，农民存在"好则合，不好则散"的思想，在农村合作社的建设上是消极的，对于农村合作社社会功能更是看不见，也不渴求。

（二）合作水平低，影响范围有限

农村合作社的合作水平高低直接影响合作社社会功能的发挥。目前我国大量的农村合作社合作水平较低，在农村社会的辐射作用弱，影响范围有限，带动农户能力不强。

从数量上来说，农村合作社的数量对于广大农村来说，仍显太少；目前全国参加农业协会的人数为 620 万人，仅占全国农户的 3.5%；按照供销社的统计，参加供销社组建的系统的专业合作社的人数为 858 万人，占农户的 4.8%。① 个案合作社，虽有社员单位 6 个，分布在 3 个村，但是其社员仅有 268 人，由此可见其合作水平仍处于低端状态，影响力也是较小的。在这种情况下，以合作社来带动农民增收创业的目的难以实现，合作社的社会功能发挥所取得的效果具有间接性，因而不能得到重视。

从发展规模上来说，受农村社区封闭等因素的影响，个案合作社的活动范围狭窄，局限于几个村或者一个乡的范围内，是由当地近百户，共 268 名农民组成的单位。这也说明目前我国农业发展的传统区域界限尚未打破，它依然是农村合作社发展壮大的潜在制约因素之一。农村合作社发展的局限性，也在一定程度上反映其带动性、示范性及辐射性等影响力不强的特点。且个案合作社的功能多限于技术交流和服务，开发市场的能力不强，尚处于小规模发展，市场占有率低，对市场影响力有限，这就直接影响了合作社社员抵御市场风险的能力。

从发展阶段上来说，个案合作社处于发展的初期阶段（这也是我国农村合作社的普遍状况），较多地集中在生产领域，农业产业链中的第二、三

---

① 刘雅静、张荣林：《我国农民专业合作经济组织发展问题研究》，《山东大学学报》（哲学社会科学版）2007 年第 3 期，第 156 页。

环节即加工和流通领域的合作组织相对较少。就地域来说，个案合作社 6 个社员单位都集中在城镇的周边，农村腹地则很少见，加之功能知识普及不到位，使得大多数农民并不能接触、认识和获益于农村合作社。个案合作社具有重盈利、重分配而轻积累的特征，有的甚至与农民只是买卖关系，局限于提供一些低层次的技术服务或市场信息，这样无论是从时间上还是经济上都限制了合作社社会功能的发挥。

（三）合作社资金缺乏

合作社要发挥好社会功能，毋庸置疑，需要财力的保障。这份保障主要来自两方面，一是来自内部，农村合作社自身的积累；二是来自外部，地方政府的财政支持等。

根据中央政府文件精神，要求地方政府对社会公共服务体系实行"块块管理"，所需经费由基层政府尽力提供。而实际上我国地方政府，人不敷出，提供资金的能力弱甚至资金十分缺乏。特别在实行分税制以来，地方政府财力进一步下降，有的乡镇政府甚至陷入了举步维艰的境地。各级财政和农业部门给予的资金支持只是杯水车薪。

个案农村合作社目前还处于发展的初期，合作社规模较小，社员个体的经济实力比较弱小，无力提供充足的资金，即使有的合作社实行缴纳会费制，所交资金数额也是寥寥无几，同时，由于组织管理及投资收益制度的缺陷，个案农村合作社缺乏吸收外部投资的制度基础，导致向银行贷款。内部筹集资金和外部吸收资金都存在问题。在对社员农户的访谈中发现，合作社的资金短缺影响了合作社规模的扩大，经济功能较社会功能具有直接性、即时性，在资金不足的情况下，合作社社会功能的发挥受到了很大的限制。这同时也表明，农村合作社不能靠向政府"要饭吃"来获得发展。

（四）内部制度建设和运行机制方面存在缺陷

新型农村合作社在我国的发展历史较短，在这个阶段，农民在组建农村合作社时，由于没有多少可借鉴的成熟经验，致使存在不少问题。一部分农村合作社在经营管理、制度建设等方面还很不完善，有的甚至内部既无章程，又无管理机构和管理制度。有的农村合作社即使是拟定了章程，也往往是写一套、做一套，运行机制较松散，组织能力较弱，经营活动很不规范，基本停留在自发运行阶段。个案合作社规章制度较完善，但是在运营中仍有不少"名不副实"的情况，造成管理体制不顺畅。这些不但会影响农村合作组织的凝聚力和带动力，还会留下发展隐患，制约农村合作社自身长远健康发展，更不用说其社会功能的发挥了。

会议什么名头我也搞不清楚，倒是开过几次，后来就不多了，有时不定期，开会时可能我没时间，有时间时没会。我是老社员了，成立就加入了，都是熟人嘛，相信他们。

六 结语

农村合作社是新时期我国农民的一种新的组织方式，也是当前新农村建设的重要议题。本书较多强调对农村合作社的经济性和企业性质进行反向思考，借助文献分析对农村合作社的社会功能进行分析和定位，以分析积累资料为着力点，进行个案研究，探讨农村合作社的社会功能。通过调查分析，可以得出以下结论。

首先，农村合作社是基于农民自愿而结合的属于农民自己的组织，在实现经济功能诉求的同时，兼有社会功能。而且这些社会功能是有益的，其充分发挥有利于农村建设与农民自身的发展。

其次，农村合作社的社会功能主要有：通过农村合作社这一平台，提供服务，促进市场信息的及时传递、促进先进农业技术的交流，传播科技文化知识，进而提高农村地区科技文化水平的功能；在组织合作中，通过新思想、新文化的传播与交流，促进新型农民培养的功能；根植农村土壤，以集体的力量，参与村庄管理，协助村庄治理的功能；农村合作社在实现自身利益的同时，保护农村社区环境的功能；提高社员农户的主体地位，维护公平与正义的功能；等等。

这是一个完善的农村合作社应该发挥的社会功能。而现状是忽视社会功能的现象严重：虽然许多农村合作社有规范的章程、组织机构等，但是仍停留在经济功能建设上，一旦生产结束，商品交易完成，合作社的组织功能也就消失了，农村合作社的社会功能更是无从发挥。

再次，造成合作社社会功能缺失的原因主要有四方面：第一，农民的社会认知因素——历史及社会原因，造成农民对农村合作社的消极认识；

第二，合作水平低，影响范围有限——新型农村合作社正处于初期阶段，数量少，规模偏小；第三，内部建设和运行机制方面存在缺陷——内部建设及运行机制不完善；第四，经济实力缺乏——自身经济弱，获得外部经济支持困难等。正是这些方面的原因限制了农村合作社社会功能的发挥。

第四章　农民合作的社会结构分析

——以安徽小岗村为个案

一　问题的提出与研究意义

（一）问题的提出

农民合作是当前新农村建设的热点议题，随着市场的不断发展，合作成为农民应对市场风险的必然选择，对于改善农民的处境具有极其重要的意义。波普诺认为合作是指这样一种互动形式，即由于有些共同的利益或目标对于单独的个人或群体来说很难或不可能达到，于是人们或群体就联合起来一致行动。通过合作，农民可以在较大程度上降低生产成本，提高抵御风险和经营的能力，同时，农民也可以从中获得一种归宿感以减轻他们因为社会急剧变化而产生的不安和不知所措。因此，只有通过合作才可以重新黏合、稳固逐步瓦解的村庄共同体，达到新农村建设的目的。可以说，"合作给农民带来的福利不仅是物质上的，还有精神上的；合作不仅能给农民带来福利，还有助于使广大的农村成为中国现代化建设的稳定器和蓄水池"①。然而我国农民一直存在着"合作难"的问题，中国农民的合作困境问题引起了很多学者的关注并做了很多相关的研究。曹锦清通过对黄河边的中国农村的考察得出中国农民"善分不善合"的结论。他指出："中国农民的天然弱点在于不善合，只知道自己的眼前利益，看不到长远利益。

---

① 董磊明：《农民为什么难以合作》，《华中师范大学学报》（人文社会科学版）2004 年第 1 期，第 10 页。

更看不到在长远利益基础上形成的各农户间的共同利益。因为看不到共同利益，所以不能在平等协商基础上建立超家庭的各种形式的经济联合体。或说，村民间的共同利益在客观上是存在的，但在主观上并不存在。因而，他们需要有一个'别人'来替他们识别共同利益并代表他们的共同利益。"①对于曹锦清提出的"善分不善合"，笔者认为有其一定的解释力，但中国农民缘何"善分不善合"则是更值得思考的问题。

带着中国农民缘何"善分不善合"的疑问，笔者于 2009 年 4 月来到安徽小岗村进行深入的调查研究。调查发现，在小岗村，确实存在着农民合作难的困境，小岗村有很多合作组织，但大多是摆设，没有收到很好的经济效益和社会效益，村民对进一步的深入合作也都采取观望的态度，这就更加激起了笔者探讨农民合作困境这一问题的兴趣，因此如何摆脱农民合作困境，增进农民合作能力以达成有效的农民合作成为本书研究的切入点。

（二）研究的意义

农民、农村、农业问题已经成为全党和全国工作的重中之重，而"三农"工作的核心是解决农民问题。农民问题，过去是革命和建设的根本问题，现在也是改革、发展和稳定的头号问题，它事关我国富裕、民主、文明、和谐的大局。中国改革开放以来城市化发展迅速，但农民至今还占中国国民总数的 60% 以上，因此可以说：读不懂农民，就读不懂中国，解决不好农民问题，就解决不好中国问题。就当前而言，中国农民问题有三个显著趋势，即农民的职业分化、村民自治和农民合作。通过合作，首先，农民可以在较大程度上降低生产成本，提高经营和抵御风险的能力，从而在市场经济条件下确保自身的利益不受损害，从根本上保障自身的生存权；其次，农民也可以从中获得一种稳定感、归宿感，减轻他们因为社会急剧变化而产生的恐惧感、受挫感，帮助他们解决发展与组织问题，为实现村民自治、恢复乡村秩序提供了一条有效途径，从而有利于新农村建设的有效开展。可见农民合作已成为解决农民生存、发展和组织问题的核心问题，随

---

① 曹锦清：《黄河边的中国——一个学者对乡村社会的观察与思考》，上海文艺出版社，2000，第 167 页。

着市场经济的不断发展，合作成为农民应对市场风险的必然选择，对于改善农民的处境具有极其重要的意义。然而农民固有的分散性和自主合作能力的缺乏，阻碍了农民成为社会主义新农村建设的主体之路，因此社会主义新农村建设必须要将农民组织起来，必须改变小农的分散性，提高农民的合作能力。对农民合作能力的研究，其目的与意义就在于以下几方面。首先从学术理论价值上看，一是通过对农民合作能力的深入分析与实证研究以弥补当前对合作能力的理论与实证研究的零碎与粗浅的不足。二是以农民合作能力为切入点，重新检视以往的农民合作困境的理论观点，从而实现对农民合作困境的认识的更新与理论的提升。三是通过对农民合作能力的历史研究和现实研究，有利于掌握农民合作能力发展的规律，这本身就是一种理论贡献。其次从实践意义上看，通过对农民合作能力的历史研究和实证研究，弄清楚影响农民合作能力的影响因素，有利于笔者有针对性地帮助农民提升合作能力，在自愿、平等、互惠的基础上建立现代的契约性合作组织，改变农民"原子化"和乡村"碎片化"的状态，改变农民的弱势地位，为新时期发展农民合作组织应对市场风险、恢复村庄秩序等社会主义新农村建设的道路提供理论依据，为实现农民的组织化目标，解决"三农"问题，实现社会主义新农村建设需要和构建安定团结的和谐社会的目标服务。

（三）研究的思路和方法

1. 研究的思路

本章是对当前学术界关于"农民合作困境"的争论和社会主义新农村建设对农民组织化要求的思考。对于如何使农民走出合作难的困境，增强农民的组织化程度，实现农村的持续发展，学术界已经展开了广泛而深刻的讨论，本章以农民合作能力为切入点全面考察社会变迁中的农民合作状况，从中提取影响农民合作能力的因素并进行深入的理论分析和实证研究，从而达到对中国农民合作困境的理论解释。在社会结构—社会关系—社会行动的分析框架下，通过对农民合作历史的文献研究和实证研究，得出农民合作作为嵌入一定的社会结构与社会关系中的一种社会行动，是由农民所处的更为广阔的社会关系及社会结构决定的理论假设，并用社会资本理论对农民合作能力进行深入分析，再以安徽小岗村为例对这一理论假设进行实证研究，最后对如何提升农民合作能力从农民主体地位的确立、村庄精英的培育及国家介入三个方面展开讨论。

2. 研究的方法

（1）文献研究与理论研究相结合的方法。在大量文献研究的基础上得出理论假设：农民合作作为嵌入一定的社会结构与社会关系中的一种社会行动，是由农民所处的更为广阔的社会关系及社会结构决定的。并对理论假设进行深入的理论分析，得出"差序格局"、"伦理本位"和"差序格局理性化"、"农民原子化"是农民合作困境的主要影响因素的结论。

（2）理论分析与实证分析相结合的方法。针对提出的"差序格局"、"伦理本位"和"差序格局理性化"、"农民原子化"是农民合作困境的主要影响因素的结论，利用在安徽小岗村实地调查的资料进行实证研究。

（3）历史研究与现实研究相结合的方法。通过对大量文献的研究和实地调查了解农民合作的历史，并与现实农民合作困境进行比较分析，从而得出农民合作能力是随社会历史的变迁而不断发生变化的，社会结构和社会关系性质的变迁决定了农民合作能力的大小。

（四）相关理论研究综述

1. 西方社会结构理论

社会结构是一个在社会学中广泛应用的术语，也是社会学理论和分析的一个核心概念，但是很少有明确的定义，在欧美社会理论语境中，社会结构常常在比较抽象的层次上使用，用来指独立于有主动性的人并对人有制约的外部整体环境。真正对社会结构做出科学理解并对后世产生较大影响的，是马克思的社会结构理论。在《〈政治经济学批判〉序言》中，马克思（1859）将社会结构归结为由生产力、生产关系（经济基础）、上层建筑等基本要素组成的统一体。这一经典论述包含了社会结构的三层基本含义：一是将社会结构看作"关系总和"，社会结构是人们的物质生活关系和精神生活关系的总和；二是把社会结构视为矛盾关系体，经济结构是生产力和生产关系的矛盾关系体，社会结构则是生产力、经济基础和上层建筑构成的矛盾关系体；三是社会结构变化的动力来源于社会内部的矛盾运动，在社会结构中起决定作用的是经济基础，在经济结构中起决定作用的是生产力。斯宾塞（1876）建立了"社会有机体"理论，指出社会结构和生物结构都被看作是生长或发展的过程的结果。同时斯宾塞也认识到社会结构与生物结构的不同，认为首先社会结构不能被看作是物质实体，社会结构是不能像一个以肉体存在的生物有机体同样的方式，通过直接检查就能直接看到和找到的，社会结构是一个社会有机体中的所有个体的各个子集，每个子集都承担着一定的功能，因此一个完整的社会就是一系列连接起来的结构，就是一个"器官系统"。涂尔干（1893）认为，"集体关系"也就是社会关系，它是社会结构的首要元素，一个社会的社会结构就是由集体关系和集体特征的特殊联合以及连接物和规则的形式组成并构成了一个社会的特殊的特征。齐美尔（1908）在其结构社会学中指出那些经常被称为社会结构的，仅仅是比较简单的社会关系的"结晶体"。拉德克利夫－布朗（1937）也强调了社会关系的重要性，指出社会关系在一个社会中是一般和反复出现的，正是这种一般性给社会关系一种普遍的"结构形式"，也就是社会结构。社会学大师帕森斯（1945）则指出，一个特定的"社会结构"就是诸行为者的社会关系的构建系统，社会结构可以被看作是人们作为对于彼此所扮演角色的职责行动者的模式化关系的系统。与结构功能论者不同，冲突论者布劳（1976）继承了拉德克利夫－布朗的思想，认为任何形式的社会结构根据用来定义它们的"参数"，可以被分解为一定范围的不同关系，这些参数是产生特殊类型社会关系原因的组织规则。对于社会结构的分析，逐渐过渡到对社会网络的分析，开始建立一个更加系统的分析框架，这一框架正是从拉德克利夫－布朗关于"社会结构可以作为实际存在的关系的网络"的思想而来的。米切尔（1969）将社会关系的结构作为特殊的关注目标，通过数学思想的图标理论例如依照互惠、强度、持久力以及社会网络全部的密度或凝聚性进行分析，从而将有形的多元社会关系看作是需要将社会关系分解成它们的各个组成形式。社会网络分析为关系结构分析提供了一个能充分理解的框架。关系结构对社会结构和其他社会学理解方法的制度方式给予补充（艾默贝耶、葛德文，1994）。由英国社会学家洛佩兹和斯科特（2005）合著的《社会结构》一书则系统地分析了社会结构的概念、层次，并认为社会结构的概念将长期以两种不同的形式出现，即制度结构和关系结构。

20 世纪西方学术界应用社会结构理论对资本主义社会结构及其演变进行了深刻的研究，做出了各种理论判断。最早从事西方社会结构分析的是德国著名社会学家韦尔纳·桑巴特（1906），他从社会结构的角度分析了美国工人与欧洲工人的不同，从而得出美国不会有社会主义的结论。在《为什么美国没有社会主义?》这本书中，桑巴特从许多方面总结了美国没有产生社会主义的原因，他认为发达的美国没有出现社会主义，原因是美国工人阶级在特殊处境下形成了特殊的意识。他阐明了美国的社会结构和工人阶级意识区别于欧洲的特殊性，从而回答了"桑巴特问题"。二战后以帕森斯为代表的结构功能主义，强调社会成员共同持有的价值取向对于维系社会整合、稳定社会秩序的作用，达伦多夫则认为冲突同样是社会整合的形式，强调冲突不仅有破坏性，也有助于保证社会连续性，防止社会系统的僵化。之前冲突论者主要关注宏观社会结构问题，并把社会结构视为外在于个人的强制性力量。达伦多夫（1959）以社会生活中的冲突性解释社会变迁，要求更多地关注社会生活现实中的冲突和强制方面，并由此建立了他的社会冲突分析模式，亦即社会结构分析模式，指出社会阶级结构不涉及经济所有制关系，是一种政治权力结构。丹尼尔·贝尔（1973）被认为是美国社会学的泰斗，一直十分关注当代社会的政治、经济、文化等各个领域，在其代表作《后工业社会的来临》这本书中分析了贯穿于形成中的后工业世界的社会结构的巨变，他从西方的技术—经济体制的发展、阶级结构和政治秩序的持续变迁和文化的演进三个方面分析和描述了"后工业社会"的社会结构，贝尔从经济、职业分布等五个方面阐述了后工业社会与传统工业社会的区别，探明了"社会结构内部的社会变化"。之后贝尔（1999）又为该书的特别纪念版撰写了长篇前言《技术轴心时代》，总结了自该书第一版以来西方社会的新发展。布迪厄（1977）在社会结构理论方面的贡献主要是提出了"文化资本"的概念，发展了文化社会学，布迪厄独创的理论由习性、资本和场域三大概念构成，所谓资本，在他看来是指在一个特定的社会领域中的有效资源，布迪厄把资本划分为三种基本类型，即经济资本、文化资本和社会资本，与之对应的利益、资本、社会位置构成了场域的基本要素，因此，场域是一种社会关系，是权力分配的结构。彼得·F. 德鲁克（1993）在其《后资本主义社会》中指出，西方社会正在走向一个"后资本主义社会"，即知识社会，他描绘了后工业社会的三大特征：第一，在经济机制和社会结构方面，自由市场成为唯一被证实的经济一体化机制；第二，在政治结构方面，西方社会已经从具有400年历史的主权民族国家转化为一个多元的政体；第三，在财富的创造方面，基本经济资源不再是资本、自然资源或劳动力，而是知识。进入 21 世纪以来，对社会结构理论有突出贡献的当选当代美国政治学和社会学领域的泰斗级人物西摩·马丁·李普塞特（2001），他主要是对西方工人阶级和中产阶级化现象和工业社会、后工业社会的经济社会变化及其政治效应开展追踪研究，强调了社会结构演变的综合因素，认为欧洲社会已经从 19 世纪末 20 世纪初典型的金字塔形结构转变为类似菱形中间突出的结构，正在走向美国化。

2. 中国社会结构理论

社会学在中国的发展比较曲折，但 1979 年社会学作为学科在我国得以重建以来，取得了丰硕的成果，其中有关社会结构的理论更是取得了突破性发展。"社会转型"论是我国社会学学者在西方社会结构理论与中国实践相结合的基础上提出的具有中国特色的社会学理论，多位学者都为这一理论的最终形成和完善做出了贡献，郑杭生（1999）在一篇文章中就提到：1989 年他提出"转型中的中国社会"这一概念，并用社会转型或者社会转型加速期来说明中国社会的巨大变化。李培林（1992）认为，社会转型是一种整体性发展，也是一种特殊的结构性变动，还是一种数量关系的分析框架，强调社会转型的主体是社会结构，它是指一种整体的和全面的结构过渡状态。陆学艺（1995）认为，社会结构转型和经济社会体制改革密切地联系在一起，社会转型具有中国特色的一个重要方面使目前我们在实现向现代化社会转型的时候，同时要实现由计划经济体制向社会主义市场经济体制转变，其首先要进行一系列的体制性改革。对于中国国情的认识的另一理论是二元结构理论和三元结构理论。李全生（2004）、陈迪平（2004）和刘祖云、胡蓉（2005）分别对二元社会结构的概念做了界定，并对二元社会结构的特征、形成过程和社会影响进行了详细论述。针对城市农民问题，甘满堂（2001）认为城市农民工群体人数众多，存在时间较长、对社会影响较大，足以构成转型期中国社会的第三元，因而提出了"三元社会结构"论。20 世纪 90 年代中期以后，孙立平（2003）分析指出：20 世纪 90 年代中期以来，中国大陆社会发生了一些根本性的变化，提出了关于现阶段中国社会结构的理论框架"断裂"论，认为现在的中国社会是一个断裂的社会。清华大学的李强于 2005 年发表《"丁字型"社会结构与"结构紧张"》一文，提出了中国社会是倒丁字形社会结构的理论观点，认为丁字形结构造成了持续的"社会结构紧张"，从而提出了"社会结构紧张"论。

（五）核心概念的界定

1. 社会结构

一般认为社会结构是指社会诸要素稳定的关系及构成方式，即相互关系按照一定的秩序所构成的相对稳定的网络，社会结构的主要内容有群体结构、组织结构、社区结构、制度结构、意识形态结构等。本章研究社会结构的目的在于说明社会结构对个人行动者行动的影响，因此笔者认为社会结构可以被看作是由社会关系组成的建构并规范社会行动者及其行动的稳定的社会安排。

2. 社会关系

社会关系是社会中人与人之间关系的总称，马克思指出：人的本质是一切社会关系的总和，包括个人之间的关系、个人与集体之间的关系、个人与国家之间的关系，统称为社会关系。社会关系的涉及面很多，主要的关系有经济关系、政治关系、法律关系等。本章研究社会关系的主要目的在于说明社会关系在农民合作过程中所起到的作用，因此本章社会关系可以界定为存在于社会结构之中为行动者实现一致性行动可动用的一切关系的总和。

3. 农民合作能力

能力是指顺利完成某一活动所必需的主观条件，所以能力总是和人完成一定的活动联系在一起的，离开了具体活动既不能表现人的能力，也不能发展人的能力，能力的划分有很多种类，比较普遍的分类有：一般能力和特殊能力，流体能力和晶体能力，模仿能力和创造能力，认识能力、操作能力和社交能力。合作是一种联合行动的方式，社会学意义上的合作"是指这样一种互动形式，即由于有些共同体的利益或目标对于单独的个人或群体来说很难或不可能达到，于是人们或群体就联合起来一致行动"[①]。合作的类型按合作的性质，可分为同质合作与非同质合作。合作还可以分为非正式合作与正式合作，正式合作是指具有契约性质的合作，这种合作

---

① 〔美〕戴维·波普诺：《社会学》（第十版），李强等译，中国人民大学出版社，2002。

形式明文规定了合作者享有的权利和义务；非正式合作发生在初级群体或社区之中，这种合作无契约上规定的任务，也很少受规范、传统与行政命令的限制。所以所谓合作能力就是行动者采取联合行动达到既定目标的主观条件，因此本章所要研究的农民合作能力就是在一定历史时期内既定社会结构条件下的农民在自愿的基础上为实现个体间共同目标或村庄公共目标达成一致行动的主观条件。

二　社会结构与农民合作

我国农民一直存在着"合作难"的问题，中国农民的合作困境问题引起了很多学者的关注并做了很多相关的研究，曹锦清通过对黄河边的中国农村的考察得出中国农民"善分不善合"的结论。农民"善分不善合"其实是农民合作能力的问题，有学者认为农民合作难根本原因在于农民本身，"也就是传统农民的小农性——分散、孤立与封闭"。[①] 马克思早在《路易·波拿巴的雾月十八日》中就提出了农民是"袋中的马铃薯"，指出："小农人数众多，他们的生活条件相同，但是彼此间并没有发生多种多样的关系。……好像一袋马铃薯是由袋中的一个个马铃薯所集成的那样。"[②] 虽然马克思当时的研究对象是法国农民，但是作为同是以农业为基础的农业大国，中国与法国有着很多的相似性，尤其是在农民秉性与特点上，因此我们可以借马克思对法国农民的认识来增强对中国农民的认识。笔者认为中国农民之所以"善分不善和"的根本原因并非在于农民自身，而是农民自身所处的社会环境的结构性因素，即与中国社会的经济基础、社会结构及与此相适应的社会关系有着密切的关系。

（一）传统农村社会的社会关系结构及农民合作

1. 传统中国乡村社会的经济基础、社会结构及社会关系

一直以来，学者们都将我国传统社会称为小农经济社会。所谓小农经济，"是指以家庭或家族为组成单位，在小土地分散式经营中，通过男耕女

---

① 纪程：《村民自治与市场经济环境下的新型农民合作》，《社会科学家》2007 年第 6 期，第 56 页。

② 《马克思恩格斯选集》（第一卷），人民出版社，1995，第 677 页。

织的生产方式，形成的一种自给自足的经济形态和特定的生产与生活格局"①。小农经济是一种自给自足的自然经济，是我国传统社会的基本经济特征，也是我国整个传统社会的经济基础，其特点在于封闭性，但并不是说传统中国社会就没有市场交易和商业活动。施坚雅在《中国农村的市场和社会结构》一书中，着眼于农村集市贸易体系，认为组成中国传统社会的基本单位是市场，并研究了市场体系对村落经济结构的影响，建立了独特的市场共同体理论。他运用中心地理论，推导出了一个六边形区域市场结构，即在市场区域内以基层集市为基础的六边形的市场结构：基层集市的空间分布由 18 个自然村以六角形围绕这一集市，即每一个基层集市外围被 6 个村庄环绕，每 6 个基层集市围绕着一个中间市场，每 6 个中间市场又围绕着一个中心市场，形成一个由六边形叠积而成的集市网络层级结构，即基层（标准市场）—中间市场—中心市场。② 作为社会体系，基层集市是农民熟人社会的边界，农民所需要的劳务和资金一般在这里得到满足；基层市场还构成通婚圈的范围并与农民的娱乐活动等息息相关。弗里德曼在对中国传统社会的分析中，得出了宗族这一基本构成单位的宗族共同体理论。在弗里德曼看来，宗族是以血缘关系为纽带的，其最小、最基本的单位是家庭。"几个家庭组成一个复合体（compound），每个复合体有首领。几个复合体组成一个房支（branch），每个房支有首领。几个房支组成一个宗支，每个宗支有其首领。几个宗支组成一个宗族，宗族有其首领。"③

无论是基层市场的基本结构还是宗族共同体的社会结构，中国传统社会都是一个封闭的、稳定的社会结构，在此种社会结构中，形成了稳定的社会关系，费孝通把这种稳定的社会关系称为"差序格局"。费孝通先生认为，与西方社会结构的"团体格局"不同，中国传统社会中的社会结构和人际关系呈现为"差序格局"。"我们的格局不是一捆一捆扎清楚的柴，而是好像把一块石头丢在水面上所发生的一圈圈推出去的波纹。每个人都是他社会影响所推出的圈子的中心。被圈子的波纹所推及的就发生联系。每个

① 朱筱新：《论中国古代小农经济的形成及特点》，《北京教育学院学报》2003 年第 4 期，第 16 页。
② 〔美〕施坚雅：《中国农村的市场和社会结构》，史建云、徐秀丽译，中国社会科学出版社，1998，第 22～24 页。
③ 〔英〕莫里斯·弗里德曼：《中国东南的宗族组织》，刘晓春译，上海人民出版社，2000，第 46 页。

人在某一时间某一地点所动用的圈子是不一定相同的。"①

2. 差序格局之下的农村社会资本

社会资本指的是社会组织的特征，如信任、规范和网络，它们能够通过推动协调的行动来提高社会的效率。农村社会资本即农民在长期相互交往过程中所形成的关系网络、组织以及体现于其中的信任、互惠、网络等。每一种社会网络都承担着一定的功能，传递着某种社会关系，每一种社会关系又都是一种社会资源，而这种社会资源又是一种潜在社会资本，中国传统差序格局社会所形成的社会网络构成了中国传统农村社会社会资本的基础，可以说差序格局本身就是对中国传统农村社会社会资本的概括。

传统中国农村社会是建立在"差序格局"关系结构之上的，整个社会的组织制度安排都是按照血缘和地缘进行的。由于传统社会"皇权不下乡"，国家权力只停留在县一级，同时国家层面是"家天下"的统治格局，因此广大乡村领域呈现出一种自治的状态。这样，家族自然成了整个社会主要的权力和资源整合的组织结构，韦伯在《儒教与道教》一书中把中国形容为"家族结构式的国家"。家族构成了人与人之间的主要关系网络，在提供着情感支持、经济支持和社会支持方面发挥了巨大的功能。另外，中国传统农村大多是聚族、聚落而居，在一个村落或附近的几个村落中居住的都是有着血缘关系的人群，因此，村落内的秩序安排也是按照家族进行的，共同构成了一个熟人社会。在这个熟人社会中人们建立了相应的网络内高度相互信任机制。关系网络内的每个人对其他人都非常信任，其中一个重要的表现是对人情和面子的高度重视。村落内的互动大都按人情、面子展开，而不是依照理性的经济法则。不管是日常生活中的帮助，还是商品交换，人们都不是追求利益的最大化，而是始终将信任排在第一位。好的信任就会有好的人情和面子，也就会有大而强的关系网络。在此熟人社会中人们以血缘关系为连接，彼此相互信任，互动频繁，感情深厚，同时生产的小农经营使单个家庭根本不可能抵抗自然的风险，生存的压力使求救家族成为一种必然选择，在此基础上，也就形成了中国特有的互惠交换模式。网络内交换追求的不是经济资本、文化资本，也不是某种权力，而是社会资本。人们不仅在婚丧嫁娶等日常生活中，及家族的祭祀等公共活动中而

---

① 费孝通：《乡土中国　生育制度》，北京大学出版社，1998，第27页。

且在生产领域内结成了广泛的合作关系，构成了强关系的联系纽带。小规模的以家族为特征的关系结构决定了个体关系网络的社会资源与社会资本基本上是重合的。家族内每个人的资源都可为其他人所用，个人的命运与家族的兴衰息息相关。对于个体来说，在传统农村社会中每个人都处于一个封闭的熟人社会之中，在这样一个封闭的社会里可以满足他所有的需要，他几乎不需要与外界联系，同时这种社会关系网络是以血缘关系为基础的，因此外界很难进入，从而形成的是一种高度封闭的关系网络，这种高度的封闭性使个体关系网的重合度非常高，网络中的成员及其占有的资源也就具有相当大的同质性，因而嵌入整个网络的社会资源也就非常有限，从而限制了农村社会资本的使用范围。

3. 差序格局对农民合作的影响

差序格局既是一种由亲及疏的亲属关系秩序，又是以血缘关系准则为核心的行为规范和伦理观念，与差序格局的传统社会关系运行模式相对应的是伦理本位的社会关系性质。梁漱溟认为，中国是伦理本位的社会，中国人一生下来，便落入各种各样的关系中，并将一生都伴随有各种各样的关系。"人生实存于各种关系之上。此种种关系，即是伦理。伦者，伦偶，正指人们彼此之相与。相与之间，关系遂生。家人父子，是其天然基本关系，故伦理首重家庭。父母总是最先有的，再则有兄弟姊妹。既长，则有夫妇，有子女，而宗族戚党亦即由此而生。出来到社会上，于教学则有师徒；于经济则有东伙；于政治则有君臣官民；平素多往返，遇事相扶持，则有乡邻朋友。随一个人年龄和生活之展开，而渐有其四面八方若近若远数不尽的关系。是关系，皆是伦理；伦理始于家庭，而不止于家庭。"[①] 整个中国社会是家庭的放大，其将家庭成员的伦理关系作为全部社会关系的基础，中国的伦理社会关系是一种直接的、无中介的关系。邱梦华指出："中国一切社会关系都是家庭关系在社会领域的直接引申，甚至把本应属于公共领域的关系家庭化、私人化，演变成直接性关系。"[②] 以直接性为特征的伦理本位的社会关系对传统中国乡村社会产生了很大的影响。伦理关系是一种情谊关系也是一种义务关系，在家庭内部增加了人与人之间的义务

① 梁漱溟：《中国文化要义》，上海世纪出版集团，2005，第 70 ~ 73 页。
② 邱梦华：《社会变迁中的农民合作与村庄秩序——以浙东南两个村为例》，上海大学博士学位论文，2008，第 46 页。

感，农民之间尤其是在同一个家庭、家族内部的关系更为紧密，促进了彼此的合作，却在更大的社会范围内阻碍了能够代表一定社会群体利益的团体、组织的形成，反而不利于农民在公共组织层面上的有效合作。

建立在血缘关系基础之上的差序格局使得在差序格局内的人相互之间彼此熟悉，加深了人与人之间的信任，因此在小范围内促进了农民之间的合作。然而，首先差序格局中的等级观念，使得农民很难坐下来平等地讨论、协商，遇到问题只会寻求自己最亲近的人的帮助，很难建立平等的合作组织。差序格局的另一个特点是其自我主义的特性，差序格局中强调以"我"为中心，关系以"我"向外扩散，逐级递减。这样由于每个人的利益往往是不一样的，每个人又都希望他人能服从自己的利益，就不可避免地造成人与人之间的利益冲突和矛盾，使得千百年来中国农民一直过着"各人自扫门前雪"的散漫生活。最后，在差序格局中并没有一个超乎私人关系的道德观念，所有的价值标准都不能超脱差序的人伦而存在，处理人际关系时首先要做的是分清尊卑贵贱、长幼有序。遇到问题时总是先要搞清楚对象是谁，和自己是什么关系，之后才能决定怎么办，这种特殊主义的处事原则，根本上关闭了建立平等协商的合作关系的大门。

（二）人民公社化时期的社会结构与农民合作

1. "翻身"后的农村社会结构

1949 年，新的国家政权的建立标志着我国社会结构的重大变迁，然而对于中国农村而言，以土地改革为标志的"翻身"运动和集体化运动更具有历史意义，中国共产党正是通过土地改革和集体化运动逐渐改变着中国农村的社会结构。从本源上说，土地改革，是一场国家权力更为深刻地影响农村社会的运动，造成了农村社会结构、关系和农民价值观念的深刻变化，在韩丁看来，"意味着进入一个新世界"[1]。土地改革，废除了封建的土地所有制，实现耕者有其田，同时推翻了旧的乡村政权，打倒了剥削阶级，建立了新的农村权力结构。不仅如此，中国共产党为了发展经济，采取了以牺牲农业发展工业、以牺牲农村发展城市的道路，发动了农业集体化运

---

① 〔美〕韩丁：《翻身——中国一个村庄的革命纪实》，韩凉等译，北京出版社，1980，序言第 1 页。

动以加强对农业和农村的控制。1962 年，随着"三级所有，队为基础"的公社体制改革的推进，农村社会结构得以基本确立并稳定下来。

新中国成立后我国进行的土地改革是中国历史上的第三次土地改革，1950 年 6 月 30 日，中央人民政府根据全国解放后的新情况，颁布了《中华人民共和国土地改革法》，它规定废除地主阶级封建剥削的土地所有制，实行农民的土地所有制。为了更好地孤立地主，保护中农和小土地出租者，稳定民族资产阶级，早日恢复和发展生产，此法案将过去征收富农多余土地、财产的政策，改变为保存富农经济的政策，因此《土地改革法》公布以后得到了各地的支持和响应，各地分期分批地，有计划、有领导、有秩序地开展了土改运动。到 1953 年春，全国除新疆、西藏等少数民族地区以及台湾省外，基本上完成了土地改革任务。近三亿无地少地的农民，分到了七亿亩土地和大量的农具、牲畜和房屋等；还免除了每年向地主缴纳约三百五十亿千克粮食的地租。与前两次（抗日战争和解放战争）的土地改革相比，第三次土地改革具有以下特点：①范围更广（以往是在根据地或解放区进行，这次是在全国包括少数民族地区推行）；②目的有了新变化（以往是为了赢得革命的胜利，这次是为解放农村的生产力和为新中国的工业化开辟道路）；③对富农实行了新的政策（以往是打击或限制，这次采取了经济上保存富农经济，政治上中立富农的政策）；④影响更深远（这次土改彻底废除了封建剥削的土地制度，使农村生产力得到解放，为农业生产的发展和国家工业化开辟了道路）[1]。土地改革的完成，彻底摧毁了我国存在的两千多年的封建土地制度，农民翻了身，得到了土地，成为土地的主人，地主阶级也被消灭，这使人民政权更加巩固，也大大解放了农村生产力，农业生产获得迅速恢复和发展，为国家的工业化建设准备了条件。但是 50 年代后期开展的人民公社化运动违背了生产关系要与生产力相适应的规律，毁坏了土地改革所取得的胜利果实。1957 年冬和 1958 年春，我国的农田水利建设出现高潮，毛泽东考虑到当时以大搞兴修水利为特点的农业生产建设的发展需要，觉得需要办大社。1958 年 3 月，中共中央政治局成都会议通过了《关于把小型的农业合作社适当地合并为大社的意见》。《意见》指出："为了适应农业生产和文化革命的需要，在有条件的地方，把小

---

① http://baike.baidu.com/view/190959.htm.

型的农业合作社有计划地适当地合并为大型的合作社是必要的。"会后，各地农村开始了小社并大社的工作，有的地方出现了"共产主义公社""集体农庄"，有的地方出现了"人民公社"。1958 年 7 月 1 日《红旗》杂志第 3 期《全新的社会，全新的人》一文中，比较明确地提出"把一个合作社变成一个既有农业合作又有工业合作基层组织单位，实际上是农业和工业相结合的人民公社"。这是在报刊上第一次提"人民公社"的名字。8 月 6 日，毛泽东视察河南新乡七里营人民公社时，说人民公社名字好。9 日，在与山东领导谈话时说："还是办人民公社好……"，并指出公社的特点是"一大二公"。谈话在报纸上发表后，各地掀起了办人民公社的热潮。8 月，中共中央政治局在北戴河召开扩大会议，会议通过了《中共中央关于在农村建立人民公社问题的决议》。《决议》下达后，全国迅速形成了人民公社化运动的热潮。到 10 月底，全国 74 万多个农业生产合作社改组成 2.6 万多个人民公社，参加公社的农户有 1.2 亿户，占全国总农户的 99% 以上，全国农村基本上实现了人民公社化。①

　　人民公社化初期，全国各地学习河北省徐水县的经验，实行组织军事化、行动战斗化、生活集体化。人民公社化实施以后，在农村我国一直实行这种高度集中的人民公社制，其基本特征是：在组织机构方面，"政社合一"；在生产资料所有制方面，"三级所有，队为基础"；在生产经营管理方面，由集体统一管理和经营，社员在集体经济组织的统一安排下劳动；在劳动报酬方面，主要实行按劳动工分分配的办法。中共河南省委在 1958 年给中央做的关于人民公社情况的报告中就总结了人民公社的八大特点。"第一，工、农、商、学、兵五位一体，政治、经济、文化、军事全面结合，是我国社会主义最好的基层组织形式。第二，公社的规模由小变大，并且都有一个小城镇作为公社的政治、经济、文化中心。第三，乡社合一，经济组织与政权组织合一。第四，生产资料由集体所有制变成全民所有制，进一步消灭了私有制残余（社员自留地、牲口、少量大件农具，主要家庭副业如猪、羊、小片林木等归公社）。第五，由于公社的规模大，事业广，劳力多，热情高，自然地出现了生产专业化。有的已劳动组织军事化，并

① 《农村人民公社化运动》，新华网，http://news.xinhuanet.com/ziliao/2003－01/20/content_698143.htm。

且将专业化和多面化相结合，生产和学习相结合。第六，生活集体化，家庭劳动社会化。第七，实行工资制，部分公社实行粮食供给制。第八，更能广泛充分地发扬社会主义民主，政治生活更加生动活泼。"① 农民正式在这种高度集中的体制下生产和生活，变革的社会结构使农民的生产生活方式与传统的小农经济条件下的生产生活方式有着本质的区别。在生活方面，在国家的强制作用下农民生活呈现出无自主性和组织化的特点。"政社合一"是人民公社的基本组织特征，"人民公社的政社合一体制，实际上是在社会一体化基础上将国家行政权力高度统一的基层政权形式。"② 其组织结构特征是"层控格局"③，农民被安排进一个有着明显层级结构的组织，并几乎是无条件地服从着该组织的组织规则。在这种格局下上下级的权力界限界定不清，下级不是作为一个独立的单位，仅仅是一个被动的附件，上级往往可以代替下级做出决策，下级必须服从。在生产方面，生产什么，生产多少以及由谁去生产都是由国家政策决定的，特别是实行的是统购统销制，它将中央的计划经济体制没有包含进去的社会生活的其他方面都纳入国家统制的范围，国家不仅完全控制了生产领域，也完全控制了人民的生活领域。

2. 人民公社化时期的"庇护关系"与"同志式关系"

人民公社的最基本特征可以概括为"一大二公"，与这种经济基础相适应的是"政社合一"的政治体制。公社作为经济组织和政治组织的统一体，"把集体经济组织当作国家基层政权的附属品，以政化社，使集体经济完全失去了自主权和独立性"④。"政社合一"的公社体制直接导致农民生活的泛政治化，农民生活中几乎所有的事情都或多或少地染上了政治色彩。早在土地革命时期，中国共产党就根据农户的土地占有和租赁情况对农民进行了阶级划分，如地主、富农、中农、贫农、雇农。因而每个农民都有了自己的政治身份，不同的政治身份意味着不同的政治待遇。并且这种政治

---

① 《农业集体化重要文件选编》下册，第 89~90 页，转引自安贞元《人民公社化运动研究》，中央文献出版社，2003，第 248 页。

② 于建嵘：《人民公社的权力结构和乡村秩序》，载中国人民大学复印资料《中国现代史》2002 年第 2 期。

③ 王晓毅编《血缘与地缘》，浙江人民出版社，1993，第 92 页。

④ 陈吉元、陈家骏、杨励主编《中国农村社会经济变迁（1949~1989）》，山西经济出版社，1993，第 311 页。

划分还具有"身份固化"的特征，即那些地主和富农在被没收土地和财产以后仍然摆脱不了地主和富农的身份，也就是说，农民的政治身份更多的是一种阶级身份的符号和一种政治标签。正是这种阶级成分的划定在一定程度上影响了农民之间的交往。那些被扣了地主、富农帽子的农民总是在政治气氛比较紧张之时被批斗，大多数农民因为怕被牵连对他们都拒而远之，以往的人情往来在批斗中消失殆尽。同时，因为公社实行工分制，在"评工记分"中就有"政治工分"这一条，就是把社员的政治表现也作为评分的条件之一，这样那些成分不好的人即使很努力地出工也很难获得与其他社员同等的工分，因此成分问题就变得非常重要，直接影响着社员的生产和生活。政治出身不好就是在社队里再努力也是不受人尊敬的，而这一批人又恰恰可能是原先村社里有知识有文化的人，甚至是村社里原先的名门望族，由于政治身份的划分他们不仅不能发挥自身的优势，还因此遭到排挤和伤害，使得以往的权威不再起任何作用，公社里唯一的权威就是党，就是上级。中国共产党为了加强对整个农村的控制并巩固其"政社合一"的政治体制，实行的是"党政合一"，即公社组织是行政组织和党组织的结合体，党对政府有着绝对的领导权威。"党领导一切，但不包办一切。公社运作的模式是'党委决策，政府实施'。政府依附于党委，实际上只是党委的一个办事机构。政府的依附特征恰恰保证了公社的集权。"[1] 所以作为联系上下的纽带的社队干部在公社里扮演着重要的角色。

无论是"政社合一"还是"党政合一"都离不开一大批服从党的权威、执行公社意志的社队干部。新中国成立后，随着地主、保甲长等旧的权力系统被打倒，传统时期农村政治精英也被打倒了，中国共产党急需一大批对党忠诚的农村干部来发动和组织农民。因此，大批出身低微、能忠实于党、效忠于新中国政权的积极分子、骨干分子就成为新中国第一批农村干部。生活在农村与农民联系紧密的农村干部主要是大队干部和生产队干部，他们与公社干部不一样，不是国家在编的正式干部，其政治身份仍然是农民，重要的是他们也要和农民一起进行生产并参与分配。作为大队干部，一方面，公社对他们有一定的期望值；另一方面，社员对他们又有维护本

---

[1]　张乐天：《告别理想——人民公社制度研究》，上海人民出版社，2005，第183页。

生产大队利益的期望，所以大队干部在扮演着"国家代理人"与"村庄当家人"的"双重角色"①。这样一方面，大队干部和农民之间形成了一种领导与被领导的上下级关系；另一方面，大队干部对农民又有着利益保护的作用，从而形成一种"庇护关系"。这种庇护关系的建立与维持主要依赖干部与农民之间的互惠，因为所有的生产队长都有为自己所在的生产队谋取利益的潜在愿望，他们可以控制或影响农民获得收入、福利和商品供给的机会，即给农民提供物资、机会、保护等而农民则报之以支持、忠诚、服务等，从而为村庄政治性代理人系统的形成打下了基础。由于农民的生活已全方位地被纳入公社中，社队干部与农民之间的庇护关系也就相应地具有了弥散性的特征，他们之间的交换没有特定的目标，几乎所有的问题都可以在庇护关系网内被提出来，所以这种联系维护了双方的义务和责任，使得大队干部与农民保持相互团结与合作的关系，并在一段时间内具有相当的稳定性。因而这种庇护关系就表现出以下特征：在个人认同和权利义务方面，具有强烈的非平等关系；形成和保持关系依赖于互惠，交换各自的资源或服务；互惠功利性的依赖关系，呈现出团结与合作的状态；特殊主义和弥散性的关系；忠诚指向个人，而不是组织或价值意识形态；个人而非职位的统治，公私混合限制。②

人民公社化时期，与农民和大队干部之间的等级庇护关系不同，农民与农民之间的关系是一种横向的个体与个体之间的"同志式关系"。人民公社化时期经济上实行的是统购统销的经济制度，生产什么、生产多少都由国家来定，生产者不用关心产品的销售问题，只管完成上级下拨的任务就可以了。在农村，这种经济制度使"基本上处于自给自足的自然经济状态下的亿万个体农民，纳入了社会主义公有制的轨道，纳入了社会主义中央计划经济的轨道，纳入了统购统销的轨道，实现了农民和国家的高度统一。在这样的情况下，国家的意志就是农民的意志，中国共产党的意志就是农民的意志"③。土地改革和集体化运动使农民按人口获得了同等的土地和生产工具，这就为农民之间平等的关系打下了经济基础。在意识形态方面，中国共产党更是通过广播、电影、文件等强大的意识形态攻势塑造着每一

① 徐勇：《村干部的双重角色：代理人与当家人》，《二十一世纪》（香港）1997 年第 8 期。
② 张静：《现代公共规则与乡村社会》，上海书店出版社，2006，第 26～27 页。
③ 安贞元：《人民公社化运动研究》，中央文献出版社，2003，第 54 页。

个农民的文化心理，消减了广大农民在政治地位、经济基础和精神世界的异质性和多样性。同时严格的城乡二元户籍制度把农民死死地限制在一个个相对独立而封闭的公社里，因此公社并非减弱而是加深了农民生活的封闭性，不仅割断了农民与市场的联系，也通过"破四旧"等反封建迷信活动割裂了农民之间的宗族关系，在公社范围内农民之间形成了具有共同理想的、毫无阶级差别的、平等的"同志式关系"。这种组织内的"同志式关系"超越了血缘关系，成为人民公社化时期农民之间主要的社会联系。

总之，人民公社组织的普遍建立，对阶级成分的强调，使得农村社会血缘认同感和家族意识大为减弱，从而解构了传统社会"差序格局"的社会模式。同时，严格的户籍制度又将农民牢牢地束缚在其组织框架中，使得农民成为一个表面上的利益共同体，但实质上并没有使农民之间建立紧密的社会关系和真正的利益纽带，农民之间形成的仅仅是国家制度安排下的"同志式"社会关系，由此地缘关系和阶级关系取代血缘关系成为人民公社时期农民间主要的社会联系，但这种强制的社会联系并不能促进农民之间直接的、积极的社会交往，也不能给农民自身带来利益。相反，农民可以通过与大队干部之间建立庇护关系来寻求自己的利益。

3. "同志式关系"下的农民合作

人民公社化运动的开展是逐步形成的，人民公社化时期形成的社会关系也是在历史变革中逐渐演变的，在这些变革和演变过程中农民合作也悄然发生变化。土改后，一些农民，特别是缺乏劳动力、农具和资金的农民，为克服个体经营中的困难，沿袭换工合作的传统，自发组织建立互助组。互助组是在家庭所有制基础上，根据农民各自条件的余缺来进行经济、劳动合作的，其显示出来源于"土生土长的传统"而不是"政府的机关"[①]的属性，具有互助性、自愿性、松散性、临时性的特点。1953 年秋，全国互助合作运动的中心从互助组向初级农业生产合作社转移。"农业生产合作社是劳动农民在私有财产基础上，本着自愿互利原则，实行土地入股，统一经营，集体劳动，比常年互助组具有更多的社会主义因素的农业生产组织。"[②] 1955 年春，毛泽东对农村形势的认识发生了变化，认为合作社的发

---

① 〔美〕马克·赛尔登：《革命中的中国：延安道路》，魏晓明、冯崇义译，社会科学文献出版社，2002，第 237 页。
② 《农业生产合作社示范章程（修正草案）》，全宗号 1，目录号 6，案卷号 186，序号 29。

展速度还不够快。1955 年 9 月，毛泽东编辑出版《中国农村的社会主义高潮》一书直接推动了合作化运动进一步向高级社发展的步伐。同年 10 月，中共中央通过了《关于农业合作化问题的决议》，明确提出有重点地试办高级社的问题，使合作化运动的发展速度越来越快。虽然高级社的建立标志着中国农村合作化运动的结束，但农村的社会变革没有就此止步，公社化运动接着展开。人民公社于 1958 年 7 月开始建立并得到迅速发展。"从制度变迁的连续来看，人民公社组织的引入实际上根源于从合作化后期不断升级的对组织规模的片面追求，把所有制的公有化程度和扩大合作社组织规模相等同，并在合作社的大规模和合作社的高效益之间划等号的片面观点和认识。然而，当这种片面的甚至是错误的观点和认识不是被一种真实的经济发展实绩，而是受一种现实中虚假的繁荣所支配的时候，不仅不可能放弃或改变它，反而会加深对这种片面观点和认识的坚持，以至于造成更大的不真实。"[①]

人民公社的建立，伴随着农村主要组织的产权制度和分配制度的变化。在产权制度方面，大公社实行单一的财产公社所有制、以土地为中心的一切生产资料的所有权均属于公社；农户被剥夺了除极少量日常生活必需品之外的所有生产资料，包括土地、耕牛、农具，以及土地上的产出物等，就连在合作化时期得以保留的少量的自留地在人民公社化时期也被取消了，届时农民自身拥有的劳动力也不能自由出卖，劳动力的使用权也被公社剥夺了。在分配制度方面，大公社实行的是"吃饭不要钱，按月发工资"的供给制与工资制相结合的分配方式。因此，在大公社时期，国家通过产权和分配制度对农民形成了强制的约束和控制，这深深地损害了农民的实际利益。农民在无力改变制度框架的前提下只能动用其"弱者的武器"[②]，采取的一个普遍的行为选择就是在集体劳动中消极怠工，这种效率低下的劳动投入体现了农民的理性，但造成的直接后果就是严重破坏了农村的生产力，使农民生活更加没有保证。而且"大一统"的公社制度实际上已经完全剥夺了农户对公社组织的退出权，除了服务并依赖于集体劳动及其收入，

---

① 梅德平：《中国农村微观经济组织变迁研究（1949～1985）——以湖北省为中心的个案分析》，华中师范大学博士学位论文，2004。

② 〔美〕詹姆斯·C. 斯科特：《弱者的武器》，郑广怀、张敏、何江穗译，译林出版社，2007。

农户既没有经营自由，也没有任何其他赖以生存的经济来源。所以，人民公社时期农民最基本的生存权都受到了严重威胁。

总之，大公社的产权和分配制度不能调动农民的劳动积极性，也影响了农民的合作，按实际情况看，人民公社时期，公社内部真正意义上的农民合作已经荡然无存，农民只是全面依附与服从于国家，强制性地结合在一起。首先，合作经济组织是建立在私有产权上的合作关系，而私有财产则是个体劳动者达成自愿合作的基础。大公社是集体经济组织而非合作经济组织，实行的是单一的公社财产所有制，农户因此被无偿剥夺了所有的生产资料，从而丧失了合作的基础。其次，共同的目标是形成农民合作的前提条件，而被公社制度强制捆在一起的农民并没有一个共同目标，因此也称不上合作。大公社所要服务与实现的是国家的目标，农民没有自愿的、自己共同的目标。再次，对共同目标认识基础上的协调行动是合作的关键，人民公社化时期的农民并没有协调行动，因此也算不上合作。虽然农民参加公社的集体劳动，表面上看是一起行动，但事实上，这是一种在没有其他生存来源的条件下的无奈服从，农民在一起行动时，劳动积极性很低，表现为劳动投入量下降、出勤率低和劳动效率不高。最后，结果的互惠性是合作的基本特征，也是合作得以维持的基本动力，而人民公社时期的农民在集体劳动中并没有得到真正实惠。在公社体制中，最大的赢家是国家，国家通过对农民的全面控制实现了对农村资源的汲取。从以上几点分析得知：在大公社时期并不存在真正意义上的农民合作，农民的"集体行动"仅仅是农民对国家各项制度安排的被迫服从。"三级所有、队为基础"的小公社模式是对大公社体制弊端的局部调整，但并没有改变"大一统"和"政社合一"的本质，所以也不存在真正意义上的农民合作。

（三）转型时期的社会结构与农民合作

1. 市场经济下的农村社会结构

1978 年以来，党和国家做出了实行改革开放的伟大决策，标志着我国由高度集中的计划经济体制向市场经济体制的转变，所谓市场经济是一种完全区别于计划经济体制的经济体系，在这种体系下产品和服务的生产及销售完全由自由市场的自由价格机制引导，而不是像计划经济一样由国家引导。熊德平（2002）认为市场经济是"以维护产权，促进平等和保护自由的市场制度为基础，以自由选择、自愿交换、自愿合作为前提，以分散决策、自发形成、自由竞争为特点，以市场机制导向社会资源配置的经济形态"。陆学艺、景天魁等认为，"社会转型是指中国社会从传统社会向现代社会、从农业社会向工业社会、从封闭性社会向开放性社会的社会变迁和发展"①。因此，改革开放也就意味着我国正式进入了计划经济体制向市场经济转变的转型时期。

农村是我国实行改革的第一线，改革的实施为曾经封闭的乡村社会带来了开放的气息，也使乡村社会的关系结构进行了重组，最根本的变革是生产关系的改变，所以废除"三级所有、队为基础"的生产体制，实行家庭联产承包责任制是农村社会结构、社会关系改变的最根本力量。家庭联产承包责任制的实行打破了平均主义，实现了包产到户，在坚持生产资料集体所有制的前提下，让农民承包耕种土地，使农民真正对土地拥有了相对自主的使用权和支配权。因此，承包制的推行使农民获得了两项极为重要的资源和权利，即对土地的经营权和对自身劳动力的支配权。从此，生产成了个人和家庭的事，农民可以自主选择，从事多种经营，不仅实现了农业多元化，还实现了劳动力向非农行业的转移，促进了农村的社会流动与社会分化。更为重要的是家庭联产承包责任制实行按劳分配的原则，从而激发了农民的生产积极性，大大提高了产量，并给农民带来了生产剩余和对剩余的支配权。可见，家庭联产承包责任制的推行改变了公社体制的资源配置格局，国家不再控制所有的资源，农民拥有了一定的资源及资源的支配权，广大农村社会出现了"自由流动资源"和"自由活动空间"，国家与社会、国家与农民之间的关系也随之发生变化。通过国家的还权于民，农民摆脱了人民公社以来对国家权力的依附关系，真正取得了独立的经济法人地位。以上分析可以看出，我国农村经济体制改革的过程就是农村市场化的过程，在这个过程中农民开始逐渐成为独立的市场主体、独立地参与到市场当中来，按市场经济的规则安排生产和生活。

随着家庭联产承包责任制的推行，我国农村经济体制得以全面改革，与之相适应的是农村政治体制的改革。随着政社合一的人民公社制度的解体，乡村社会的管理体制也发生改变，国家把行政权力撤回到乡镇一级，

---

① 陆学艺、景天魁主编《转型中的中国社会》，黑龙江人民出版社，1994，第2页。

在村庄层面上实行村民自治，建立了农民自治性组织——村民委员会。村民委员会的功能在于维持社会治安和维护集体的公共财产、基础设施，并且逐步扩大到对农村基层社会、经济、政治生活中各项事务的村民自我管理。1982 年《宪法》确认了村民委员会的地位，指出村民委员会是农村基层群众性的自治组织，自此村民委员会得到了国家的认可并很快在全国得以普遍建立。1987 年，《中华人民共和国村民委员会组织法（试行)》又规定了村民通过民主选举产生村委会来负责全村公共事务，从而进一步规定了乡镇政府与村委会的关系是指导和被指导的关系，为实现"自我管理、自我教育、自我服务"的村民自治铺平了道路。同时进入转型期以来，市场经济条件下经济话语开始在整个社会取得霸权，农村社会也在"以经济建设为中心""发展是硬道理"等此类经济话语的霸权之下发生了深刻的变化，农民的思想观念和行为方式发生了极大的转变，"具有商业色彩的发家致富的思想不断深入人心，农村社会从温情脉脉的以人情伦理为纽带的农业社会向越来越缺乏人情味的以'钱'为纽带的'现代'工业社会转型"①。

2. 原子化结构下的农村社会关系网络

对于农民原子化概念的界定，邱梦华指出："在市场经济条件下，讲究利益的货币关系成了农民之间的主导关系，从而导致农民之间缺乏有效结合而处于独立无援的状态。"② 从此定义上可以看出，导致农民原子化的直接原因就是货币关系的泛化。货币作为市场经济中交换关系的主要工具，对一切事物都不加区别地进行量化，抹杀了与其他所有事物的质的区别。作为一种交换媒介，在人和财产之间造成了一段距离，也制造了一种渗透到所有经济活动中的前所未闻的非人格性，正是货币的这种非人格性和普遍有效性使人们的行为越来越理性化。随着市场经济的发展和货币关系的泛化，经济交换成了人们互动的主要内容，经济交换关系也成为人们社会生活中的主导关系，这些变革直接导致人与人之间的原子化。对于已经进入市场的农民而言，由于比城市居民更缺乏现代组织观念和现代的组织联

---

① 周保飞：《当代中国农村社会主流思想演变探析》，《集美大学学报》（哲学社会科学版）2005 年第 1 期，第 29～35 页。

② 邱梦华：《社会变迁中的农民合作与村庄秩序——以浙东两个村为例》，上海大学博士学位论文，2008，第 155 页。

系，其原子化程度达到了更高的水平，表现更为突出。

布劳认为，在经济领域中，货币是交换的唯一报酬，但在经济领域和社会领域共同构成的社会系统中，参与社会交换的资源提供者除了可能获得货币的报酬外，还可能获得社会赞同、尊敬和依从这三类报酬。根据价值由小到大，这四类报酬的排序为：货币、社会赞同、尊敬、依从。① 由此可以看出货币是所有报酬当中价值最小的，根据"理性人"的假设，人们都会理性地选择付出报酬最小，所以，"在社会交换行为中，货币成了人们最愿意使用的报酬。当人们从其他人那里获得自己需要的事物时，如果能用货币结清，他们就宁愿'不欠人情'而愿付出货币。付出货币伴随的是货币关系，付出其他报酬伴随的是其他的社会关系。当货币成了大多数人乐于使用的报酬后，货币关系在社会系统中的泛化也就势成必然了"②。在传统社会中，农民的生活基本上是自给自足的，除了有限的市场交换之外，农民还通过关系圈子内部的社会交换来实现资源的互通有无，到了货币经济时代，货币在人们的社会生活中发挥着越来越重要的作用，人们之间的一些社会关系逐步被货币关系所取代。一切物品都可以用货币来进行衡量，也可以用来买卖交换，就是情感深浅也不免被人们用金钱的多少来权衡。在这种以货币为媒介的交换过程中，交换对象的不确定性，导致了交换关系的不确定性，一次交换过程的结束也许意味着一种联系的中断，人与人之间无法形成纵深的非利益的情感性关系，取而代之的是人与人之间的平面的、横向的利益关系。正是人们之间的关系发生了如此巨大的变化，使农民不再受制于传统社会中的家族共同体，也不再受制于人民公社化时期的大共同体而获得了自由与独立意识，同时也陷入了尴尬的原子化状态。贺雪峰认为，市场经济条件下农民在熟人社会中理性行动的逻辑及他们与此相适应的特殊公正观，已不再受诸如传统的组织力量与文化力量的约束，村庄社会关联度大为降低，农民成为原子化的个人，进而导致要达成平等协商的契约型合作的成本过高，村庄社区的合作能力大大衰退。③ 王思斌也

① 〔美〕彼德·布劳：《社会生活中的交换与权力》，孙非、张黎勤译，华夏出版社，1988，第 13 页。

② 熊清华、聂元飞：《中国市场化改革的社会学底蕴》，《经济问题探索》1998 年第 10 期，第 14 页。

③ 贺雪峰：《新乡土中国——转型期乡村社会调查笔记》，广西师范大学出版社，2003，第 63 页。

指出，20 世纪 80 年代以来，由于农民的家庭生产功能得以恢复和加强，农村中的亲属关系得到了强化，但随着改革的不断深入，农村亲属中的紧密程度将有所减弱，经济利益逐渐成为亲属家庭联系的一个重要纽带，亲属走到一起除了沟通感情以外，更主要的是为了生产上更有效的合作和经济的互利。因此，经济上的互利可使亲属关系更加紧密，经济利益上的矛盾也可使亲属家庭间相互疏远。[①]

以上分析可以看出，传统的家庭与宗族观念在市场经济的条件下很难发挥其社会整合的功能，但市场经济的引入也带来了另一个重要的变化即农村异质性的增强。由于市场经济的深入发展，社会分工的细化，农民的从业范围逐步扩大，不仅可以自主地从事不同的农业生产，还可以从事不同的副业，随着改革开放的实施，搞副业活跃农村经济、提高农民收入成为广大农民的共识，最突出的就是打工经济，很多农村一半以上的收入来自外出务工。正是这种农民职业的多元化和收入来源的多元化使得农民内部发生了分化。所谓分化是指 "各种角色和集合体彼此逐渐相互脱离，在形式上日渐获得自主地位，而同时又在实质意义上越来越相互依赖"[②]。在职业分化的基础上农民慢慢发展出区别于亲缘、地缘关系的业缘关系以及朋友、同学等自治性社会关系。这些关系形态在社会生活中发挥着越来越重要的作用，并与传统亲缘关系紧密地糅合在一起，构成了农民的主要关系网络。

3. 原子化状态下的农民合作

随着货币关系的泛化，经济交换关系逐渐代替了人情往来，农民之间的合作关系越来越薄弱，传统社会中存在的邻里互助式的合作虽然在人民公社解体之后有所恢复，但合作范围大大缩减，例如，生产领域由于农业机械的应用使得农民之间的合作空间日益狭小，即使是遇到农忙，农民也会选择雇佣关系解决劳动力缺乏问题；生活领域也是如此，诸如婚丧嫁娶、建房之类需要很多人帮忙的事情都以付工资的形式来请人帮忙。可见陷于原子化状态的中国农民不仅不能有效地达成集体行动

---

① 王思斌：《经济体制改革对农村社会关系的影响》，《北京大学学报》（哲学社会科学版）1987 年第 3 期，第 28～36 页。

② 〔澳〕马尔科姆·沃特斯：《现代社会学理论》（第二版），杨善华等译，华夏出版社，2000，第 312 页。

式的合作，而且在邻里互助式的合作层面上也发生了困难，成为阻碍农民合作的主要因素。

前面已经提到过"差序格局"是费孝通老先生对传统乡土社会中社会关系的经典描述，社会变迁背景下的"差序格局"在市场经济的社会潮流冲击之下发生了极大的改变，具有了与传统时期不同的特点。其最主要的特点就是姻缘关系、拟似血缘关系与利益进入差序格局，导致了差序格局的理性化。① 20 世纪 90 年代以来，中国农村的社会关系和人们之间的处事原则随着市场经济体制在城乡的建立，开始了全面理性化的进程，理性（利益）原则全面渗入农村社会生活的各个领域。在以血缘和地缘为基础的传统村落中，人与人之间差序格局的社会关系结构，使得农民习惯于通过关系运作来解决日常生产、生活中遇到的问题。虽然这些传统的合作范围十分狭窄，主要集中在农忙时的换工、婚丧时的帮忙及借贷方面，但是农户之间这些传统的合作方式对农民来说是实用的。曹锦清认为，在村落内，各农户力求自给自足，对那些无法自给自足的家庭需要，通常是依靠血缘关系网络内的"礼尚往来"方式来解决的。改革开放以来，国家弱化了集中控制机制，社会资源分配渠道多样化，业缘关系、地缘关系开始进入人们的关系网络，传统的差序格局在范围上发生了适应性变化。"为了经济上的互利，人们之间关系的亲疏越来越取决于他们在生产经营中相互之间合作的有效与否和互惠关系维持的长短；而且，随着时间的推移，由利益决定亲疏关系的原则逐渐向农民的日常生活渗透，从而使理性全面进入农民生活，使正式关系带上更多的人情味，使非正式关系具有更多的理性。"② 差序格局理性化直接影响了农民合作，农民的合作更加趋向自身利益的获得。虽然农民的思想观念和行为方式渗入了理性的原则，但是这种理性原则仍然是建立在狭小的"现代差序格局"之中，并没有从根本上改变农村社会的社会结构性质，农民依靠差序格局网络内的礼尚往来来解决问题的行动逻辑没有改变，正是这种通过私人的亲友关系网络寻找关系资源以获得单独的解决问题的行为方式，使得我们无法有效地建立各独立个体之间平等

---

① 杨善华、侯红蕊：《血缘、姻缘、亲情与利益——现阶段中国农村社会中"差序格局"的"理性化"趋势》，《宁夏社会科学》1999 年第 6 期，第 6 页。

② 邱梦华：《社会变迁视野中的差序格局与农民合作》，《社会科学论坛》（学术研究卷）2009 年第 3 期，第 33~34 页。

且普遍的社会关系，阻碍了农民之间广泛且平等的合作的建立。

（四）小结

通过对传统到现在转型时期农村社会的社会结构、社会关系及其对农民合作的影响的考察，笔者认为，农民合作作为嵌入在一定的社会结构与社会关系之中的一种社会行动，是由农民所处的更为广阔的社会关系及社会结构决定的。

在传统农村社会，差序格局使得在差序格局内的人相互之间彼此熟悉，加深了人与人之间的信任，在小范围内促进了农民之间的合作。但差序格局中的等级观念、自我主义的特性及道德观念等决定了农民特殊主义的处事原则，从而难以建立平等协商的合作关系。人民公社时期，农民只是全面依附与服从于国家，强制性地结合在一起。单一的公社财产所有制使农户被无偿剥夺了所有生产资料，从而丧失了合作的基础，被公社制度强制捆在一起的农民也没有一个共同目标，从而失去了协调行动的基础，在公社体制中，国家通过对农民的全面控制实现了对农村资源的汲取，而农民并未从合作中获得收益，这也导致了人民公社的最后终结。转型时期，货币关系的泛化使经济交换关系逐渐代替了人情往来，姻缘关系、拟似血缘关系与利益进入差序格局，使得差序格局的理性化、农民合作的目的更加趋向自身利益的获得，但农民依靠差序格局网络内的礼尚往来来解决问题的行动逻辑没有改变，正是这种通过私人的亲友关系网络寻找关系资源以获得单独的解决问题的行为方式，使得我们无法有效地建立各独立个体之间平等且普遍的社会关系，阻碍了农民之间广泛且平等的合作的建立。

综上所述，合作成功与否更多地取决于他们能否在一定的社会结构条件下，有效地调动社会关系来共同行动，这里的社会关系就是我们通常所说的社会资本。农民合作能力是在一定历史时期内既定社会结构条件下的农民在自愿的基础上为实现个体间共同目标或村庄公共目标达成一致行动的主观条件。农民要实现组织化目标，新农村建设要取得成功就必须提升农民的合作能力，农民合作能力的提升首先要做的是形成有利于农民合作能力发挥的社会结构，即能有效动用农民所拥有的社会资本的社会结构。

三 小岗村的社会结构变迁与农民合作

(一) 改革开放前小岗村的农民合作

1956 年随着三大改造的完成，我国在小农经济的基础上建立了社会主义公有制，从而一方面消灭了私有经济，将整个国民经济都纳入了国家控制的轨道，另一方面使个体劳动不复存在。在农村，农民作为个体劳动者也成为集体经济组织农业合作社的一员，成为社会化大生产的一员，失去了自己的个体特性，个人意志也淹没在了集体意志之中，集体意志又淹没在了国家意志之中，从而国家的意志也就成为农民"自己的意志"。因此在人民公社体制下，农民是一个具有统一身份的阶层。所有农民享有同样的经济地位，都是无差别的农业劳动者，共同享有集体财产，并无差别地实行平均分配，因而农民之间是一种"同志式"的关系。概括地说，人民公社体制的基本特征是：在组织机构方面，"政社合一"；在生产资料所有制方面，"三级所有，队为基础"；在生产经营管理方面，由集体统一管理和经营，社员在集体经济组织的统一安排下劳动；在劳动报酬方面，主要实行按劳动工分分配的办法。并且"大一统"的公社制度实际上已经完全剥夺了农户对公社组织的退出权，农民被强制性地捆绑在一起，除了服务并依赖于集体劳动及其收入，农户既没有经营自由，也没有任何其他赖以生存的经济来源。公社对农村实行的这种经济掠夺的政策，最终导致农村发展陷入困境和农民生活陷入贫困。小岗村是安徽省滁州市凤阳县小溪河镇的一个普通村庄，1978 年以前由于合作化运动，小岗村和全国其他村庄一样加入了人民公社，隶属于当时的梨园公社。小岗村由于处于岗地，田地高低不平，又"十年九旱"，所以在人民公社化时期农民的粮食更是不能维持生计，1978 年前，全村只有 20 户人家，100 多口人，是远近闻名的"三靠村"——"吃粮靠返销，用钱靠救济，生产靠贷款"，每年秋后，家家户户都要背起花鼓去讨饭。这一时期小岗村的农民合作主要表现在普通民众之间的邻里互助和强制下的集体劳动。

案例 1：

搞人民公社的时候，我们吃"大锅饭"，刚开始的时候大家敞开肚皮吃，都觉得社会主义好，可是没过多久生产队的粮食就快吃没了，我们就

从吃干饭到喝稀饭，后来就连稀饭都没得喝了，没办法我们就只得去讨饭了。(GSZ)

那个时候地都归集体了，起先大家干劲还挺足，时间久了就都学滑头了，队长天天挨个喊大家集合分活干，张三来了等李四，左等右等就日头多高了，根本干不了活，不过农忙的时候大伙还是挺齐心，要不那粮食就糟蹋了，可是收的时候没那么仔细，落了不少粮食，有好多人偷偷地把掉在地上的粮食拾回家。特别是吃食堂的时候，都成好吃懒做了，这样搞国家哪能撑得住。果不然，后来大食堂拆了，可大家还在一起干活。(ZGR)

大集体那会儿什么都是公家的，干活也是为公家干活，收了粮食也得交给国家，我们只能分得一点口粮，有的时候口粮不够了就向队上借，可借了也是要还的，有的时候借点粮食要一家人饿上好几年才能还上，那时勤快一点的在自家自留地里多收点日子就好过一点，可也好不到哪去，大家都一样穷。自然灾害那几年饿死了不少人呢，好多人没办法都去讨饭，可那会儿连讨饭也讨不着，见到讨饭的上门都害怕，远远地就关了门，有些好心人会给一点。那时候还什么都得靠供应，计划经济，要有票，有钱也买不着东西，只能去黑市花高价买。我结婚那会儿就因为没布票置新衣裳，只能用粮食和人家换布票。那时候穷，也没什么大需要的，家里缺根线少根针的就问左邻右舍借，瞧病办事缺钱了就向亲戚借。(SYX)

从上面小岗村村民反映的关于人民公社时期农民的生产生活情况看，在公社体制下，农民被强制束缚在集体之下从事生产，由于对集体体制不满，可是又没有什么其他有效的办法，于是就采取了一种"非暴力不合作"的方式，即在生产过程中表现出消极怠工。在控制程度稍低的生活领域，农民之间则表现出了一定范围的互帮互助，这种互帮互助的范围非常有限，一般局限在一个生产队和一个村庄内部，因为在村庄内部农民之间有着一种因为熟识的信任，同时，在一个村庄内这种互帮互助是经常性的，因此行动者做出的此类利他性行动是有期望得到报酬的，是一种互惠性行动。正是农民之间这种合作的互惠性使得邻里互助、宗族内的合作在人民公社时期得以幸存，加之对公社体制的理性不合作在一定时期一定程度上维持了农民的生存。

案例 2：

1978 年秋，凤阳遭遇特大旱灾，粮食歉收，小岗村不少农户又开始准备出门讨饭。11 月底的一个夜晚，在严宏昌的倡导下，小岗村"十八户"当家人聚集在村民严立华家，摁下了生死手印，决定秘密分田到户。当年的协议中写道："我们分田到户，每户户主签字盖章，如以后能干，每户保证完成每户全年的工分和公粮，不再向国家伸手要钱、要粮。如不成，我们干部坐牢砍头也甘心，大家社员也保证把我们的小孩养到十八岁。"小岗村 18 位农民以这种"托孤"的方式，冒险在土地承包责任书上按下鲜红的手印，实施了"大包干"。"大包干"第一年，小岗村发生了巨大变化。全队粮食总产量 13.3 万斤，相当于 1955 年到 1970 年粮食产量总和；油料总产量 3.5 万斤，相当于过去 20 年产量的总和；人均收入 400 元，是 1978 年 22 元的 18 倍。小岗村 18 户农民，勇于打破旧的生产关系的束缚，冒着坐牢的危险，率先在全国实行联产承包责任制，拉开了中国农村改革序幕。

针对小岗村当年 18 户农民的这一勇敢举动，有学者提出了"小岗村的悖论"，指出："如果说小岗村的农民那么齐心，愿意承担那么大的政治风险（包括经济风险），为什么他们却不能在公共的土地上共同劳动？承担这样大的风险无疑是需要做出牺牲的，愿意做出如此大牺牲的人可以被假设为具有很强的集体主义精神，用集体主义精神去促成集体的瓦解，在逻辑上很难解释得通。"[①] 其实我们可以从生存理性的角度而不必局限在集体主义的思想里来解释这 18 户的行为，在公社体制下农民没有活路，穷则思变，面临生存困境农民才选择了冒险。至于为什么没有选择在公共的土地上共同劳动，笔者认为主要原因在于当时条件下农民对集体劳动是厌恶的、抵制的，根本没有合作意愿。而农民对集体劳动抵制的原因才是不能让农民产生合作意愿的最终根源：公社化时期国家为了工业化对农民实行的是一种掠夺的政策，公社体制是国家意志而不是农民自身意志的体现。这就进一步说明了共同的目标是农民合作的前提条件，而结果的互惠性则是农民合作得以维持的基本动力，因此小岗村农民集体体制下不合作及突破公社体制时表现出来的团结一致都是农民生存理性的体现。

[①] 王晓毅：《小岗村的悖论》，载华中师范大学中国农村问题研究中心主办《三农中国》2003 年冬季卷，湖北人民出版社。

（二）改革开放后小岗村的农民合作

家庭联产承包责任制的实行打破了平均主义，实现了包产到户，在坚持生产资料集体所有制的前提下，让农民承包耕种土地，使农民真正对土地拥有了相对自主的使用权和支配权。小岗村实行大包干以后，农村生产力得到解放，随后的改革开放更是激活了农村经济。随着市场经济的发展和货币关系的泛化，经济交换成了人们互动的主要内容，经济交换关系也成为人们社会生活中的主导关系，货币在人们的社会生活中发挥着越来越重要的作用，人们之间的一些社会关系逐步被货币关系所取代，农民之间的合作关系越来越薄弱，合作的基础越来越依赖于自身利益的获得。

案例3：

在小岗村有一条由江苏省长江村支持修建的路取名"友谊大道"，在"友谊大道"东边有一条一公里多长的小路却是常年泥泞不堪，给小岗村村民出行带来了很大的不便，村民们早就想修一下，可一直没有修起来，究其原因主要是没有钱，村民们谁也不愿意掏出钱来共同修路。直到省里的下派干部沈浩的到来，这个难题才得以解决，沈浩通过多方努力争取到了省里的财政支持，由于资金有限，沈浩就带领村民自己修起了这条路。

这路我们早就想修了，虽然这路大家都得走，可说起让大家出钱修就谁也不愿意拿钱了。修这路的时候大家都愿意出力，因为是为自己修路所以在材料和质量方面我们都很注意。沈浩带我们修这路的时候，我们是支持他的，因为修路的钱是他从上级争取的，不用我们自己掏钱，我们出力还能拿到工钱，这当然是好事。（HHX）

我们修"友谊大道"，当时只有50万元，然后要招标，来报名的有好多家，少的是60万元，还有80多万元的，后来我就突然想，因为我通过算，按需要多少黄沙，多少人，多少机械要不了那么多钱，我就带头，我就亲自干三天。那是小岗人，2004年我来的时候第一次大家集中在一起干活。一天七十米，一天工人三十块钱就可以了，拿到这个就满意了，在七十米以内，是七块钱一米，七十米以外就九块钱一米。然后我干三天，自由组合三个班组，你觉得和他们合得来就分在一个班组，机械我们租的，技术人员我们聘请的，这个所有的原材料我们统一采购。结果我们干下来以后，老百姓的那个积极态度，那个热情就体现出来了，我后来就不用去了，不用找人在那看着。就我们干下来以后，又修了我们村里的两条小路，只花了23万元。我把账目在工地图上公示，买了多少水泥，用了多少工人，等等，总共就23万元。（SH）

与上面所讲的"友谊大道"右边的这条路顺利完工形成对比的是，在小岗村小严队那里，笔者看到一条由"村村通"工程修的路，在接近连接居住区与区外公路的一段却中断了，问及村民，村民告诉笔者，路中断是因为修路要经过此处的一户人家，所以这户人家就要搬迁，可是这户人家的搬迁条件村里没办法满足。为了赶上修路的进程，村里也经过了多次的劝服和调解，可是（思想）工作都没做通，后来就成了现在看到的样子。由于没有达成共同目标，村民难以形成集体行动的例子在小岗村还有很多。

案例4：

小岗村地处岗地又"十年九旱"，因此灌溉是小岗村民收成的保证，现在小岗主要的灌溉靠的是燃灯寺水库，然而很多地方由于地势高低不平，水渠不是很通畅，农户家里还是需要抽水机来引水灌溉。2004年，上级拨了60万元用于帮助小岗村开挖水渠，修建机站。新的机站修建好以后，村民都不愿意出钱交水费，所以后来就没有钱来维护，也没有钱请专门的人来进行管理，关键是机站灌溉时耗费的电费、油费都没有办法得到补给，很快就废弃了。正如罗兴佐在其博士论文《治水：国家介入与农民合作——荆门五村研究》中所指出的那样："在缺乏国家介入与农民合作的前提下，市场化取向的水利体制改革正日益陷入困境之中。"[①] 小岗村的村民告诉笔者，这个机站建成以后不但没有发挥作用，还因为在建设的过程中破坏了一些地块的地貌使得他们的灌溉更加不便。

案例5：

2006年，3名大学生被优惠政策吸引到小岗村，通过从农民手中租地尝

---

① 罗兴佐：《治水：国家介入与农民合作——荆门五村研究》，华中师范大学博士学位论文，2005，第104页。

试种植大棚双孢菇，当年建35棚，占地28亩，2007年发展到179棚，并成立了小岗利民蘑菇种植专业合作社。在调查过程中笔者发现，这个合作组织未能发挥很好的社会效益，经济效益更是难以保证。利民蘑菇种植专业合作社虽然在提供技术服务、种苗供应等方面为广大种植户提供了很好的帮助，但在开拓市场这一块能力有限，导致合作社本身并不赢利，其经费开支等还要靠财政补贴，广大种植户也要靠每个棚子5000元的补贴才能勉强经营下去。

我种植双孢菇已经有四年了，听说明年国家不给补贴了，我就打算不干了。这菇子种出来了，卖不出去，就是卖出去了价格也不高，根本不够本，要是没了5000块钱的补贴那就得亏，还不如外出打工呢！我们也知道要打市场，可是让谁去打市场呢，要是选一个人去跑市场也不容易，跑市场要花钱吧，那吃住都是要花钱的，这钱没人愿意出啊，大家都怕这钱拿出去会打水漂，本来搞这个棚子就不挣钱，谁还敢从口袋里再拿钱啊，再说了，就算我们愿意拿出这钱来，也不一定有人愿意去，这可是件吃力不讨好的事情，跑到市场了，人家也不感激你，跑不到市场可就要挨人骂了，谁也不敢冒那个险啊。（YXF）

双孢菇的运作我是反对的，不仅反对，而且也向马展万书记都反映过了，因为这个（双孢菇合作社）不是一条龙服务，生产出来的这个东西（双孢菇），你卖不掉，就是亏本生意，这个亏本生意你不能老支持，把我们小岗的资金都搞那去了，我们在小溪河信用社有几百万元贷款，所以这个贷款应该是县里付，这是你（凤阳县）强逼人家贷的，贷过了收不上来，资金这一块就占了很多钱了。去年县里没有给了，叫我们村里补给它，我说沈书记，今年补一年，过完年再用村里钱补，对不起你，就不管了。因为我们这个村没有这么多的钱去补，县里没有钱，是为了迎接这个主席来，中央人民广播电台都已经播过了，实际上他就是在做假东西。今年就不管了，村里旧棚子不补了，地钱呢还要他（蘑菇种植户）自己付，你要干就干，不干就算，反正那一块（地）呢马上甜叶菊厂要给它收回了，它（蘑菇种植）这实在是赔本生意。这不是我们搞的，要是我们搞的早就不干了，这都是，一个是大学生来搞，第二个是外地的来搞，外地来搞就打着小岗的旗号，他有些亲戚朋友啊就叫他过来来搞这个贷款，所以说呢真正小岗人的就那几户。反正补贴都是公家给，共产党钱去了，他个人也不赚钱也不折本，那共产党钱去掉了，去掉了几百万元，像这样搞到哪天才能发展起来呢？干这个蘑菇你不如去搞那个蔬菜大棚，搞蔬菜大棚那个销路还好。（YLX）

案例6：

2004年以来小岗村在凤阳县委、县政府领导的关心和支持下，在有关部门的协助下，大力发展小岗村红色旅游景区建设。小岗村已开发形成的旅游项目有：大包干纪念馆、当年农家、村文化广场、葡萄采摘园、蘑菇大棚和高效生态农业示范园等景点。为了完善旅游设施和配套服务，2008年小岗村又成立了农家乐协会。这本来也是提高村民家庭收入的一件好事，可是随着协会内部成员利益的冲突，也遭到了很多村民的反对。

我们一同调查的同学就住在农家乐协会的会员家里，在那里每人每天付给房主45块钱，房主为我们提供简单的住宿条件和饮食，我们一行有十八个人分别住在两家，这样一家每天就能有四百块钱的进账，除去每天用于买菜的一百块钱，这样就能得到近三百块钱的收入。除此以外，每天中午我们所住的这家都要招待一两桌饭，这样也能取得三四百元的收入，对于农村来说这是一笔不错的收入。然而并不是所有的农家乐协会的会员家庭都能获得这样取得收入的机会。我们住的这一家是村副主任习友江家，他家是农家乐协会会员家庭中收入最好的。

我们家也是农家乐协会的，刚开始的时候我们也有接待的机会，后来来的人少了，我们就没这个机会了，只有来人多了，他（习友江）家安排不下了，才会安排到我们家来，很多家（其他农家乐协会会员家庭）都跟我们家一样，就是挂一张牌子而已，没什么好处的。他（习友江）是主任，来人了都跟他联系，他就往自家领，这样一点也不公平，我们都不愿意干了。（DJD）

以上是小岗村在生产领域和生活领域以及经营领域中合作与不合作的例子，从上面的描述可以看出，由于货币关系的泛化，农民与农民之间更加原子化，阻碍了农民达成一致的集体行动，农民更加注重自身的利益。合作与不合作的行动逻辑在于农民对风险最小化追求而不是追求利益的最大化。即使农民有着合作意愿也会因为相互的不信任而放弃合作带来的可能利益。合作起来的农民也非出于共同目标的形成而结合，很多只是形式上的一种合作，为的是应付上面的检查，也有的是为了获得财政补贴才勉强结合在一起的，在实际生产和经营过程中并未形成完全意义上的农民合作。

四　结语

曹锦清通过对黄河边的中国农村的考察得出中国农民"善分不善合"的结论，指出："中国农民的天然弱点在于不善合，只知道自己的眼前利益，看不到长远利益。更看不到在长远利益基础上形成的各农户间的共同利益。因为看不到共同利益，所以不能在平等协商基础上建立超家庭的各种形式的经济联合体。或说，村民间的共同利益在客观上是存在的，但在主观上并不存在。因而，他们需要有一个'别人'来替他们识别共同利益并代表他们的共同利益。"[①] 然而笔者通过分别对传统农村社会及农民合作、人民公社化时期农村社会及农民合作和转型时期农村社会及农民合作状况的考察，认为中国农民之所以"善分不善和"的根本原因并非在于农民自身，而是农民自身所处的社会环境的结构性因素，即与中国社会的经济基础、社会结构及与此相适应的社会关系有着密切的关系。农民合作作为嵌入一定的社会结构与社会关系之中的一种社会行动，是由农民所处的更为广阔的社会关系及社会结构决定的。农民合作能力取决于农民个体在一定的社会结构条件下调动社会关系来共同行动的程度，取决于农民对合作利益的预期，同时也取决于合作过程中的相互信任和协调行动的程度。

首先，共同目标是合作的前提条件。所谓合作"是指这样一种互动形式，即由于有些共同体的利益或目标对于单独的个人或群体来说很难或不可能达到，于是人们或群体就联合起来一致行动"[②]。因此可以说，合作就是为了达成某一共同目标的社会行动，因此在采取这一社会行动之前，共同目标的达成是前提。传统农村社会人们生活在同一个村落之中相互熟知，每个人都生活在一定的宗族之中，受"家本位"思想的影响因而形成了以"自我"为中心的差序格局，此时的共同目标是建立在一定差序格局之中

[①]　曹锦清：《黄河边的中国——一个学者对乡村社会的观察与思考》，上海文艺出版社，2000，第 167 页。

[②]　〔美〕戴维·波普诺：《社会学》（第十版），李强等译，中国人民大学出版社，2002。

的，因此传统时期的农民合作只是局限在一个家族和一个村落之中，农民合作能力也被限定在了这一层面。人民公社化时期，表面上看，大家有着共同的目标，那就是社会主义建设这一伟大目标，但是这一目标与农民的生活是那样的遥远，以至于在农民为此献出他们仅有的一切"生产资料"和热情之后，再也不能为他们的目标奉献什么的时候，他们选择了保存自己，对集体制采取了广泛的"不合作"。转型时期，货币关系的泛化，经济关系的主导地位使得农村社会的农民更加原子化，利益的多元化及利益实现方式的多样化都使得农民在共同目标的认可上难以达成共识，阻碍了合作的达成。因此要建立平等自愿的现代合作关系，首先是要提高农民自身的素质，使其在最大程度上认识到自己是一个群体，建立群体意识，实现共同目标的认同与达成。

其次，信任是合作的基础。任何合作都是要以信任为基础的，第一，信任关系的建立是合作的前提条件之一；第二，在合作过程中信任关系的维持是合作得以维持和扩大的基础。传统农村社会之所以能形成广泛的合作就在于在传统社会中，一方面人们相互熟悉，另一方面有宗族制度的秩序保证。传统农村社会不仅有人与人之间的信任，更有对传统秩序的信任。人民公社化时期，农民被控制在公社里，所有的一切都被控制在公社组织之中，人们没有信任与不信任的选择，只有服从，从而谈不上什么合作与不合作，更谈不上合作能力的发挥。改革开放时期，市场经济条件下，金钱利益的美酒酿成了信任危机，人与人之间产生了不信任。即使合作组织建立起来也很难消除这种不信任，使得合作组织不能有效运行，影响其经济效益和社会效益的发挥。

再次，结果的互惠性是维持合作的基本动力，也是合作的基本特征。合作是两个或者两个以上的行动者在靠单独行动不能实现其目标时所采取的一致性行动，任何行动者有意识的行动都是指向他人或自己的，只有行动的结果实现超越了行动前的预期才能鼓励行动者进一步的行动。因此，任何合作关系的维持都是以结果的互惠性来维系的，作为理性行动者的农民也只有在合作中看到效益才会继续合作，而未参与合作的农民对合作组织采取观望态度也是一种理性选择。

最后，有效的动员是合作的催化剂。事物总是处在不断的变化和发展之中，合作作为一种行动过程其效益的发挥也是需要过程的，如何让农民在合作效益发挥之前迅速地组织起来就要靠有效的动员。对合作的宗旨和合作的意义进行有效的宣传，消除农民合作前的顾虑是达成合作和扩大合作规模的有效途径。合作按其生成机制来看可以分成自发性合作和自觉性合作，自发性合作多发生在个体之间，表现为互助式的合作；而自觉性合作是指在对合作目的和合作过程有一定认识基础之后采取的一致性的集体行动。现代合作组织就是一种自觉性的合作组织，但要强调的是自觉性合作也是一种自愿的合作，带有任何强迫性的合作都不能称为合作，合作一定是在自愿的基础上形成的，因此，当前建立现代性合作只能动员，绝不能强制。

综上所述，在市场经济条件下，提升农民合作能力，建立自愿、平等、互惠的现代契约性合作组织是应对市场风险，维护农民利益的必然选择。农民合作作为嵌入一定的社会结构与社会关系之中的一种社会行动，是由农民所处的更为广阔的社会关系及社会结构决定的。而合作是以信任为基础、共同目标为前提、结果的互惠性为动力、有效动员为催化剂的，因此，当前既定社会结构之下提升农民合作能力就必须首先要确立农民的主体地位，农民作为市场经济的主体，要逐步提高对自身主体地位的认识，在市场竞争中形成团体意识，形成自己的利益诉求，即达成自身团体的共同目标。其次，针对在农民合作过程中缺乏对权威的信任和利益的代言人的问题，因此，提升农民合作的第二点就是要培育新的乡村精英，使其切实为农民谋利益，为农民、为乡村公共事业服务，完成乡村重建的任务。最后，国家作为农民最强有力的后盾要有效介入发展农民合作组织工作中去，一方面，要发挥国家的资源优势，为农民合作提供智力支持和经济援助，帮助农民实现合作组织的效益，为农民合作组织提供生存动力。另一方面，要发挥国家的组织优势，做好合作组织的宣传教育工作，帮助农民建立自愿、平等、互惠的现代契约性合作组织。

第五章 农民合作成效分析

——以 Y 市 Z 湾为例

一 问题的提出与研究意义

（一）研究意义

1978 年改革开放以来，中华大地上的市场经济已经发展三十余年，中国的工业化取得实质性成果，城市在多年的政策倾斜扶持下得到很大程度的发展，同时多年的"城乡二元"发展战略也日渐显现出对全社会发展的阻碍作用。为此，中央出台一个又一个一号文件以实施农村改革，积极促进农村发展，并且向农村投入大量资源。力度之大，足见中央决心之坚，这也将农村建设推上一个新的高度。但是一面是国家"一厢情愿式"的促发展，一面却是农村发展的缓慢，甚至停滞、凋敝，真有点"皇帝不急，太监急"的味道。

在市场经济条件下，市场信息的瞬息万变以及农民自身教育水平、资金不足等局限因素，以单门独户为生产经营方式的农民根本无法抵御市场的风险，这样就要求农户必须联合起来，实行资源共享，共同抵御市场风险，以获得生存和发展。特别在一些中小城市的城郊村，城市因为工业发展的需要而无限制地征收其土地，城市的生活方式影响着村落，使得农民的生产与生活已不完全是传统的小农式的，但是又由于城市发展程度低，除对失地农民进行一次性的货币补助外，现实无能力着手失地农民的养老、就业等问题，因此对于虽土地不足而仍然生活在农村中的农民来说，其生存与发展更迫切需要相互合作。但是在学者们高呼合作的必要性、益处时，国家也积极促成农民合作，农民自身也在努力进行合作，但效果不尽如人意。此时包括笔者在内的农民生活之外的研究者们，应当反思自身是否真正了解农民和农民的生活状态，尤其是土地辽阔、生活差异大的中国农民及其生活状态。

本书的假设在于：农民选择是否合作有其内在的行动逻辑，而此行动逻辑是在一定的社会结构中，国家、市场以及村庄一系列互动的结果。农民根据现实情况考虑行动的成本与收益，依据成本与收益的对比结果采取行动，所采取的行动影响社会结构，并影响农民与国家、市场和村庄的关系。

本章选取位于江汉平原、距离武汉约 90 公里的 Z 湾为个案，分析 Z 湾分别在 20 世纪 80 年代和 21 世纪初的两次较典型的合作行为——修家谱和征地分款，着重比较两次合作成效差异，探究其中存在的结构性、制度性原因，其中包括如下几点。

（1）从宏观的历史背景入手，回顾 Z 湾在新中国成立前夕、新中国成立后至人民公社时期、改革开放以来的合作内容，以表明存在于 Z 湾的合作传统，运用实地研究的社会研究方式，通过参与观察、结构式访谈和非结构式访谈，详细、完整地展现 Z 湾两次典型合作行为，分析两次合作行为发生的条件、运作机制、合作效果及影响，以说明在受国家、市场影响下的乡村，其进行的自主合作在何种条件下成为可能。在研究过程中，乡村中如村民选举之类的政治事件只是作为分析背景，而不成为分析的主体。

（2）基于上述研究，在国家与社会关系框架中，从国家与农民、市场与农民、村落与农民三对关系出发，产生指导农民行动的逻辑，比较、分析修家谱时合作成功而在征地分款时合作难的原因，探讨其中的结构性因素，通过表现结构性因素的变化来展示乡村的变迁。

（3）本章在反思地借鉴国家与社会关系理论以及关于农民性判断的基础上，指出弗里德曼的宗族、施坚雅的市场共同体对乡村结构有一定的解释力，但是任何单独结构都不能完全解释中国的乡村结构，现实中的乡村几乎同时存在宗族力量、市场的影响，个中差异在于力量的分配；在对农民性的认识上，指出不论是"理性"的小农还是"道义"的小农都只是对于小农的理想型解释，现实中的小农通常是几个方面的结合，倾向于某一方面的结论都有失偏颇。社会变迁中的农民在"差序格局"中既考虑宗亲、地缘等传统因素，也追求经济利益，只是在行动中根据实际情形并结合自身所拥有的社会资本以决定自己的行动，以完善对农民行动逻辑的认识。

本章之所以从国家与农民、市场与农民、村庄与农民的关系出发，既考虑传统乡村中的"差序格局"存在的影响又结合乡村中的社会资本来探讨农民合作成效，主要是基于以下几个方面的考虑。

首先，在学术研究层面上，单独对农民合作、国家与社会的关系进行的研究较多，近几年也有学者讨论过农民行动逻辑，但是鲜有将三者结合起来的研究。本章试图做这方面的探讨，用国家与社会关系和"差序格局"共同导致农民的行动逻辑以解释农民合作成效问题。

其次，在理论上，费孝通认为中国农民最大的缺陷是私，而这是关于群己界线的问题。他把中国传统社会结构比作一块石子丢在水面上所发生的一圈圈推出去的波纹，而每个人都是圈子的中心。被圈子的波纹所推及的就发生联系，每个个体在某一时间某一地点所动用的圈子不一定相同，他称这种结构为"差序格局"。其中，以血缘、地缘关系为纽带，每一个圈子都是生活上的互助机构，具有伸缩性。① 贺雪峰认为农民的行动逻辑是在其所处的社会约束条件下产生的。正是这"差序格局"造就了农民特殊的公正观和行动逻辑。带着理性选择理论指导的倾向，贺雪峰认为农民不是在意自己得到多少及失去多少，而是在意其他人不能白白从自己这里额外得到好处，正是这样的观念指导着农民的理性计算，从而出现众多农民的理性行为而造成了集体的不理性行为。② 舒尔茨认为传统的小农与资本家一样，同样注重效率，传统农业（没受到外界干扰的农业）效率低下的情况很少发生，传统的小农也追求利润的最大化。③ 斯科特认为农民是"道义的小农"，他通过对东南亚农民的研究提出"生存伦理"。④ 本章中，笔者通过对 Z 湾的实地调查指出，在新时期的市场化过程中，正经历现代变迁的乡村仍保留着一定的传统乡土社会的特征，农民的行为中既有经济理性的考虑，同时还在传统因素的作用下顾及伦理的要求，突破了农民是"经济的小农"还是"道义的小农"的"二元"选择，而且从社会资本的角度看，

---

① 费孝通：《乡土中国》，北京大学出版社，1998，第 29 ~ 40 页。
② 贺雪峰：《熟人社会的行动逻辑》，《华中师范大学学报》（人文社会科学版）2004 年第 1 期，第 5 ~ 7 页。
③ 〔美〕西奥多·W. 舒尔茨：《改造传统农业》，梁小民译，商务印书馆，1987。
④ 〔美〕詹姆斯·C. 斯科特：《农民的道义经济学：东南亚的反叛与生存》，程立显、刘建等译，译林出版社，2001。

由于社会关系赋予处在某一结点上的个体一定的活动空间，他便具有了相对于别人来说的某种权力，这种权力也在一定程度上影响着农民的行动逻辑，从而完善农民行动逻辑的推断。

最后，在实践中，"社会主义新农村建设"在新中国成立之初就提出来了，但是由于当时国家经济实力、政治环境的限制，新农村建设并没有实质性的进展。待到国家经济条件有所好转时也提出过要进行农村建设，即20世纪80年代，在学界也有"宗族重建"的提法，但是并没有引起国家的足够重视，效果不明显。到21世纪初，我国市场经济已实行三十余年，经济建设上取得了巨大进步。在长期实行城乡二元结构，城市优先发展的战略中，农业、农村、农民问题日渐显现，并成为制约我国经济发展的瓶颈，为此中央决心实施农村改革，要大力发展农村，2006年公布的《中共中央国务院关于推进社会主义新农村建设的若干意见》将新农村建设推进实质性阶段，中央也为此投入很多资源。但是经过几年的实践，大部分农村仍然发展缓慢，而且国家资源的大量注入，在有些地方，甚至造成村庄的分化、掠夺，以致造成村庄的内耗。由此，学者们从不同角度提出建议、对策，一方面呼吁国家给予扶持，另一方面要求村庄自己行动起来。中国有句老话，"一根筷子易折断，十根筷子抱成团"，这样，农民合作就成为农村、农民出路的选择之一。所以探究农民合作成效具有学理和现实的双重价值。

（二）相关概念界定

1. 合作

对于合作的定义，邱梦华认为，合作是指在一定的社会结构中两个或两个以上的个体为了共同目标，相互配合、协调行动以实现自己与他人利益的互动过程。[①] 合作的前提是合作中的任意一方凭一己之力、单独无法完成，需要他们相互依赖，共同完成。这其中的关键是合作中的双方要协调一致，对实现的手段要认可。借鉴邱梦华的定义，在本书中涉及的典型农民合作行为有修家谱和分配征地款。修家谱涉及整个宗族，宗族内人口众多，由一个或两个人是无法完成续修家谱任务的，必须要族内人分工、相

---

① 邱梦华：《社会变迁中的农民合作与村庄秩序——以浙东南两个村为例》，上海大学博士学位论文，2008。

互配合才能达成。而在征地分款中，由于被征土地的农户不是一户或两户，被牵入其中的是湾子里的所有农户，因此也需要全体农户协作才能达成分款方案。

2. 合作成效

在这里主要是指农民为达到某种目标而进行合作的效果。

3. 国家

根据汉典解释，国家是指长期占有一块固定领土，政治上结合在一个主权政府之下的人民的实体，也可以是一种特定形式的政府、政体或政治上组织起来的社会。[①] 在本章中国家指特定形式的政府，并在不同层次上分为中央政府和地方政府，具体来说地方政府包括 Y 市政府和四里棚街道。

4. 行动逻辑

逻辑是指一门研究思维和论证有效性的规范和准则的科学，传统上包括定义、分类和正确使用词项的原则，也指思维的规律和客观的规律性。[②] 本章中农民的行动逻辑是指导农民行事中做出决定的思维推理规律、原则。

5. 家谱

家谱是家族里记载本族世系和重要人物事迹的书。本章张氏宗谱是关于张氏家族中男丁及独生子女系统的记录，并无重要人物事迹的介绍。各宗族家谱每隔一段时间需要续修，记录本族人口以确保血脉完整。

二　村庄的合作历史

（一）背景介绍

在中国，自然村庄的称呼因各地习惯而异，如北方的自然村可被称为"屯""庄"，在南方则称为"村""湾"，如果湾里人都是同一姓氏或者某一姓氏人数众多，则会在"湾"的前面加上姓，以示区别，在本章中，因

---

① 引用汉典上的解释，详见 http：//www.zdic.net/cd/ci/8/ZdicE5Zdic9BZdicBD346323.htm，2010/1/23。

② 引用汉典上的解释，详见 http：//www.zdic.net/cd/ci/11/ZdicE9Zdic80ZdicBB336379.htm，2010/1/23。

为 Z 湾的本地村民全部姓"张"，又因为人数不是很多，所以习惯上在 Z 湾前加上一个"小"字，遂得名"小 Z 湾"。Z 湾是一个自然村，也是 Y 市刘杨村的一个村民小组。

1. 地理环境

刘杨村位于东经 113°、北纬 30°～31°，地处江汉平原中部、Y 市东郊，距离 Y 市中心 4 里、武汉市 90 公里，行政上由 Y 市四里棚街道办事处管辖，下辖 Z 湾、刘榜湾、小周湾、虾耙湾、五杨湾、新王湾、黄另湾、田上湾和田下湾 9 个村民小组，总面积 3.52 平方公里，现拥有耕地 312.5 亩。江汉平原位于长江中游，地势平坦，河道众多，新中国成立前水道狭窄、弯曲，易发水灾，新中国成立后，政府重视修建水利、疏通沟渠，水灾因此减少。综合来看，江汉平原的自然条件比较优越。其主要农作物为水稻、小麦、油菜和棉花，早稻于每年四月上旬播种，四月下旬插秧，在七月中旬时收获，之后再种植晚稻，十一月上中旬收割，因此有个老说法，"早稻不插五一秧，晚稻不插八一秧"，意思是要在五一之前将早稻插好，在八一前将晚稻插好，否则收成不好。晚稻收完，九月底十月初就开始种植冬油菜，油菜的生长周期稍长，要于次年五月中旬或下旬收获，因此在四五月份时，成片的金黄色的油菜花，像是盖在大地上的金被，景象很壮观，也非常好看。在此期间，五月下旬到六月上旬时可以种植棉花，八月下旬到十月上旬就可以收获，就是所谓的"摘棉花"。摘棉花是一项体力活，因在三伏天里进行，还要在雨天来临之前尽可能完成，否则将影响棉花质量，所以经常在棉花收获的季节，种植棉花的农家会请人来帮忙。20 世纪 70 年代以前，刘杨村的主要水稻品种为中谷，即一年只种一季稻，收获之后种小麦和油菜，到 70 年代，就开始种早稻、中稻、晚稻、油菜和麦子，笔者猜测这可能是由于水利有些改善，也可能是出于粮食量的要求，所以种三季稻。因为种三季稻时间较紧，所以现在一般选择种两季水稻。在正常年份，每季水稻每亩产量可达八百到一千斤。现在种油菜的农户多是因为自家吃油需要，否则就不种，棉花也只是选择性地种植。

2. 经济

据村会计口述，刘杨村住户约 700 户，其中常住户约 500 户，总人口 2700 多人，劳动力 1600 多人，从事农业的劳动力为 468 人，务工地在 Y 市以外的有 200 多人，其中男劳动力 140 多人。2008 年全村总收入 1600 多万元,但农业收入很少,每亩仅 1000 元左右。据介绍,黄另小组有五户养鸡,约四到五千只,五杨小组有三户养鱼,鱼塘面积共约 100 亩,虽然五个养鸡户是合起来养,但是并没有形成专业合作社,三户养鱼的农户更是各自为政,这些养殖户都采取单门独户的养殖及销售方式。Y 市有"三宝",即岩盐、石膏和温泉,而位于"三宝"之首的岩盐地质带就从四里棚开始往东延伸,因此 Y 市工业区的第一家国企化工厂就建在刘杨村的土地上,所以离现的刘杨村很近。村里有村民在工厂当工人,但更多人是以工厂为依托,从事第二、三产业,如开车给工厂送货,在工厂当临时工,等等,这样村里第二、三产业的收入较多,据村会计介绍第二、三产业年收入可达 1000 多万元,2008 年全村人均纯收入 5800 元。据 2008 年出版的湖北统计年鉴[①]记载,2007 年,湖北省农民家庭年人均总收入为 5359.22 元,年纯收入是 3997.41 元,其中工资性收入是 1451.90 元,经营纯收入为 2395.35 元。先将村会计介绍中的夸大部分放在一边,从农民家庭年人均总收入、纯收入来看,刘杨村的经济情况要高于全省平均水平,实际上村里的生活水平较高,从每家每户的住房都是二层小楼就可以看出。

人民公社时期,刘杨村是刘杨大队,最初刘杨大队只有小 Z 湾、王管湾、新湾、塔湾、刘榜湾、五杨湾等,1976 年田黄大队合并进刘杨大队,新湾与王管湾合成新王湾,中间虾爬湾与小 Z 湾合并过,几个月后又分开。现在提起湾里的事,小 Z 湾的人会说"我家湾怎样",而对其他湾的事,则会说"他们湾怎样",这体现着村民对本湾的认同。

3. 政治

刘杨村跟全国其他村庄一样实行村民自治,也进行村民选举,村干部由村民选举产生,但据村里人介绍,村长是由四里棚街道办事处指定的,估计在村民看来,民主集中制的选举就是上级指派。村里选举时,一些村民带着抱怨去投票,因为在他们看来,选票写不写都无所谓,村民选张三,而最终还是李四,所以都认为选举没多大用处。

4. 社会生活

2000 年村里统一安装自来水,一改吃井水的历史。1998 年,刘杨村附

---

① 叶福生、夏泽宽主编《湖北统计年鉴》2008 年卷,中国统计出版社,2008,第 142 页。因没找到 2009 年出版的统计年鉴,则无法与 2008 年全国经济情况进行比较。

近的原国企——市化肥厂家属院的住户统一登记安装有线电视，当时市广播电视台特意牵一条线路到化肥厂，因此刘杨村村民也可以顺便安装上有线电视，但当时费用较高，仅有几户安装。现在采取市场化的方式，只要自己有意愿安装有线电视线路，村民仅需与负责有线电视收费的人员联系就可以安装，非常方便，村里多数居民可以收看有线电视节目。村里已实行农村合作医疗，每人每年需交二十元，绝大多数村民都已参加。村委会办公楼里设置了一间图书室，因村民们只在有事情找村干部时才会去村委会办公楼，再加上图书室的钥匙由村委会的一名干事掌管，而此干事又不常去，所以此图书室形同虚设，只是作为村委会办公楼的一个部分而存在。村民们若患小病了，就医比较方便，因为村里有私人开办的诊所和药店，而且在村的西头有一家康复医院，以前为 Y 市的精神病医院，后因效益不好而改革，并建立新的门诊，因此村民们也前往就医。全村"五保户"有11 户，贫困户 14 户。全村已全部实行火葬，主要花费集中在火化及购买骨灰盒上，平均约 400 多元。

刘杨村的交通比较便利，在市区到工业区之间且就在市内主干道旁边，所以 Y 市的六条公交线中有一条经过刘杨村，还专门在刘杨村的北边设了一个公交站，再加上村民的经济条件较好，很多村民有摩托车或电动车，如果乘公交去市中心，大概要二十分钟，若是骑摩托车，仅需十分钟。省道 107 线，即汉宜大道，从刘杨村中间穿过，在汉宜大道上有专门为去武汉而设的乘车站台，而站台就在刘杨村村委会向南五十米的地方。可能在外人看来，刘杨村的生活条件跟其他乡村比要好很多，但是村民们并不认为自己的村子非常好，因为靠近工业区，特别是重污染的工厂，所以煤灰很多，如果是起东风，那么村民晾到外面不到半小时的衣服上就会有许多黑色的点点，那是没燃烧完全并存在烟雾中的煤灰粒落在了衣服上，所以村里的房屋、街道多是灰色，就连仅有的一点作物也是墨绿色的。

由于刘杨村正好在 Y 市的"东大门"，因此 2008 年 Y 市出于旅游业的考虑，特拨专款用于在汉宜大道两旁的刘杨村的房屋装修，按统一规格、色调将房屋门脸贴瓷砖，每间两层楼补助 5000 元。刘杨村村委会为了让刘杨村更好看些，也着手新农村建设，对刘杨街两旁的房屋门脸进行了统一装修，一间两层楼补助 3000 元。刘杨街正在进行街道拓宽工程，在原有的道路的两边各加宽一米，2009 年按规划铺设刘杨街下水道，并整治刘杨街、丁字街、市场一路、市场二路及 Z 湾的环境卫生。据村会计介绍，2007 年、2008 年 Y 市共投入 100 万元用于村庄建设。

5. 社会空间

刘杨村最热闹的地方要数其中心位置的菜市场，人称刘杨菜市场，1988 年因市场放开和满足工厂家属生活需要，在刘杨村中心街位置、Z 湾边上，兴起了露天菜市场，一开始每天早上一集，后来早晚两集。在没有集市的时候，为工厂运货的大卡车会穿行其间，因而发生过多起重大交通事故。20 世纪 90 年代，因为菜市场规模扩大，刘杨村在原有基础上修建了正式菜市场，并进行管理，菜市场因此有了坐贾。随着几个工厂规模的扩大，在四里棚生活的人越来越多，菜市场由原来卖菜发展到日用小商品均有出售。市场功能的增多提供了更多的商机，但是 Z 湾里的人并没有在菜市场上做生意，而是将沿街的房子都卖给了从外地来的商人开店，自己或进城打工、在工厂打零工，或靠种地、污染补偿过日子。

现在，每天清晨菜贩子前往位于 Y 市市区南边的光明大市场批发蔬菜，再到此贩卖。菜市场上有固定摊位，卖主们不仅要向市工商管理局交纳工商管理税，还要向刘杨村交纳卫生税。菜市场终日都有日常蔬菜出售，但是肉、蛋、豆制品、鱼、禽等只有在早上的时候可以才买到，菜市场上坐贾与行商比例为 6∶4。菜市场两边有超市、粮油店、小饭店、散酒作坊、熟食店、便宜服装摊、低档鞋摊、日用小商品店、理发店、电器维修店、五金店、花圈店等。四里棚街道初级中学就在街面上，在刘杨街的中部有一条东西走向的街道，称为丁字街，刘杨菜市场在固定下来之前曾在这里开过市。四里棚中心小学在主要街面以东五十米，同时在街面上的还有一家私人开办的幼儿园。刘杨村内的住户及周边的居民可以从菜市场上获得日常所需。

（二）村庄合作传统

Z 湾由于其全湾人都是一个宗族，所以如果在做需要较多人共同参与才能完成的事情时，一个湾里的人相对于其他湾里的人来说，要更容易些。实际上，在很多情况下，Z 湾的许多合作都是被纳入刘杨村这个较大的体系之中的，因此对 Z 湾的合作传统叙述会有很多涉及刘杨村这个较大的环境，在详述合作传统时，我们尽量不涉及村委会及党支部这样的准政府部门。

1. 水系建设

在前面介绍江汉平原的自然地理条件时，笔者提到政府积极修建水利以改善此地的水利条件。在当时的情况下，政府通过国家动员的方式，让每个村子出人力进行水利建设，因此 Z 湾也要出劳力进行水利建设，这些劳力主要是在大堤上挖土、挑土，将河床上的泥挖起来，堆到河堤上，加固大堤以免河里涨水时大堤因水压大而垮塌，这即所谓的"上水利"。虽然现在 Z 湾及附近地区在 20 世纪 60 年代所建的水系已经被破坏，但是湾中曾经参加过水利建设的 ZLB[①] 仍对当时的情形记忆犹新。

20 世纪 60 年代，鉴于河道狭窄，淤塞严重，每年有许多劳动力都被抽调去修挖河堤。在九十月份的时候，家里的主要劳动力要进行"双抢"，即抢收、抢种，割完稻谷，正值为下轮耕作进行田地平整，许多生产小队无法抽调多余的主要劳动力去完成水利任务，则由那些十几岁的还未成年的孩子顶替。在集体修水利的时候，无法统一规定每个水利劳力每天应该做多少，即使规定了，又因为核算起来比较困难，再加上当时缺劳动力的实际情况大家都了解，所以也没有人会说让孩子来顶是不行的。因为如果大队的"水利"出得不够，即水利做得不够好，将会在公社的总结大会、县里的总结大会上受到点名批评。[②] 孩子出水利还可以给家里挣些工分，这样农村家庭在年终分粮时，可以多分些粮食，但孩子的工分不能按照全劳动力来算，要少些。于是在九月中旬，十几岁的孩子们就与那些水利工一起开始上水利，吃住都在大堤上，直到过春节时才能回家。在人民公社时期，国家有一段时间实行平均主义和无偿调拨物资，即"一平二调"，若兴修水利，木材等物资可自由调拨，后来逐渐禁止"一平二

---

① ZLB 现年六十多岁，当年修水利时他还是十几岁的孩子。当年的 Y 市水利建设，ZLB 几乎都参加过，他曾经还到其他县市修建过水利，在访谈过程中，他还对笔者谈起当年修马堰坂桥时的趣事。

② 笔者的外公曾经是 Y 市黄滩镇的党委书记，现已退休多年并且常年住在 Y 市，但他在黄滩镇的威信犹存，主要是当年他当书记时，镇里的水利工作做得好，老县河改造等工程是当年的得意之作，这些使得黄滩镇往南院镇方向靠近汉北河一带水患减少，从而造福了百姓。当地老人说，外公之所以能把水利做好，主要是他敢骂人，谁不上水利或者是上水利时偷懒，谁就会被他在大喇叭里或大堤上臭骂一通，脸面很难看。以至于后来，县里点名让外公来主管镇里的水利，因为其他人管不好。

调",但公社、队里的干部在工作中还是会将全部收获物进行统一安排。上水利开始时,通常是由公社分配每个大队应出的水利劳动力数量,比如刘杨大队接红旗公社通知要出一百五十个水利劳力,大队就按照水利小组数,如五十个,来分配每个小组的人数,这样每组三人,而这三人的伙食费用、在大堤上住宿用的材料均由所在的生产小队负担。因此,在九月份收完稻谷后,生产小队就对物资进行总分配,先把收获的稻谷按照口粮、统购粮、税务、牲畜、水利以及五保户分成几堆,上水利时,上水利的劳力将分配的米、柴、油带到大堤上,交给大堤上的负责人,这个负责人由大队指派。上水利期间,粮、柴则按日定量供应。后来,上水利的劳力费用按照每月四元计算,小队则将每月费用交给大队指派的负责人,上水利的人员则吃住在大堤上。1964 年之前,为解决灌溉问题,县里主持修建短港水库、省里的郑家河;为满足 Z 湾及附近地区的灌溉需求,从郑家湖、短港水库修一条涵管到 Z 湾东面、现在磷肥厂附近的跑马岗,再从跑马岗修建一个渠道到 Z 湾所在地域,这样,如果 Z 湾及附近地区需要农业灌溉水源,则只需要将短港水库的闸门打开,河水就可以通过涵管、渠道到达 Z 湾。如果 Z 湾需要用水,由大队报告公社,由公社报告区,再由区报告县里,不需花钱。只是在放水的过程中,在涵管、渠道沿线,隔一段距离要由一个人看守,以防有人拉娄偷水或者因涵管、渠道损坏而造成损失。在这中间,只有渠道的看守人员是由大队负责委派。通过以这样大规模工程进行水利建设,Z 湾的主要水系得以建立起来。

2. 打塘泥

1980 年前,打塘泥是 Z 湾不可不做的事。在 Z 湾天然形成的堰塘比较多。2007 年以前,Z 湾在化肥厂澡堂南边一点就有两个大堰塘,从化肥厂往东去不到一百米处有一个堰塘,再往东去,离小周湾不远处也有一个较大的堰塘。四里棚初中建起来之前,在初中这边的田地是榜田,往东是冲田,在初中这边的田地因为离堰塘比较远,所以灌溉就靠修建的水渠中的高低位娄子来拉娄放水。在化肥厂澡堂附近的田地则靠几个大堰塘雨天蓄水来灌溉。这些堰塘里的水是集体公用,就在分田到户以后也是如此。在雨天,猪、牛等牲畜的粪便被冲到塘里,久而久之,堰塘淤塞、面积变小,储水能力减弱,湾里则需要组织人手来挖塘,将堰塘底部的淤泥挖起来以多蓄水,并对已形成的缺口或坍塌的地方进行修缮,防止漏水,以此提高其蓄水能力，这个过程就称为"打塘泥"。打塘泥不仅是为了增强堰塘蓄水能力，还是出于蓄肥的目的。因为当时农业生产用的肥料很难买到甚至买不到，并且生产小队也无钱购买，除积累的人、畜粪便外，还需要塘泥来肥田，塘泥打起来后，堆在田地里，作为人畜粪便的辅助。打塘泥一般在冬季进行，由湾里（当时是 Z 生产小队）负责安排人手，在大集体时期，参加打塘泥的人员可以挣工分，男劳力干一天算十个工分，女劳力干一天算八个工分。为避免因生产队中各种劳动之间劳累程度、堰泥的分配等问题，而造成劳力之间竞争打塘泥，小队干部将生产队的生产任务进行统一安排，每次打塘泥的人员并不固定，这样就避免了队员们觉得自己做得多而得到的少、每次吃亏，形成"好处大家得，便宜共占"。

1980 年 Z 湾分田到户，除堰塘外，湾里的土地全部分给各农户，本地自然条件比较好，遇到雨水足的年份，农户基本不需专门抽水灌溉，再加之人民公社时期建成了水系，因此对堰塘蓄水的需求降低，又由于市场放开，市场上的肥料、农药较多，购买比较方便，则不需要靠打塘泥以获得农业生产用肥。土地在堰塘边上的人家可以在堰塘里养鱼和种藕，因为不是为了卖钱，所以如有谁家的田地需要抽水灌溉，也可以直接抽，没有发生过因抽水导致鱼、藕损失而引发争执的。工业区扩建，磷肥厂、新盐厂、碱厂相继建成，每次建厂都会占用 Z 湾的土地，土地量减少，耕作时所需的肥料、灌溉用水量都在减少，直到现在 Z 湾土地都被化工厂征用，再也无需打塘泥了。

3. 碾谷与红白事

在人民公社时期，Z 湾种稻谷中的播种、插秧、收割由生产小队干部统一分配任务，小队队员一起完成。在当时，Z 湾有十几头牛，水牛八九头、黄牛五六头，劳动力一百多人，所以人手和牛都是够用的。1980 年分田到户时，湾里人口增多，按照每人一亩分田，因此分田之后，每家每户的田地相对于人口来说很少有人手不够用的情况，再后来分田时的小孩长大，劳动力显得有些多了。分田到户后，牛和生产工具都分到每户，每家的基本工具在生产时够用，而牛一般是二到三户共分一头牛。牛是轮流使用，在牛的喂养上，由用户轮流直接将牛牵到有草的地方放养，只是注意不要让它毁坏庄稼，晚上牛在谁家只要保证牛不被偷走即可，一般不需要特别照顾。对于碾谷用的大石碾，各家也是要合用，一般也是两到三家合用一个石碾，轮流用，一家碾完另一家再碾。

20 世纪 90 年代前，湾里有土厨，他一般是在农闲时给那些家里有红白事的农户烧酒席。他有大甑、蒸笼、大案板等，这些工具最初是因为他家里人多需要用就自己置办了，后来如果谁家里有红白事，则请他到家里来烧酒席，酬劳也就是数量很少的鱼或肉，或者其他的一点礼品，或者很少的钱。再后来，土厨自己买些碗筷、桌椅等，甚至还可以带几个帮手来给别人做活，发展到现在，就成了家政服务，即只需给家政工钱，主人提供酒席要用的原材料，其他诸如洗菜、洗碗、做便饭、烧酒席等活计都由家政一条龙服务，家政也提供招待客人的麻将、桌椅。除了厨子外，洗碗、择菜、挑水、淘米、蒸饭、切菜之类的事①则至少要请四个人帮忙，但是不用给钱，只是在做酒席的期间，供这些人手吃饭，之后在口头上表示感谢，这些人有的是邻居，有的则是亲戚。等到家政自己带帮手来的时候，这样的人手也不请了，现在主人自己要做的也就是客人来的时候，发烟、端茶水等小事，很是轻松。

在办红白事的过程中，有一个称为"礼本先生"的职位，一个家族甚至一个门头里，谁要是家里办事，来客的姓名及客人们送的礼金数量都要记在礼本上，以便日后归还。办红白事时送礼金，实质上是对同族人的一种帮助。一方面，主人借办红白事向族里的人正式宣布这件事；另一方面，也在用一种体面的方式聚集资金，以便渡过家庭在这段时期的困难。同时，某家办红白事都去的族人可以加强同族的认同感。Z 湾本来有四个门头，后来人口增多、经济水平分化，有两个门头已经迁出，于是现在 Z 湾的礼本上只有两个门头的族人。礼本先生一般由族里辈分较高、年龄较长、有信誉、会写字的人来担任，现在外出务工的人比较多，所以一般是有信誉、有时间的人来担任。礼本先生不仅记录礼金情况，还要安排整个办事过程，如接待者、倒茶者、买菜者、洗碗者的安排等。

---

① 关于办红白事中的人手安排，这涉及江汉平原农村的一些风俗习惯，如吃酒席叫"开桌席"，在农村开桌席是流水的，一拨人吃完，下一拨人再来吃，有时候同一个人可能会吃很多次，所以洗碗、择菜、烧饭等不能停顿，不过现在许多人都到饭店招待客人，客人就中午在主人家里吃便饭，晚上再到饭店吃正席。将家政请到家里来做酒席的人家也是按照在饭店的程序进行。

4. 装卸队与物流公司

1970 年，Y 市工业区在刘杨村的东边一百米处开始建设，化工厂的生产需输入盐、煤，每天几乎都有拉盐、煤的车进出工厂，而工厂几乎不可能给卸煤的人安排一个正式职位，于是卸煤、卸盐、装车上包则是小工（临时工）的专利，为此刘杨大队成立装卸队，一直到现在都存在，只是运行方式已不同于当初。当有装卸活计时，装卸队领头人估算所需总人数，再按照每个湾的人数占刘杨村人数比例来分配每个湾的人数。在大集体时期，工厂所付薪酬按照大队、小队与个人分配，如每卸一吨煤一元，刘杨大队从中分六毛钱，小队得两毛多，个人得一毛多，小队另外给装卸的人记工分。分田到户后①，名义上装卸队是刘杨村的，但实际上刘杨村只是从佣工钱数总量中抽取所得，其他事情由各湾里做。装卸队的报酬按集体与个人分成，如卸一吨盐三块，村里得一块二，个人得一块八，村里抽去的部分同样作为公益金，这主要用于修建村内通道、安装自来水等。工厂为村民提供在农闲时节务工的机会，增加他们的收入，Z 湾的经济条件有了明显好转，湾中二层小楼绝大部分建于 20 世纪 80 年代中后期到 90年代初。现在因为化工厂给的价格太低、活计不稳定、男女做活量的差异等，Z 湾已无人做装卸工作。工厂里的活则由街上的几个屠夫在早上卖完肉后去做。

刘杨村有一个物流公司，其前身是四里棚装卸运输公司，体制改革时由 Z 湾当年发起修谱的人的大儿子买下，主营 Z 湾附近几个工厂的货物运输。物流公司按照商业公司模式运作，刘杨村及 Z 湾有许多人在其中跑运输。要进入公司较简单，只需每月交五百元信息费并保证长期在其中跑运输即可，而前提是要有自己的车子。物流公司将附近几个厂的运输任务包下来，根据车辆的型号将车辆分成专门跑长途或短途。每一笔运输生意，公司安排线路、运输内容、价格及日期，拉货时司机则要注意货物数量，否则自己赔偿，公司在月底以拉货凭证给司机结算，公司对每一笔生意按照距离、吨位、货物价格提成，并按吨公里收管理费。公司需按吨公里向国家交税。车辆的主人自己购买保险，如在运输过程中出现交通意外，则

---

① 湾中叙述的人当时用"公社撤销后"来区分时间，笔者在湾中调查中发现，他们眼中"撤销公社"的时间与学者们通常说的分田到户的时间是一致的，他们更多地用"撤销公社"来代替分田到户，就像在小岗村村民更多地用"大包干"时期来表示分田到户。

由保险公司负责。因此在里面跑运输的人家，虽然会被公司抽去很多费用，但是因为由公司出面揽活，信息多，公司安排好如路线、货物数量、价格等一些事务，省去很多麻烦，总体算来，车主们在公司跑运输要比自己单独找活合算些。

5. 修谱与征地分款

1985 年至 1988 年，Z 湾进行对本家族族谱的续修，续修族谱之事由族中有权威的人发起，族中其他人协助完成，其中涉及经费筹集、人员走访登记、族谱编排、族谱印刷及发放等，这件事情是一项工程，需要族中人相互合作才能顺利完成。

2007 年，新都化工扩大规模再次征用 Z 湾的土地。适年冬，Z 湾祖坟集体迁入铺十湾所建的集体公墓，作为刘杨村公墓的一部分。此次征地后，Z 湾彻底成为无地村。两年过去了，村民仍没有拿到征地款。据湾里人说，新都征地的钱已经到账，现在要做的事情就是制定征地款的分配方案。刘杨村让 Z 湾自己拿出分配方案，并且要湾里百分之九十以上的人员同意，才可将征地款给 Z 湾村民，此时 Z 湾却因为一系列的问题迟迟拿不出分配方案，而征地款总是湾民们的中心话题。分配征地款需要全湾人的协作，但现实却是分配事宜进程迟缓甚至停滞。

三 Z湾两次典型的合作

（一）续修家谱——成功的合作

Z 湾是江汉平原上一个普通的村子，如果不是这次调查，笔者猜测在四里棚街道范围以外，再也不会有更多的人知道 Z 湾的存在，即使有人了解 Z 湾曾经发生的事，他们也不会知道 Z 湾的家族中有人在台湾。1985 年冬至 1988 年冬，Z 湾人参与张氏宗族族谱的续修，并印制、发放张氏族谱。

1. 张氏宗族

Z 湾的全称为"烈女坟张家湾"①，由湾中十二世公祖张元章老先生从葛蓬岗迁移而来，至今已有二三百年的历史。Z 湾为单姓湾，除后迁入（有

---

① 与"烈女"的关系，湾中长者也没有提及，可能是年代久远已无从考证，在四里棚，很少有人知道 Z 湾的全称。

的户籍仍在外地）的农户，本地人全部姓张，均属张氏宗族。族谱明确记载，"始祖公讳友才里谥文贞大人"，"公系元顺帝时举人历官河南汝宁府知府耿尚书之甥曾尚书之婿生于元顺帝二十六年公元一三零四年卒于明洪武十四年公元一三八一年以子山午向葬于祠侧因乱避居蒲南道家焉"，可知这支张氏族人的始祖为友才公，里谥文贞大人，与朝中高官有着血缘及姻缘关系。他本是河南汝宁（现属河南汝南县）知府，为避政乱（据族中长者介绍，是为朝廷争斗），友才公与妻子分别带着儿女逃离居所，友才公带着三子一女逃至蒲南，其妻带着其他六子逃到湖南金施地区（音）。在湖南的族人修建慈母堂，在 Y 市的族人于蒲南修建孝友堂。Y 市因所处位置易遭水患，又称蒲阳，上述友才公逃难到达的地点为 Y 市老城区南边的古楼。在这里，张氏族人生活至十二代人时，时值一年水灾，Z 湾的十二世公祖张元章带着妻和一子从葛蓬岗（现义和镇季伟管理区）一边划船一边割菱角以找活路，因城东较高，他们来此躲避水患，即现在 Z 湾所在地。张元章后来又得三子，这样 Z 湾内共有四门子孙，后来随着人口的增多，有两门迁出 Z 湾，现 Z 湾分为南北两门，湾内人称为南张和北张，至今已到二十二代。

2. 续修家谱

（1）续修缘起

20 世纪 80 年代，学界短暂地提出"宗族复兴"的号召是与当时的社会环境相联系的，因此当时许多地方出现续修家谱的活动，Z 湾也是在这样的大环境下开始了自己的修谱行动。家谱系统地记录着本族成员之间的关系，因此可以在人数众多的情况下，仍然理清出成员之间的伦理关系。在江汉平原，家谱对一些家族来说比较重要。据笔者父亲介绍，一个家族的家谱不能任意移动，平时应存放在祠堂案台上，而祠堂不能随便进入。宗族中若有新人加入，如娶妻，当接新娘进家门时要将族谱"请"出，此时应燃放鞭炮、向家族祖先焚烧纸钱，将族谱置于供桌上，新人三跪九叩，以向家族祖先告知族里纳入外族成员事宜，之后新娘才能进入家门。通过这种仪式，一方面，实现处于阴阳两界同族人的交流，体现着对家族祖先的崇拜，祈求对新加入成员的庇护；另一方面，给予新成员在族内的身份认同，赋予其在族内的权利和其应承担的义务。Z 湾当初修家谱的发起人 ZXY 现年已近六十岁，他回忆的整个事情起源好似有些巧合。新中国成立前，Z 湾存有一习俗，即每年阴历三月三，Z 湾人都要到季伟扫墓。新中国成立后，特别是"文革"后，宗祠被毁，国家不允许族内联系，族内上下不常往来，族内一些人更是歪曲、利用政治口号拒绝承认传统尊长等伦理关系。族内原有用于维持人际关系、生活秩序的规范被破坏，族中存有理清族内伦理关系和整顿族内风气的愿望，但迫于政治形势，没有着手实施相关事宜。

1983 年，处于杨家海的吕氏宗族开始暗修家谱。一次 ZXY 到杨家海走访亲友，吕氏宗族的一个人很偶然地将修好的家谱给 ZXY 看，他考虑到本族的族谱继 1937 年续修后，已有近五十年没有续修，加之祖坟、宗祠也在"文革"时被毁，有"无家可归"的感觉，族内也存在许多弊病，由此他认为本家的族谱也需要续修。修族谱既可以理清族内人员脉络，也可以借机重整族风。于是 1985 年正月，ZXY 借春节拜年之机到季伟区原张氏宗族祠堂委员会所在的村子，向族中长者提议续修家谱。但在当时，修家谱比较特殊。新中国成立以来，宗族事务遭禁，改革开放后，虽然这方面有所松动，但张氏宗族在 Y 市的人口较多，开展起来难免不便，再者考虑到经费等问题，族中长者当时并没有立即答应。

20 世纪 80 年代，大陆与台湾的关系缓和，并有台湾同胞来大陆寻亲，因此在 1985 年出于统一战线的需要，Y 市统战部在市华洋饭店成立台湾同胞接待站。在当年清明节，台湾探亲人员回来认祖归宗，Y 市要求季伟大队予以配合，于是当时有人将修家谱的想法提出，台湾探亲人员很赞同修家谱。他们返台后，与统战部和台湾有关方面联系相关事宜，之后统战部告知义和镇及季伟党支部书记，说明修家谱不存在反动，不要强行阻止、打击，于是续修家谱较顺利地于 1985 年冬开始。

按照传统习惯，续修家谱时先要"请"旧谱，并有相关的仪式，但由于当时孝友堂已毁，并且此时的修家谱行为有政治的因素在其中，于是当统战部与义和镇及季伟支书沟通后，原祠堂附近的几个村子的书记共同商量，拟定族中几位能写又能办事的人，并在其中选择辈分最高的人以主持开修事宜。在开始时，许多宗亲相互间不认识，有很多人是在采访、收集信息过程中相识的。在 Z 湾，由于上次修谱是由 ZXY 的祖爷爷主持，所以在此次修谱过程中，Z 湾方向的修谱仍由 ZXY 来做，以保证上次续谱与本次续谱之间的连接。在确定各方向续谱负责人后，各方向负责人及宗族委员会成员在季伟开会，以商定具体事宜。ZXY 在宗族委员会议上指出，首先，由于宗族内关系多年未曾梳理，族规废弛，导致族内尊长不分，辈分混乱，如一次一位张姓男丁在 ZXY 家附近做活，他自称是 ZXY 的叔叔辈，于是 ZXY 给他点了烟，后来 ZXY 查家谱发现，原来自己是那位张姓男丁的叔叔，族中此类事情还有很多。其次，不按宗族里的规矩对子女进行教育，致使子女无视族规，有的人打着"共产"的旗号，拒绝承认族内长辈，认为应该人人平等，包括在伦理关系上。再次，族内有些人以宗亲为纽带，无原则地团结，如聚众赌博、打架、乱攀亲缘关系行骗等，做一些违法乱纪、危害社会的事情。最后，族内执事人员对族中其他成员进行财力上的压榨，在族内大事上，行事不严谨，对传统肆意篡改，如净宗大师开光之事。陈家塘湾也是张氏宗族的一个分支，此湾修建一座庙，请一位大师住庙，准备将原法号"极乐大师"改为"净宗大师"，但在书写时将"宗"误写成"忠"，如果这样，一旦遇到政治变化，轻则族庙里的大师法号要改，重则宗族遭殃，正是这些原因，所以很有必要认真续修家谱。

（2）资源获取

修家谱所需费用，并不是一次性地统一收齐，而是分阶段地收取，并且对不同地方的族人收费标准不同。在原孝友堂附近的湾子，属于"会上"，远方的湾子是"客方"。因此，当时宗族委员会规定"会上"的族人每人交五元，"客方"的族人每人交三元，Z 湾属于"客方"，因此以每人三元的标准收取资费，但 Z 湾并没有直接向每个村民收取费用，而是由小队出资。因为 Z 湾离工厂近，农作物易受到污染减产，于是当时仍属国企的工厂向村里支付污染费，当时已分田到户，有些事务已具体到各小队，于是 Z 湾的污染补助放在小队，作为公益金用来支付维修湾中道路等之类的事务，此次修家谱的费用就是从公益金中抽出的，但动用公益金并非一帆风顺。

起初，湾中有人不同意用公益金来修家谱，甚至为了不交费用而拒绝承认在宗族中的辈分，理由是现在是社会主义，实行的是共产党领导，没有族规只有法律，要求人人平等，就不存在辈分，按湾里的话来说就是"拿着红太阳当了伞"。对此，ZXY 通知每一户人家，"如果不交费用，就不能上族谱"。同一宗族，不能上族谱对于族里的人来说具有很大的震慑作用。张氏宗族就有过族人身份认同的事件，此类事件对族人仍有震慑作用。事件发生在新中国成立前的杨家海，当时张氏宗族总祠分支比较多，在杨家海那一片有两个湾子的村民姓张，因湾子附近多湖，村民以打鱼为生。但是祠堂管理者不守规矩，总以各种名目收费，使这两个湾子里的人无法生活，于是湾里一位较聪明的人想出一个点子，即在用于碾米的石磙上刻四个字"张氏后人"沉在堰塘淤泥里，湾里将宗族的牌位两面刻字，一面为"张氏公祖"，而另一边是"姜氏公祖"，这样收钱的人来了，湾里人就说是姜氏子孙，避免了交费。1943 年，族内在黄埔军校当教官的张华铺①，将舰艇由洞庭湖开到季伟，回到湾里就问这两个湾子里的人是姓张还是姓姜，湾里两个人到池塘里把石磙打捞起来以证明自己是张氏子孙。在此次修谱时，修谱委员会还进行调查核实，并要求在姜氏宗祠出示证明并盖上宗祠的印章，或者让姜氏宗族的族长出面证明，否则这两个湾子里的人不算作张氏族人，理由是"既然你们可以卖族，我们就可以不要你们回来，也不要搞'白天姓姜，晚上姓张'这种偷鸡摸狗的事，张氏族人不做这种事"。这是鲜活的例子，并且按照人们的传统观念，如果一个人不认宗族，那国家也可以不认，这里涉及儒家思想影响问题，不做深入讨论。因此，当时 Z 湾那些不同意出钱的人最后还是表示同意，Z 湾修谱的费用成功筹集，由本湾续修谱负责人亲自交至祠堂会上。

（3）上谱资格

对于上家谱人员，宗祠委员会也有一定的要求。张氏宗族原本有族规，现在 ZXY 家里还存有一份族规的手卷。凡是违反族规的人，要受到处罚，若是犯了极刑，则会受到用石头绑着沉湖的严厉惩罚。如族规规定，族内不允许通婚，即使出了五服也不允许，在 1943 年族内有一对通婚的男女，于是族长依族规将他们沉湖。按族人的理解，如果一个人在社会上达到令众人厌恶的程度，他已经不被允许在社会上存在，那么社会就可将之除去。因此上族谱的首要条件就是遵守族规。另外，有关可以上族谱人员的性别。按照传统，因为女子成年后会嫁到其他宗族，因此女子不能上谱。但是张

---

① 在葛蓬岗幺湾（现义和镇柴嘴村）人人都知道这位黄埔教官，人称"七老爷"，曾任国民党高官，1946 年退役，闲居武汉，1950 年卒于武昌。其生平参见 http：//hbyc. yingcheng-net. com/yczxw/view. asp？id＝358，2010 年 1 月 23 日。

氏宗族在此次续修族谱时，略有改动。ZXY 在宗祠委员会开会时提出，"因为从父姓就产生子祠，男丁能上谱，如果当初我们的老祖宗是从母姓而建女祠，那现在男丁都不能上谱。男丁能祭祠，女孩怎么办？女孩也是继承了父亲的血统，也是族内子嗣"。"现在按国家计划生育政策，有的家里只有女孩，且还未出嫁，这样女孩也应该能上家谱"，"我提议在谱上将（未出嫁）女孩做区别登记，在女孩名字的上方记一小的'续'字，如果女孩招女婿，她的子女也可以上族谱"。

（4）修谱操作

修谱过程中没有死板地规定某一段时间专做某项工作，而是采访、收款、编撰、审校、复审等环节相互交叉进行。起初有人提议各环节由专人负责，这样权责明确，效率较高。但是 ZXY 反对这种做法，理由是若这样安排，由于张氏族人太多，修谱耗时长，各个环节的人容易串通一气，滋生腐败，不仅便利人员从中挪用修谱款，还会导致家谱质量低劣。因此，先以原孝友堂所在位置为起点，按东、南、西、北四方向区分采访区域，如在祠堂北边方向，包括汤庙、陈河、炮竹，Z 湾这个方向则包括 Z 湾、保丰、高矿、三城岗、安陆、陕西等。每个区域每次采访均由一个小组负责，但是每个小组的人员并不固定，因此对每一方向的调查采访事宜也没有过多时间上的限制。对于参与直接修谱的人员，并无辈分上的要求，但要求一定能写漂亮的毛笔字。而对于修谱中管理修谱费用的人员，则要求是本族中公认执事公正、有责任心、办事仔细的人。

在实际操作中，修谱人员根据事实需要进行调整，如在调查采访中，到了农忙时节，调查人员回家做农活，因为首先要交国家税、完成粮食任务等。农活做完后，原小组只留一个人，再从其他小组抽调两人，组成一个新的调查小组，而修谱费用则是调查到某一地方，确定可以上族谱的人员后再收取。每次采访后，调查人员将文件材料及钱财带回，负责编撰的五人，则将本次材料与上次衔接起来，下次外出调查人员从上次调查停止的地点开始，继续调查采访。依祠堂委员会规定，每位外出调查采访人员，每月有六十元工资，若沿袭传统，其只能在别姓家里借宿，吃食付款，现在则是每天六角和旅社通铺二元五角的食宿补助，这些费用全从修谱收款中报销。在当时修谱采访时，有的小组只做了半年就将本方向做完，而有的小组则要到外省采访，花了一年多的时间。在结算工资时，将每次外出的日期与返回的日期进行计算，将零散的时间换算成月，生活费按天数计算，住宿与交通凭票据报销。ZXY 说，"在最后复审时，我和华雄用两天三夜，将张氏宗族三万多人全部复审，当时拿到 Y 市城中印刷，城中派出所干涉，要没收材料，我就去市统战部找人，后来统战部跟公安局打招呼，才把事情平息下去，这样族谱就顺利印出来了"。当时修谱事务繁杂，ZXY 经常需要外出①，因为车间的副主任是张氏宗族"会上"的人，工厂的事可以替他，当时的厂长虽与 ZXY 不是同一个祠堂，但姓张，于是很支持 ZXY 修家谱，这也方便他请假外出。

（5）发谱

1988 年冬，在二十多位张氏族人的共同努力下，张氏族谱第三次续修完毕。发谱时，"会上"的族人都去了，"客方"的代表由各湾的续修谱负责人和名望高的三个人组成，各方代表到达祠堂后，摆九十桌酒席，吃完饭后族人集体上坟（当时在一世祖被挖的坟旁已修建了一座新坟）。要注意的是，各方的代表一定要自买鞭炮和纸钱，用以上坟。上坟后发谱。当时在坟前的空场上摆放了两张条桌，整个发谱仪式由族长主持。先由族长宣布修谱完毕，再发族谱，然后义和镇镇长、族长以及各方负责人分别发言。发言内容主要围绕族内情况、修谱原因、财务等。续后的族谱相比以前的家谱有些变化，谱系（类似于前言）第一句由"亲下臣屈，人力而为主寅，我族树之人臣之中"改为"我族全民必须坚持中国共产党的领导，坚持走中国特色的社会主义道路"，删除族规中的一些内容，加上"以中华人民共和国法律为准，在法律面前人人平等"，"女孩可续父嗣"。修谱中所有的费用均由张氏族人提供，其中 1985 年从台湾回来的五位族人共捐出六十万元，因此家谱续修结束后，仍剩两千多元，暂由族内德高望重的长者保管。次年，族人在祖坟旁边建了一座学校，中间筑墙隔开，再砌院墙将学校与坟一并围起来，并立碑，以做纪念。

修谱后，Z 湾村民对本族事务更了解了，清楚湾里的人与自己的辈分关系，平时生活中，考虑到是一个湾里，更是族人，所以一般都大事化小，小事化了。ZXY 说："湾里人都很和气，如遇到金钱问题闹情绪，也是个别。"现在湾里外出务工的人员较多，有时有人在外联系到活计，会优先想

---

① 他是 Z 湾续修族谱负责人，当时在地区盐厂当车间主任，现在 Y 市的一个小厂工作。

到族里的人，也有些人在外面遇到一些人，他们也会回来问 ZXY，理清伦理关系。

（二）征地分款——失败的合作

Z 湾原来应该是江汉平原上一个平静的村庄，可是平静的村庄在与国家的工业进程发生关系时，它的命运注定不再平静。1958 年，Y 市在城东老屋湾建盐井，1960 年成立 Y 市盐矿，后 Y 市以盐矿为依托向西延伸至 Z 湾，先后建孝感地区制盐厂、Y 市制盐厂、化肥厂、磷肥厂等，四里棚成为 Y 市工业区。建设市化肥厂、磷肥厂所用土地均占用 Z 湾土地，工厂由国企变成私企，征地不变，补偿办法变。

1. 建厂征地

1970 年在 Z 湾以东两百米处建立化肥厂，主要生产氯化铵，占用 Z 湾部分土地。20 世纪 80 年代，先在化肥厂东边建立磷肥厂占用 Z 湾一批土地，1985 年 Y 市组建盐化工业公司，管理化肥厂、磷肥厂等，并进行碱厂扩建，再次占用 Z 湾土地。经过两次 Y 市建工业区而征地后，Z 湾余下土地两百亩。前几次占地，补偿办法是，每被占一亩土地可以有一人进厂务工，因此 1988 年工厂招收土地工，Z 湾按每四人进一人的比例分配进厂务工的人员名额，当时湾里多数农户有一人进厂。Y 市化肥厂、磷肥厂是高污染企业，原料消耗量大，排污严重，用湾里人话说，"那个黑东西（含煤灰的烟）一出来，种的一点东西全都打死了"，Z 湾所种农作物因此减产或绝收，对此有了污染补偿，刚开始是每亩几十元，现在随着经济发展费用已涨到每年每亩 200 元。工厂的建设、生产，让一部分村民可以进厂务工，收入稳定，一部分人通过刘杨村组织的装卸队在工厂里卸盐、煤，顺便对国企揩油，Z 湾人多少得到一些好处，明显的是，在工厂建立之前，Z 湾及附近的房屋是草棚，现在 Z 湾居民的房屋全部是二层小楼，这些房子绝大多数建于 80 年代中后期。虽然工厂的建设给湾里的农民带来经济收入的改善，但是 Z 湾原有的一些生产条件却在工厂的建设中被破坏了。Z 湾在人民公社时期建立起来的良好的灌溉体系，在碱厂扩建时被破坏。农业生产需要灌溉，农业用水非常紧张，村民有时会偷偷地拉开工厂的篓子，窃水灌溉，如果被工厂发现，后果很严重。有时村民没办法，只得用工厂排出的污水进行灌溉，这样虽然会减产，但也是无奈的选择。

20 世纪 90 年代后期，国企改革的浪潮使得 Y 市的工业区变得寂静。进厂务工的人又回到湾里，有的通过在工厂的经验到外地务工，有的买车跑起了运输。几年前四川的一家企业将化肥厂、碱厂、磷肥厂全部买下，更名为新都化工，并于 2007 年下半年至 2008 年上半年再次向 Z 湾征地，而在 2007 年冬，Z 湾因为征地，将祖坟迁至铺十湾所建的集体公墓。2008 年，Z 湾土地全部被征用，Z 湾在 Y 市工业化过程中彻底被非农化，Z 湾的村民成为没有土地的农民。作为补偿，村民可以拿到一笔用土地换来的"再就业金"，也将实施"低保"，即有 Z 湾户籍，男性年满六十、女性年满五十五岁即可每月领取 30 元生活补助，但据湾里人说，一年多了，低保仍没办下来，而且这每月 30 元也只够喝水。面对这样的结果，村民们的依靠就是征地款。

2. 分配征地补偿款

2007 年下半年新都扩建，企业与 Y 市协商征地，分两次共征 Z 湾两百亩土地。Y 市与新都协商的土地价格为每亩九万六千元，其中六万七千元作为土地资源管理费，实际上是给了 Y 市与四里棚办事处；其中两万一千元，刘杨村按百分之三十扣除集体公益管理费八千七百元；分到农户手中是每亩两万零三百元。每亩两万零三百元的价格，在 Y 市这样欠发达地区的小城市，已经达到令人满意的水平。湾里人很清楚，Y 市比不得沿海发达城市，而且作为本来产出不多的土地能有如此的价钱，他们心中比较满意。湾里并不是所有人都非常希望被征地。毕竟土地在他们心里还是生活的根本，多数人内心不愿意，但是有的人考虑到水系被破坏、污染大导致每年收成不好等问题，于是同意被征，其他人见别人都同意，自己也就跟着同意，不然自己力量弱小，是拗不过的，这样征地意愿达成。接下来的事情，自然就是分钱。如果钱款可以按照上述比例在湾里分配，估计就不会有太多麻烦事。但事实上，当钱到刘杨村的时候，情形开始变得复杂了。

3. 亩数确定

对于征地亩数，刘杨村认为不到两百亩，湾里人认为实际被征土地接近两百亩，湾里人找到村里，要求出示与新都的征地协议，村里说没有协议，只是书记口头答应，村民认为"四川人很贼（精明），肯定有协议，只是村里不愿意出示"。湾里有人提议自己去丈量土地，让刘杨村、化工厂各派一个代表，可是新都化工厂根本不理会村民的提议，他们认为已达成协议，如有异议，村民应去找市政府。村民去市里问，市里说这个事是四里棚办事处主管，应该找街道。村民又找到街道，街道又说应该找刘杨村，问题又回到了刘杨村。村民无奈，只得同意将预留的十亩土地也出让，这样最后达成总被征土地数为两百亩。这只是争议的开始。

4. 分配标准

工厂按照土地亩数付钱，而将钱款分配到村民手中时，已不可能按土地承包数量来分配。对于分配方法，有的人提议就按照土地承包数，理由是分田到户时已经将湾里的土地承包到个人，这次征的地是各农户的承包地，补偿款应该按照各家被征土地数来算。而有的人认为土地是用来养人的，所以土地补偿款应该按现在的人口来分。这两种方案在湾里都没有得到通过，前一种方案以土地承包量来分配，可是湾里的土地自分田到户后，再也没有调整过，有的家户在分地时人口较多，当时分得较多土地，人口少的农户，分得的土地少，现在还按照当时的土地数量来分配，显然不合理。后一种方案，对于那些原本家里有较多土地、而现在家里人口较少的农户来说，会吃亏。对于征地分款，虽然 Y 市有相关文件规定包括每亩土地补偿款与青苗费，但并没有规定在实际分款时应该是按各家承包土地量还是按人口数。最后，湾里人同意按分田到户时田亩数与现在人口数各占一半来分配钱款，方案初步达成。但当要签字提交到刘杨村时，问题又出现了。

5. 遗留问题

前文曾交代，Z 湾村民属于同一宗族团体，经过 1985 年修谱后族里的关系更清晰，而且笔者在调查过程中发现，湾里人在表述时，一致偏好用"我们湾的人"来表示本湾的人。在日常生活中，大家"抬头不见，低头见"，因此在一些事情上都能相互包容，办事时要求公正。但是这次分配钱款，湾里人却较难达成一致，以致一波三折，这是因为存在一些"遗留问题"。其一，以前孝感地区盐厂铺盐水管道，要在 Z 湾打井、砌石礅，当时占用了几家人的土地，当时土地被占者去村里讨说法，于是刘杨村将盐厂付的四万八千元给湾里，由当时组长（现任组长的弟弟）主持分配，他们从中私得一万八千元。现在新都已经将孝感盐厂收购，于是在付征地款时将以前盐厂占的面积除去，但是现在湾里全部土地被征，当然包括以前被征过地的人家所剩的土地。考虑到每次地价不同，湾中有人说分过钱的农户要么不参加这次分款，要么将以前分的钱款退出来，可是这两种方案很明显都不合适，他们是湾里的人，有权参与本次分款。再者，进了口袋的钱是不可能再拿出来的，再说时间已过去很久了，就算要拿出来也无法确定数目。其二，2007 年新都征湾里包括祖坟所在位置的三四十亩地，分钱的时候本来打算让 ZXY 主持，但当时他事务缠身、无暇顾及，也不想主持，于是由现任组长的侄子主持分配。现在湾里有人说，他从中私得六七千元，也有人说他私得三万多元。其三，以前有污染费，在分田到户之前污染费是放在村里，作为公益金的。分田到户之后污染费就分到各农户手中了，可是有的农户拿到了污染费，有的却没拿到污染费。在这次征地分款时，没拿到污染费的农户要求拿回以前应得的污染费，而这笔钱早已不存在。再者，有的家里在 1988 年招土地工时有人进厂，后来因工死亡，因为是土地工，户籍关系还在村里，所以不能按工人标准补偿。此时，分钱中一部分按人口来分，于是这些人家就认为要不是进厂，现在也活着，少说也能分十几万元。当年主持分钱的人现在都不是组长，而新任组长对以前的事务一概不问，对现在的事采取与村里一致的口径。湾里人本来希望通过征地协议中关于征地款的给付方式来确定湾里的分配方式，可是村里以书记口头约定为由予以拒绝，于是分配事宜被搁置了下来。

6. 协商失败

湾里人对分配方案不能达成一致，于是湾里人让几位妇女去村委会，要求村干部出面解决问题，村里说"上面规定要湾里拿方案，并且要湾里人都在上面签字才行，湾里拿不出方案不能怪村里"，妇女们没法只得回到湾里。组长找过几次 ZXY，希望他能出面协调、主持分款，ZXY 认为盐水管道和 2007 年征地的两个尾巴不解决，这个事情不好做，他说："现在的人心比较坏，过去有个老说法，天高不算高，人心第一高，凉水当酒卖，还说猪无糟。现在不比搞集体的时候，那时候可以说百分之八十的人毫不利己，专门利人，现在的人都只为自己"，"在一个湾里，天天见面，不想得罪谁，也不想管这个闲事"。地已经被征两年，但是化工厂只是用院墙将土地圈起来。村民们之前还可以在自家后面的空地上开出菜园，种点菜，现在连种菜的地方都没有。看着院墙内的地荒废着，想种点菜，又担心中途被铲，也只能不种。面对这种情况，村民们非常希望问题快点解决，"每次开会商量，都是吵翻天"。

对于这些"遗留问题"，湾里很多人其实看得很清楚，ZXY 说："这里面主要就是那两个尾巴，我们湾里的人其实很能包容，主要还是良心上过不去，这样下去对我们的后人不好交代。"湾里有人想向市里、街道反映湾里的一些事情，主要是钱款被人从中私拿，村干部就说："就属你能干，别人都没作声，你要作声。"湾里一个老太太说："别的地方像这种情况都要打官司的，可是我们湾又能怎么样呢？这些事情，他们干部弄得好像很清楚，可是在我看来一点都不合理，但是有什么办法呢？我又不能去翻案，我要是去说什么，他们就会说我这个老人太挑剔，他们还会说怎么正好欺负到你了，别人都没说什么，现在这里很不好，把孩子们的思想都搞坏了。"ZLH 说："如果我是个公安局长，你要是触犯法律，我办事都按照法律法规来，那都好做了，就不存在什么面子啊、怕得罪人的问题了。现在是住在一个湾里，天天可以见面，得罪了也没什么好处。"

据 ZXY 介绍，征地款一百三十多万元已经在湾里有权人手中，只等分配方案制定出来，全湾各户都签字同意，钱款立马分发到各户手中，可是人们仍在那些问题中争吵、回避与沉默。湾里人在没有土地也拿不到征地补偿的情况下为生活奔波着。

四　农民合作成效分析

（一）国家选择性在场与缺位

1. 修谱中的适度在场

从 Z 湾续修家谱过程来看，修谱行为以张氏宗族为单位进行，Z 湾是张氏宗族的一部分。宗族是一个包括男性成员、女性未婚成员以及男性的妻子在内的地方社区，Z 湾这样的单姓村庄，是张氏宗族的一个宗支，宗支是信仰和崇拜的单位，一个明显的例证是，新中国成立前每年清明全湾人或派代表在湾中宗支首领的带领下拜祭总祠。宗支中各家各户是一个经济单位，表现为劳动关系，[①] ZXY 的祖上十分富有，据他介绍，当时他家雇有四

---

① 〔美〕莫里斯·弗里德曼：《中国东南的宗族组织》，刘晓春译，上海人民出版社，2000。

个长工。宗族中贫穷的家户向富裕的家户租用土地，如黄宗智所言，新中国成立前长江三角洲小农在土地关系上，主要通过地方绅士间接与国家政权联系，① 而不是如华北的小农直接面对国家政权，这是由长江三角洲土地租佃关系决定的，此地区土地权分为田底权与田面权，田底权的变更如同股票变更一样的频繁，而不会对实际耕作的农户产生任何影响，② 只是田面权决定谁是真正的耕作者，因此长江三角洲的小农面对的主要是地主，国家则向地主征税，这里是一种国家、士绅与小农的三角关系。在 Z 湾，湾中其他租田家户要向 ZXY 家交租，而他家则向国家交税，在收成不好时允许暂时拖欠，宗族对各小农起着一定的保护作用，乡村士绅在国家与小农之间起着调节作用。新中国成立后，特别是土地改革后，地租取消，土地平均分配给各个农民，而这样的改革并不是血腥地反对地主的群众运动，而是一种离日常生活较远的几乎未被察觉的过程，③ 主要由行政命令推动。土地改革改变了村庄与外界的关系，国家从农户手中直接征税，从前国家、士绅与小农的三角关系为国家与农民的二元关系取代。

在这一过程中，宗族受到冲击，特别是经历"文革"后，祠堂与宗族祖坟被破坏，宗族所存的影响多集中于亲缘联系中。20 世纪 80 年代大陆与台湾政治关系开始缓和，亲缘关系最早开始发挥作用，在 80 年代初有生活在台湾的人返回大陆认祖归宗，出于政治需要，国家要求村庄在行动上予以配合，修家谱自然从族内少数人的秘密商量上升到全族人的公开行动，如果当时没有从台湾归来人员的修谱要求，在大陆的张氏族人也不会将修谱提上议事日程。

当时将宗族与迷信放在一起，属于禁止活动之列。只是说在日常生活中如果偶然知道是一个族里的人，就会清下辈分，不会公开地进行如仪式之类的活动。……当时台湾人回来后，公社要求大队里要有所行动，于是当时有人将修家谱的想法说出来，台湾人很赞同，他们回到台湾后与相关部门联系，否则根本不会修谱。（ZXY）

修谱活动确定后，启动人员名单由镇政府根据族里辈分确定，而后续参与的修谱人员则全由族内根据族规进行挑选。在收取修谱费用时，生产

---

① 〔美〕黄宗智：《长江三角洲小农家庭与乡村发展》，中华书局，2000，第40页。
② 〔美〕黄宗智：《长江三角洲小农家庭与乡村发展》，中华书局，2000，第110页。
③ 〔美〕黄宗智：《长江三角洲小农家庭与乡村发展》，中华书局，2000，第170页。

小队干部全力支持，所要解决的问题仅限于族内人员的协调。

> 那时队里有钱，是国家拨的污染款，是经我的手……我当时各家都打招呼，如不交这钱，就不让上族谱。不管同意与否，这个钱都拿走了。（ZXY）

族谱印制过程中，公安人员以迷信活动为由要求没收卷宗。

> 我就去市统战部，最后市统战部跟公安局打招呼，不要破坏统一战线，就没事了。（ZXY）

统战部的领导积极帮助协调解决，给修家谱活动扫清障碍。从这一系列过程来看，国家在张氏宗族修谱过程中积极创造环境，促成了修家谱活动的成功。

2. 征地中的资金抽取与职责缺位

新中国成立之初，人民政府颁布《中华人民共和国土地改革法》，规定废除地主阶级封建剥削的土地所有制，实行农民土地所有制，赋予农民土地所有权。1953年至1956年进行社会主义改造，确立社会主义性质的土地制度，农村土地由农民个人直接所有通过土地无偿入股、统一经营等方式，逐步转变成集体所有。人民公社时期，土地在集体所有的基础上实行公社、生产大队、生产小队三级所有，社员集体在公有土地上统一生产和劳动，农村土地制度彻底实行集体所有制。1978年开始实行家庭联产承包责任制，农民承包土地向国家交农业税，向集体经济组织也交一定的费用，但此时农村土地仍然是集体所有。1982年《国家建设征用土地条例》①（以下称《征用条例》）颁布实行，同时1958年国务院公布的《国家建设征用土地办法》即行废止。《征用条例》第六条和第十条规定，征地建设单位的各项目造成损失的，用地单位必须进行整治或支付整治费用，并对受害者给予相应补偿，妥善安排被征地单位的群众生活，除付给补偿费外，还应当付给安置补助费。Z湾在经历1970年征地和1983年征地后，因工厂排污物对作物的损害而获得的污染款，就是用地单位即当时的化肥厂所支付的补偿，而在1988年工厂招收土地工时则是生活安置补助。《征用条例》第七条规定，征地申请经同意后，在土地管理机关主持

---

① 《国家建设征用土地条例》于1982年5月14日国务院公布之日起施行。http://www.cnzyff. cn/ar tic le/ - show. asp？id = 71 2010/1/31。

下，由用地单位与被征地单位签订协议。在这些规定中，明确规定了用地单位、当地政府责任及被征地单位的权力。因为土地为集体所有，所以在征地时村委会自然成为被征地单位，这两次征地都在农业税费改革前，第一次的生产大队及第二次的村委会在土地税收方面拥有相当的权力，因此这两次征地的补偿在大队及村委会的主持下，安排各户进厂务工人数，并且这两次征地的补偿不需分配货币，于是村干部如从中谋利，村民们也无法量化。

2005 年，湖北省全面取消农业税，村委会无需收税，相应的村委会作为"镇政府下面的腿"的权力收缩，但土地仍为集体所有，村委会的权力限于土地。2005 年实行土地流转，允许农村土地以多种形式流转，因此 Z 湾在 2007 年下半年至 2008 年上半年的征地以土地流转的名义进行，实为出售土地。

别的地方是租用，我们这里却要卖。是新都买的，买的时候，只跟刘杨村里说，没跟组里说，村里也没跟我们说清楚这个补偿怎么搞，只说一亩青苗费是多少，也没说清楚土地费是多少，到现在一万多。(ZFL)

我们让村里拿协议出来看，村里说没有协议，是书记自己发誓做口头承诺，湾里分款时，又不能很好解决，主要是以前的遗留问题……我们找村里协调，村里让小组拿解决方案，说"我们不管，我们把钱分到你们小组就完事"。(ZLH)

有人想到上面去反映，村干部就会说就数他能干，他有这个能耐，就没人去了。(ZF)

在此次出售土地过程中，村委会从每亩土地中抽取百分之三十作为村公益金，而剩下的百分之七十才能由 Z 湾村民来分配，这形成"僧多粥少"，分配方案制定困难。2005 年《中华人民共和国农村土地承包经营权流转管理办法》① (以下简称《办法》)，第三十三条规定，农村土地承包经营权流转发生争议或者纠纷，当事人应当依法协商解决。当事人协商不成的，可以请求村民委员会、乡（镇）人民政府调解。当事人不愿协商或者调解不成的，可以向农村土地承包仲裁机构申请仲裁，也可以直接向人民法院

---

① http://www.ynszxc.gov.cn/szxc/zmb/ShowDocument.aspx? DepartmentId = 2&id = 2239276 2010/1/31.

起诉。在《办法》中规定了村委会、乡镇政府的义务。Z 湾的纠纷没有发展到向法院起诉的程度，也不可能向法院起诉，湾民们倾向于村委会来解决此事。但此时在税费改革之后，经过"国权退、民权进"，村委会没有了征税的权力，一并回避了《办法》中关于征地协议以及调解补偿费纠纷的义务，村民们希望更高一级政府来干预，村干部以威胁的方式阻止，使分配方案制定更加困难。

（二）市场纳入与力量对比悬殊

1. 修家谱时运用市场

已有研究显示，新中国成立前的中国农民已经被纳入市场，并非是人们想象中的"完全自给自足"。出于乡村发展的需要，"小市"的建立成为必须，"小市"是市场的开端。施坚雅将市场分为基层市场、中间市场与中心市场，[①] 基层集镇对应基层市场，多个基层市场组成中间市场，同一个基层市场也同时属于多个中间市场。农村市场因农民的消费习惯和条件限制是周期性的，表现为一定的集期。市场不仅具有经济功能，还具有社会功能，在同一基层市场活动的人对此地区充分了解，其中成员相互熟识，同一个市场体系也可能是一个婚姻圈，同处于一个市场中的人们常在其中挑选儿媳，联姻加强了同属一个市场体系中的社会网络。高级市场与低级市场之间存在着产品交换，基层市场向中间、中心市场输送米、棉等，以换取日常生活中自己无法生产的物资，如盐、火柴。而中心市场与中间市场产生的主要是城市奢侈品，对乡村而言，消费奢侈品的能力有限，所以低级市场与高级市场实际上处于产品交换不对等的状态。施坚雅指出，在基层市场中经济地位较高的人在社会上同样占据较高地位，同样处于较高层次市场区域中的人对处于较低市场中的人具有某种控制和支配的权力。

黄宗智集中考察长江三角洲地区的农村，指出农民参与市场的行为出于三种目的来买卖粮食与棉花，由此市场行为主要有三类方式：一是为了用现金向不在村子的地主交租而出售产品，或是将产品以实物形式交给地

[①] 〔美〕施坚雅：《中国农村的市场和社会结构》，史建云、徐秀丽译，中国社会科学出版社，1998。

主，再由地主出售产品，这是"剥削推动的商品化"；二是为了生存，农民收获之后立即出售产品以偿还债务，再以高价买进以糊口，这种重复的市场行为是"生存推动的商品化"；三是只有少数农民为了谋取利益，称将生产剩余产品储存，在价格高时出售的市场行为是"谋利推动的商品化"。①乡村存在小贸易市场，其中的小农主要是为了维持生活。在劳动力市场，农民们也不是完全自由地参与，而是根据农耕季节来安排出售劳动力的时间，并且依距离远近选择出售市场。不论在小贸易市场还是在劳动力市场，农民作为市场的参与主体之一，并不是完全自由的，会受到时间、空间等条件的限制。

在新中国成立后的国家政权建设中，政权深入乡村。通过户籍等制度牢牢控制农民，人民公社时期，国家通过"三定"、统购统销等政策直接收购农产品，逐渐取消乡村自由市场。

以前买不到肥料，小队里也没钱去买，所以要打塘泥来肥田。(ZXY)

没有市场可以利用，农民只得自我生产与满足需要。改革开放后，国家逐步放开市场，市场渐渐兴起，农户将生产的副产品如鸡蛋，出于生存需要或谋利，在市场上出售，刘杨村的菜市场在这种环境下发展起来。也正是市场的兴起，Z 湾也无须打塘泥。

改革开放以后，特别是市场上肥料多，农药也好买，所以不需要靠打塘泥来肥田。(ZXY)

市场复兴让货币频繁使用成为可能，于是在修谱时，湾里负责修谱的人员有货币形式的薪酬，采访人员外出时可以在饭馆与旅店以货币交易的方式解决食宿。再如湾里的土厨，采取以前的形式，利用农闲时外出。

有事的时候就请厨子，村里有土厨子，他有碗、蒸笼等一些工具，他根据有多少客人，开出一张单子，我们自己买菜他来烧，之后按一桌多少钱，给他钱就行了。(ZLH)

乡村恢复了以前的小贸易市场、劳动力市场，也是因为市场刚放开，国家在这方面的政策较紧，参与市场的主体很少进行违规操作，经济力量上比较平衡，农民在市场中并没有直接受到强大经济力量的剥夺。当时的市场为修谱提供诸多方便，在一定程度上促进了修家谱的成功。

---

① 〔美〕黄宗智：《长江三角洲小农家庭与乡村发展》，中华书局，2000，第105页。

2. 土地市场中的力量悬殊

在前面描述新中国成立前长江三角洲国家与农民的关系中，土地的所有权分为田面权与田底权，因为土地是私有的，所以可以自由买卖。在出售田面权时要考虑土地的耕种者，在较封闭的村庄，同一宗族或同一村庄的人有优先购买权。在土地田面权买卖中，交易双方的土地存在直接关系。土地制度改革后，农村土地实行集体所有制。化工厂为了扩大规模需要征用土地，根据《征用条例》，征地时与刘杨村协商，因为农村土地是集体所有，此时问题出现了。1980 年 Z 湾已经分田到户，湾里的土地均被各农户承包，依照《土地承包法》农民对土地的承包权几十年不变，但在根本上土地属集体所有，"人人所有"在流转土地时容易变成"无人所有"或者"村干部所有"。

当初说是有补偿，可到现在还什么也没有，补偿没有拿到手，现在家里没有田了，甚至连一点菜园子都没有了。那个田是队里统一征的。（WLT）

我们这里（的田）是新都买的，买的时候，只跟刘杨村里说，没跟组里说，村里也没跟我们说清楚这个补偿怎么搞。（ZFL）

我们让村里拿协议出来看，村里说没有协议，是书记自己口头协商的。（ZLH）

Z 湾的土地被统一征用，村支书俨然是全村土地的"所有者"。在签订协议时没有代表自己利益者参与，承包地的主人被排除在土地流转一级市场之外，村干部与化工厂是交易的主角，当然村干部可以从中自肥。[1]

前年卖地，NP 将六十万元分给土地承包者，最后有的人说他从中得了六七千块，有的人说有三万七千块，地区盐厂铺盐水管道，当时只占了几家的地，是由 NP 的叔叔来分，因为土地是集体所有，由各人承包，他将四万八千块钱分下去时，从中得一万八千块。（ZXY）

自肥的村干部在湾里人看来，其经济利益与化工厂一致。这样在土地出让市场，原本力量弱小的村民现在要面对一个利益相关的集团，在这样的资本市场，村民毫无优势可言。湾里人对所征土地亩数有异议，打算自己丈量，但事实已不允许他们有发言权。

---

[1]　村干部不维护村民利益的原因，可参见贺雪峰《为什么村委会或农民协会不能维护农民利益》，《江苏社会科学》2004 年第 4 期，第 12～13 页。

我们觉得田亩数不止这些，想要自己去丈量，让村里、新都各派一个人，可是新都根本不理会，他一起将钱给了市里，用院墙（把地）一框，什么都不管了。（ZLH）

在达成征地共识的一系列事件中，Z湾村民始终处在边缘位置，作为生活来源的土地被征，自己却被挡在外面，就连在基本的土地亩数问题上，化工厂也占据主导位置，企业不屑于与农民打交道。Y市开展"老板工程"①，积极创造环境招商引资，化工厂是Y市招商局引来的纳税大户，盘活以前市属三个国企，受Y市重视，正所谓财大气粗，因此化工厂在平时雇用村民做临时工时酬劳比较低。

按国家规定，每（卸一）吨煤应该是六块四角五，新都作为市里引资企业，就掐着来，每吨只给两块五……有时不来煤，装卸工就闲着，有时来上千吨，再累也要快点卸完。（ZXY）

虽然酬劳较低，但为了生存，村民还是会去干。同样在刘杨村附近的物流公司，Z湾有人在里面开车专给化工厂运货。

开车当然有风险，但我们自己买保险，拖货不存在划算不划算的，要生活也没办法。（KC）

车主们依靠公司这一组织依托与化工厂交易，收入虽不高，且有风险，但出于生存的目的，农民只好继续干。

湾里青年人通过自由恋爱，婚嫁对家来自五湖四海，儿媳妇没有固定来源，几乎没有通过刘杨菜市场娶来的。不管是刘杨菜市场还是Z湾出让土地的土地市场，这里的市场已不同于施坚雅所说的基层市场，市场仅发挥着经济上的功能，农民对其所处的市场区域已不再充分了解，市场上的精英已不再作为农民与外界的中间力量。自由市场中的农民，在面对强大的经济实体时，极易处于弱势，特别是在土地市场，农民始终处于二级市场中，加重其在资本市场上的弱势，这也造成共同制订分配方案进展迟缓。

（三）村庄合作基础存在与缺失

1. 宗族组织与村庄组织缺失

Z湾是单姓湾，虽是同族团体，但没有自己的宗祠，其属于一个家族的

---

① http://www.cnhubei.com/200403/ca420946.htm 2010/1/31.

标志就是在湾子以北五十米处的祖坟地。据湾里老人介绍，小 Z 湾人口在 1964 年之前不足四十人，按这样的基数和人口发展比例来看，到"文革"时人口应在百人左右。离 Z 湾四里的 Y 市城中心，在政治运动最激烈的时候，也没有出现过激的事件，Z 湾理所当然地没有经历那种因政治而导致家族分裂的事件。在整个调查中，笔者始终没听到类似的事件，湾中年龄在五十岁上下的人员对当时的政治事件记忆都很模糊，在他们的印象中当时湾中比较平静。Z 湾在 20 世纪 80 年代之前经济条件较差，这点在第二部分已有介绍，湾中没有因经济上特别好而对其他村民存在欺压的现象，也许正是经济条件较差，各家各户没有明显分化，人口比较少，所以没有诸如"斗地主"的事情，没有发生破坏族内的事情。

修家谱由族内人共同完成，在族内有挑选担任各工种人员的基本条件，如管理资金的人员，要求在族内德高望重、办事公正，这样他不会为个人私心而贪图团体修谱经费。在修谱的制度运行上采用"铁打的营盘流水的兵"的策略，这样可以有效规避因时间周期长而产生的相互串联与私吞财物，用湾里有的人的话说就是"不搞腐败"。宗族仪式强化族内的统一性，加强族人之间的认同。修谱时，Z 湾的负责人是 ZXY，他的祖上比较富有，[①] 首先因为其太爷爷主持过修家谱，再者他以前代管过村里的电，当时他想办法将村里的生产电费与生活电费相互对冲，高价电换算成低价电，从中得出的电给村里用不起电的孤寡老人用，再加上他平时做事公正，也喜欢写点文章，这些事情让他在湾里拥有好名声和威望。国内学者对乡村精英的界定各有不同，[②] 借鉴帕累托精英理论，依个体在所属群体中的能力、权力与影响力来看，乡村精英比乡村社会中一般成员拥有更多的资源，如经济资源或人际关系，他们有较强的知识能力和为人处世的能力，并因此做出贡献，从而在乡村社区中获得一定权威。ZXY 是湾中少数具有威望的人，

---

① 他家在他太爷爷那一辈是很富有的，有四五十担田，一担田是现在的五亩，有四头牛、雇用四个长工，家里的房子叫私营走马楼，带开天，前面一个园屋，三个槽堡（私人工场），两个堂坊，四个碾子巷（整米用的），一个大堡。解放战争快结束时，他太爷爷一个在外读书的兄弟写信通报，"共产党胜利了，让家里赶快将田和房卖了，只留下够吃和住的"，于是他的太爷爷将卖的钱支持了共产党。

② 贺雪峰将村庄精英分为传统型精英与现代型精英，吴毅将精英分为体制内精英与体制外精英。详见贺雪峰《村庄精英与社区记忆：理解村庄性质的二维框架》，《社会科学辑刊》2000 年第 4 期，第 34~41 页；吴毅：《村治变迁中的权威与秩序》，中国社会科学出版社，2002。

他对族内事务比较关心，修家谱的想法也是他最先在族内提出的。

在征地分款中，湾民们本想通过开会讨论来解决，但每次开会，都因为分款者自肥、之前补助发放等问题而发生争吵，最终无果收场。虽然按照"一事一议"程序进行商讨办理，但因为具体到细节上没有规章可循，制度设计随意性大，没有硬性标准与要求，每位参与者都尽量为自家着想，以至于提出一些在其他人看来过分且"霸道"的要求。主持会议的组长是新上任的，并且是由村里委派来的，虽然有政治方面的支持力量，但在湾里还没有建立起威信，他在全湾村民会议上既不能提出好的解决方法，又没有权威资源而让争执的各方协商一致，在会议上不能起到主导作用，对于那些"霸道"要求也无法回绝，于是他采取"新人不管旧事"的方法来回避难题。组里希望湾里比较有威望的 ZXY 出面协调、主持分款。

（现任）队长的弟弟以前当过队长，他对之前地区盐厂铺管道的事说不清，湾里人说要把这个事搞明白，这是一个，就刚才我们过来的那个地方，前年征的三四十亩地，当时让我分，我有事走不开，也不想搞这个事，就让现在队长的侄子在家里分，他可能私自拿了三万多块在手里，所以现在湾里人有话。前几天组里又找我，让我出面解决一下，我说这两个问题要是不解决，这个钱不好分，我不会管这个闲事。现在的人心比较坏，过去有个老说法，天高不算高，人心第一高，凉水当酒卖，还说猪无糟。现在不比搞集体的时候，那时候可以说百分之八十的人毫不利己，专门利人，现在的人都只为自己。（ZXY）

"人心坏了"是 ZXY 拒绝出面的理由，他担心去收拾这个烂摊子而使自己的信誉扫地，担心问题只是暂时解决了，一旦当事人喝多了酒，借着酒劲耍无赖、给他难堪。为了避免麻烦，他拒绝出面主持、承担责任。缺乏制度分工，体制内的精英无力解决，而传统类型的精英为了自保回避问题，于是制定分款方案只能搁置。

2. 惩罚与策略选择

惩罚起着社会控制的作用，社会控制在广义上讲是所有使人们对社会规划和习惯致合（conformity）的力量和约束方式，[1] 从狭义上来说则是指对

---

[1] Charlotte Seymour - Smith, *Macmillan Dictionary of Anthropology*, Macmillan Press, 1986, p. 259, 转引自朱晓阳《罪过与惩罚：小村故事（1931～1997）》，天津古籍出版社，2003，第 6 页。

越轨（deviance）实行消除和遏制的行动或回应。[1] Z 湾修谱时，湾里有人不愿意交纳修谱费用，当时 ZXY 通知每一家，"如果不交修谱费用，就不允许上家谱"，不上家谱就意味着被逐出宗族。按族规，只有违犯族内极刑的人才会被逐出宗族、不被记录在族谱上。对于不承认宗族的人，人们默认的观点是：既然他不认族，那么他也可以不认国，连自己的父母也不认，这样的人连畜生都不如。对于这样的惩罚，相对于几元的费用显得过大，于是不愿意合作的人最终还是交纳了费用。对于修谱时一些试图"搭便车"者，宗族仍利用族谱来进行规避。

款的问题，客方人的款都由客方的负责人亲自送去，不要任何人代劳，但当时出了一个问题，有三十人没有交这个款，最后发谱的时候不发谱，跟我要谱，我说"款没到，账上没钱"。他们说钱已经给了友照，我去找新也爹爹证实，他们就是没交钱。后来，这个款到了账，才给的谱。(ZXY)

钱款没有上交到宗祠委员会，在发谱大会上，不发放这些人的家谱。而不发家谱在族内人看来，与不承认其为族内成员有相似的功能，特别在发谱大会全族各宗支代表、长老面前，则具有向全族几万人宣布"某方某村的哪些人不被我们宗族承认"，在族内产生的舆论让这些人背负巨大的压力，足以达到惩罚的目的，最后那十几人的费用如数上交。一套完整的惩罚机制，可以惩戒不合作者，也可以消除那些"搭便车"者，减少了本来愿意合作的贴现率，降低合作成本，提高不合作成本，合作顺利达成。

而在征地分款中，惩罚的作用在湾里区别呈现。首先是对先前主持分款的人员（政治精英）惩罚的失效。在前两次分款中，分款者利用自己处于分款中的优势位置而从中自肥。第一次分款后，湾里人议论分款者从中牟利，在第二次分款时变更分款人，本希望湾里如 ZXY 这样的传统精英来分配，但由于有其他原因，改由湾里另外一个人 ZNP 来分配。但 ZNP 仍从中牟利，湾里人只是舆论上的惩罚并没有起到作用。在笔者调查期间，ZNP

---

[1]　Donald Black, *The Behaviour of Law*, New York：Academic Press, 1976；Talcott Parsons, *The Social System*, New York：The Free Press, 1951；E. A Ross, "Social Control," *American Journal of Sociology*, vol. 1, 1896；in Sharyn L. Roach Anleu, *Deviance Conformity and Control*, Australia：Longman, 1995，转引自朱晓阳《罪过与惩罚：小村故事（1931～1997）》，天津古籍出版社，2003，第 6 页。

并不在家，但笔者三年前见过他，并与他交谈过。当时他在笔者生活的四里棚街道蒲东居委会当主任，四十岁上下，工资是其收入来源，当时笔者发现他对社区工作有许多想法，很关注报刊上关于社区工作的一些理论研究，在社区里有许多人对他的工作很是称赞。后来因为薪酬低，他辞职外出打工，现在四里棚菜场开一家网吧，多数时间不在家。当时选他来分配款，一方面他的家门在 Z 湾比较旺，他的叔叔就是前任组长，他与 ZXY 也是一个家门；另一方面可能与他在居委会的表现有关。这个兼具传统与现代因素的乡村精英，一方面，在分款缺乏有效监督的情况下，利用自己处于分款中有利的位置从中自肥；另一方面，因为他经常不在家，经济利益取向不在湾里，湾中舆论对他失效。与钱款相比，这个的惩罚显得过轻，不具有约束作用。

此次分款时，全湾村民商量不出解决办法，组长希望 ZXY 出面解决，前面已详述他拒绝的理由，名誉扫地的惩罚具有相当的约束力，以至于让他担心在其中稍有处理不当就会背上骂名。

我们湾这个事不能这样搞，这样搞对子孙后代没法交代。(ZXY)

他也希望借这次"最后的征地"来惩罚当初违背全湾村民利益的政治精英，但他与前两次分款者是同一个家门，而先天性的血缘联系、宗亲伦理和地缘伦理约束着他不愿意用过激的方式处理，只能用这种"以退为进"的方式以期对违反村庄利益者产生舆论上的压力，但因为利益的分化，舆论压力势微。

开会的时候，就在会议上，我问他（分款人，以前的组长）这个钱用什么标准来分？以前那几个缺口怎么办？他示意我"不要说了"，还说"老嫂子，我们私下里再说"，当时他还表示要多给几个子，我想都住在一个湾里，弄得太僵不好，就没再说什么，可是到现在钱也没分到手。(ZLF)

面对村民的当面指责，政治精英利用地缘伦理和利益分化来化解将要产生的对自己的舆论压力。

最后，对于一般的村民来说，他们希望可以寻找到解决分配方案的途径，但国家力量的强大，处于国家和他们中间的精英的协调力量不存在，担心成本太高，无力承担，于是先采取成本较小的策略。在农村一般不会对女人动手，否则会让人笑话"打女人，没能耐"，再者女人丢脸面的后果比男子丢脸面的后果轻（其中原因不在本书的研究范围），让湾里几个妇女去村委会吵闹，即使吵闹过程中妇女们使用湾里默认的"不道德"词语，也较容易获得原谅，但同样的情况放在男子身上，则后果要严重许多，这是一种成本小，但潜在收益可能大的策略。村干部表明"此事不归他们管"，女人们无计可施，此策略在村干部面前失效。有人想向上级反映征地款是因为贪污而无法顺利分配时，村委会干部以"就他能干"来威胁。这一策略中，如果反映成功，征地分款有可能借助上级的力量解决，但如果上级与村委会态度一致，反映者有可能受到上级和村委会以各种借口而施行的惩罚，在湾里还会被笑话，这一策略的潜在成本较高，于是策略被放弃。湾里一些人以各种理由希望自家能多分钱。

当时征地时进厂当工人，但有的家户没有人进厂，有的家户人多地少，所以在分钱的时候，有人就说这两类应该多分些。（KC）

面对这样的要求，湾里人知道不合理，但因是一个湾子的人，大多数人都选择沉默。

天天可以见面，得罪了也没什么好处。（ZLH）

现在的事情有很多不合理，又不好说，如果说了，别人会说你这个老人挑剔。（ZLT）

村里也没有个能说话的人出面，都怕得罪人。（KC）

湾里人有什么事会深藏在心里，有个老说法，"话多是非多"，人情面子都顾着日子好过些，所以人与人之间的包容是表面上的，并不因为同为一个宗族。（ZXY）

因为住在一个湾子，天天见面，不希望自己多嘴而得罪谁，费孝通所说的"差序格局"[①] 影响着湾里人，同处一个村落的地缘关系和同一宗族的血缘关系，其中的伦理，让 Z 湾的普通村民不想因为金钱而违背村庄的集体认知"话多是非多"，于是他们选择了小心的议论与沉默，无法形成强有力的舆论压力，也正是这个原因造成村落中对违规者惩罚失效，对从中牟利自肥人员无法有效实施惩罚，村庄中因为利益的分化而无法形成强大的舆论压力。对于希望采取行动而达成合作的村民来说，他们不愿意承担"得罪人"的高额成本，而分款后所得的利益与此成本相比的吸引力有限，于是分款方案只能搁置。

---

① 费孝通：《乡土中国》，北京大学出版社，1998，第 33 ~ 34 页。

五 结语

(一) 研究结论

本章在回顾村庄合作历史传统的基础上,从国家与乡村、市场与农民、村庄与农民关系入手,比较分析同一村庄在改革开放以来的两次典型合作的成效得失。本章得出的基本结论如下。

修家谱时,首先,国家为政治生活而鼓励农民的合作行为,当行动受到阻碍时及时提供帮助,并且没有用政治手段全包揽农民的合作行为,让农民自主进行,国家的适度干预与保护给农民合作行为创造了良好的合作环境;其次,农民作为市场参与主体之一,市场将其纳入,农民利用市场条件及市场机制为合作提供便利,以促成合作成功;最后,在村落中,因属于同族团体,当时村落共同体与宗族共同体重合,村落中存在完整的合作基础,即完整的宗族组织、精英的积极主持发动和族内惩罚机制,这些共同降低合作成本,减少合作的贴现率,提高不合作的代价,以保证合作的顺利进行。

在征地分款中,首先,因为税费改革,国家政权从村庄中抽离,代表国家政权的村级组织在征地调解中职责回避与缺失,提高农民组织合作的成本;其次,农民与资本市场中其他利益主体相比,力量弱小,而且其他利益主体存在利益结盟,形成市场中力量对比相差悬殊,使本已处于弱势的农民只得受到资本的侵蚀,削弱合作能力;最后,在村庄内部,市场经济使得村庄成员利益分化,原有宗族结构的约束力无存,村民们共同举行的会议不能负担起协商合作的组织功能,而村落共同体对不同村民的影响力发生分化,政治精英因为其不再与普通村民属于同一利益共同体,而且对他们而言侵占村民的利益自肥具有相当的吸引力,同时不存在有力的监督者,这使他们的不合作行为成本很低,相反收益很高,本来充当保护型精英的传统精英考虑到主持合作的成本高昂而选择退让,使得掠夺型精英可以从中自肥,再次提高合作成本,一般村民们考虑到地缘关系中的伦理,采取成本较小的策略,或让妇女出面,或保持沉默,在村庄层面不能形成有效的舆论监督力量,提高合作的贴现率,降低合作收益,于是合作成效低下。

（二）进一步的讨论

1. 国家与乡村的关系

在讨论国家与乡村的关系时，在以往的研究中，学者们通常将国家与社会对立起来，以二分法来看待其中的关系，认为国家与社会之间是零和博弈的关系，形成国家本位与社会本位的研究趋向。20 世纪 90 年代以来，西方学者打破二元视角，认为国家与社会存在着合作与互补的关系，形成国家与社会互动理论。① 此理论认为国家与社会是相互制约、相互合作的，国家与社会的关系程度影响着国家的有效性，要求在分析中对国家在不同层次上进行区分，强调社会由不同力量组成，各力量之间会在不同条件下的关系中有所区别。

学者们在对中国 20 世纪前国家与社会的关系解释时，认为士绅在国家与乡村之间起着调节作用。持这种观点的学者认为，"中国存在一个在文化上同质的精英，这些精英产生于乡村，或是宗族的首领、地方上的富豪或知识分子，这些精英作为一个阶层平衡着国家与社会的利益，维持之间的协调"②，呈现出国家、士绅与乡村之间的三角关系。对于 20 世纪早期国家与乡村的关系，学者们惯用"国家政权建设"来解释，杜赞奇认为"国家政权建设"表现为政权的官僚化与合理化、国家为军事和民政而扩大财源、乡村社会为反对政权侵入和财政榨取而不断斗争、国家为巩固权力而与新的"精英"结盟，国家政权建设与民族形成相伴随，国家通过自己的政权建设确立国家政权的合法性。③ 它强调由于国家渗透的压力加大，传统村庄趋于解体，或是导致凝聚力强的村庄封闭，或是强调国家控制农村政治经济活动能力增强。在不同地区，可能因生态和社会环境

---

① 以 Joel S. Migdal、Elinor O strom、Peter B. Evans 为代表的学者分别提出国家在社会中、国家与社会共治等理论，这些理论认为应将国家在不同层次上进行区分，主张社会是网状的，国家与社会的关系可以是互补性的，也可以是嵌入性的，两者的关联度影响国家的有效性，公民的参与可提高国家的行动能力，从而形成公私间的合作。转引自李姿姿《国家与社会互动理论研究述评》，《学术界》2008 年第 1 期，第 270～277 页。

② 持此观点的学者有黄宗智、梁漱溟、萧公权、瞿同祖、张仲礼。详参黄宗智《华北的小农经济与社会变迁》，中华书局，2000，第 24 页；梁漱溟《乡村建设理论》，上海世纪出版集团，2006。

③ 〔美〕杜赞奇：《文化、权力与国家》，王福明译，江苏人民出版社，2003。

的差异而使得上述三种类型的国家与社会关系有可能在条件不同的地区同时存在。① 对于新中国成立后国家与社会的关系，国内学者们用"全能主义"来解释，在一种政治制度下，国家职能可以扩展到社会生活的任何领域，而不受道义与意识形态的制约。也有学者称之为"总体性社会"②，社会的政治、经济、意识形态中心重合，国家将社会吞并，国家具有很强的动员能力和组织能力。持"总体性社会"观点的学者认为，改革开放后，国家与社会的关系再次出现根本性变化，一个具有相对自主性的社会开始形成。国家与社会的关系变迁为更好地理解农民合作时而成功、时而失败提供了一个良好的视角。

2. 乡村的社会结构

许多学者描述过中国乡村社会结构，费孝通用"差序格局"来形容中国传统社会结构，他认为中国基层社会是乡土社会，其格局如同石子丢入水中，在水面上形成一圈一圈的波纹，每个人是这一圈一圈的中心，圈子越往外推关系越薄，圈子里的人们以血缘、地缘、姻缘关系为纽带，具有同质性。在这个结构中维持关系依靠伦理，在关系上有轻重之分，因此边界具有伸缩性。③ 梁漱溟认为，中国的旧社会是伦理本位的社会，家庭关系突出，经济上共产，在政治上家庭中的伦理关系发展出社会中的君臣、臣民、君民的似家庭关系的国家关系，由此维持关系依靠伦理关系，一方面可以在日常生活中形成稳定的保障，另一方面具有很大的弹性。梁漱溟认为中国旧社会是伦理本位与职业分立的，不存在社会，是一种"君—民"二元关系，下层的民由各个小家庭依靠伦理来管理，职业分立造成规模很小，这样伦理本位与职业分立相互影响，士人是以理性来维持社会的代表，他们在君主与臣民间起沟通作用。④ 梁漱溟与费孝通对乡村结构认识的差异是由二人不同的教育背景造成的，但两者实则存有相通性，即以家庭结构扩至国，以血缘、地缘、姻缘等关系相连，依靠伦理维持，关系网络具有弹性。

---

① 〔美〕李怀印：《华北村治——晚清和民国时期的国家与乡村》，中华书局，2008，第23页。
② 罗兴佐：《中国国家与社会关系研究述评》，《学术界》2006年第4期，第259~262页。
③ 费孝通：《乡土中国》，北京出版社，2005，第33~34页。
④ 梁漱溟：《乡村建设理论》，上海世纪出版集团，2006。

施坚雅用市场来解释中国乡村结构，他认为市场结构必然会形成地方性的社会组织，并且为农民社区结合成单一的社会体系提供一种模式。处于同一个社会体系中的人们在社会中挑选儿媳，一个市场圈也是一个婚姻圈，市场不仅承载经济功能，还有政治、文化的功能，被市场辐射的区域成为市场社区，此社区是一个相对独立、封闭的场域，是一个熟人社会。根据市场在连锁性空间体系内的地位可以分为基层市场、中间市场和中心市场。基层市场提供农产品向上流动，中间市场处在基层市场与中心市场之间，向中心市场输入物品，同时购进物品向基层市场流通。基层市场中的乡绅和小商人作为农民与高层官员、商人之间的中介，将处于基层市场的乡村与更高一级的社会机构联系起来。

弗里德曼用宗族组织来解释中国乡村社会，他认为在中国的广东、福建地区宗族和村落明显重合，某一宗族是包括男性、未婚女性及男性的妻子在内的地方社区，宗族具有边界，因此宗族具有政治和社会功能。宗族内的规范一方面保证宗族具有开放的体系，使其延伸；另一方面维持经济和社会事务，宗族内部的异化为政治和仪式提供基础，宗族通过文化符号与仪式维持着内部的结构，族内首领对族内贫弱成员起到保护作用，几个宗族或是强大的宗族与弱小宗族在联姓的基础上一起面对敌人，乡村通过宗族组织与国家进行互动。[1]

以上诸位学者对中国乡村结构的描述在某种程度上属于理想类型，现实中的乡村因条件的不同，在差序格局的基础上，或有宗族，或有市场的体现，同一村庄在结构上可能是多者的结合，经历国家政权建设、市场化以及人口流动等因素的影响，改革开放以后的中国村庄在上述几个方面的特征均有所体现，只是各种特征所占比例不同。

3. 农民的行动逻辑

对于农民的行动逻辑，费孝通认为农民是"私"的，他以苏州人家屋后的小河为例，农民在其他人用小河里的水洗衣做饭的情况下，向河中倾倒粪便，表现农民"自私"，因为自己家不用河里的水来做饭。这里就表现了一个群己关系，在"差序格局"中，每个人都是他社会影响的中心，维持网络的主要是"仁"，对亲属是"孝悌"，对朋友是"忠信"，对

---

[1] 〔英〕莫里斯·弗里德曼：《中国东南的宗族组织》，上海人民出版社，2000。

"自家"以外的人就可以不仁、不孝、不忠、不信。"家"范围可大可小，因此为了家可以牺牲党，为了党可以牺牲国，为了国可以牺牲天下。① 梁漱溟认为中国人总想着自家、喜辨是非、公私分开且只长于豪义人士的义举，时时显出自私，他将之归结为中国缺乏阶级。② 贺雪峰认为农民拥有特殊的公正观，即不是根据自己实际得到的好处，而是根据与他人收益的比较来权衡自己的行动，不在于自己得到多少或是失去多少，而在于其他人可以从自己这里免费得到多少好处。③ 他指出这是农民在不同社会境遇下不同行动者理性计算约束条件不同的结果。在这里关于农民行动逻辑的判断隐含着经济学上的预设，即理性人。由此对小农的判定存在着"经济小家"与"道义小农"之争。舒尔茨认为小农是在传统农业（在投入现代机械动力和化肥之前）的范围内，有进取精神并对资源做最适当运用的人，他们与资本家一样，也追求利润。波普金进一步阐述"理性小农"的观点，他认为小农在权衡长短期利益后，会为了追求最大利益而做出合理生产抉择。④ 而斯科特认为不能将受人口增长、市场化过程和国家政权建设影响之前的小农比作追求利润的资本家，他认为徘徊于生存边缘、受各种外界因素影响的农民家庭很少追求利益的最大化，而是努力地避免风险，尽可能地缩小损失，他们遵循生存伦理，收租标准是波动的，地主有义务贷款给农民和帮助贫困的农民，以换取感谢，由此他提出"道义经济学"⑤。

　　"理性小农"与"道义小农"从理想类型上归纳了小农的行动逻辑，但将小农的行动逻辑简单地归为某一类都有失偏颇，坚持某一方面而排斥某一方面对于理解小农的行动没有意义。事实上，小农的决策是在上述两个方面共同决定下产生的。但在这里，为了更好地理解农民的行动，应该对农民进行不同层次的分类。对于生活富余的农民来说，追求利益具有相当的吸引力，而对于经济条件低下的农民来说生存第一。农民所处的乡村结

① 费孝通：《乡土中国》，北京出版社，2005，第29～30页。
② 梁漱溟：《乡村建设理论》，上海世纪出版集团，2006。
③ 贺雪峰：《熟人社会的行动逻辑》，《华中师范大学学报》（人文社会科学版）2004年第1期，第5～7页。
④ 转引自〔美〕黄宗智《华北的小农经济与社会变迁》，中华书局，2000，第3～7页。
⑤ 〔美〕詹姆斯·C. 斯科特：《农民的道义经济学——东南亚的反叛与生存》，程立显、刘建等译，译林出版社，2001。

构也影响着其行动，宗族或村庄的规范约束力较大的村庄，农民在追求经济利益时考虑对同一宗族或村庄其他农民的影响，他们会倾向于村庄利益，而对于比较松散的村庄，村民间的利益存在分化，他们则会倾向于自身利益，在选择行动决策时，农民会结合各方利弊加以权衡，寻求经济利益、社会利益的最佳比例。

第六章　农民参加合作组织意愿及影响因素分析

——以太湖县 A 镇调查为例

一　问题的提出与研究意义

（一）问题的提出

孟德拉斯在《农民的终结》一书中指出，"20 亿农民站在工业文明的入口处，这就是在 20 世纪下半叶当今世界向社会科学提出的主要问题"，因为在此之前，"较之工业的高速发展，农业的缓慢发展可以给人一种安全稳定、千年平衡的印象，与工业的狂热相对照，农民的明哲适度似乎是永恒的：城市和工业吸引着所有的能量，但乡村始终哺育着恬静美满、安全永恒的田园牧歌式的幻梦，而工业化和城市化的铁律打破了原有的平衡，震撼和改变了整个社会结构"。① 事实上，孟德拉斯描述的这个过程在中国广大的农村地区正在得到逐步应验，中国农民不得不面对这一不可逾越的"现代化"阶段。20 世纪七八十年代确立的家庭联产承包责任制，更是把中国的农民推到了市场的前沿，需要其独立地面对各种可能的风险。曾经单调但不乏笑语的"日出而作，日落而息"的乡村生活已不再那么平静。

在充满风险的市场经济条件下，单个农户是弱小的，既不能有效应对市场风险，满足消费者需求，也不能应付由于非对称的市场力量而带来的

---

① 〔法〕孟德拉斯：《农民的终结》，李培林译，中国社会科学出版社，1991，第 1~6 页。

利益损失，其催生的一个现实就是个人无法独挡外部市场力量的冲击，从而形成一种"倒逼机制"，然而，外部的催生只是产生合作的一个前提，它并不必然会走向合作或使有效的合作产生，家庭联产承包责任制后，农民已经习惯了家庭生产的模式，他们是否愿意再与他人进行合作呢？农民群体是一个特殊弱势群体，建立以农民为主体的合作组织，首先得尊重他们自己的意愿，并要了解清楚他们到底会受到哪些因素的左右。农民参与合作组织的意愿是推广农村合作组织发展繁荣必须要了解把握的问题，没有农民的积极参与，无论多么好的制度设计最终也只是良好的愿望而已，可持续性自然也就无从谈起。因此，本章将农民参加合作组织的意愿和影响因素作为研究的重点问题来探讨。

（二）相关概念的界定

1. 合作组织（合作社）的概念与性质

所谓农村合作组织，一般指经济专业合作组织，是指为适应日益激烈的市场竞争，单个农户为了提高自身竞争力和社会资本，志愿组成的以信息服务、技术支持和行业自律等为手段实现组织目标的产权归其成员控制的经济共同体，其典型特征就是"民办、民管、民受益"。农村专业技术组织和农村合作经济组织是农村专业经济合作组织的两种基本类型。

很多人认为，农村经济合作组织是经济实体、企业法人，应该在工商行政管理部门登记，它直接与社员签订购销合同，为社员提供生产资料和技术服务，收购农副产品，搞加工、运输、销售服务。而专业技术协会是社团法人，在民政部门登记，一般不是经济实体，为成员提供服务仅属于技术和信息服务。本书认为，合作社和专业技术协会一样，应属于"社团法人"的范畴。因为首先，我国许多专业合作组织并不按企业运作的规则运作，本身并不是企业，有的甚至连起码的活动场所都没有，更不具备企业经营所需要的一定的资产，不能说是实际意义上的企业。其次，从合作社成立的目标上看，它虽然盈利却不是以盈利作为组织的目标，它的组织目标是更好地为成员提供各种服务，促进农村经济的发展。

然而，合作社与集体组织是有区别的，具体差别如下（见表6-1）。

表 6 – 1　集体组织与合作社的比较①

类　　别	集体组织	合作社
目标价值取向	理想（共产主义）	服务（兼顾公平和效率）
组合方式	人合	人合
生产资料所有制	集体公有	部分公有，部分私有
生产经营方式	集体统一生产	个人和集体的结合
内部管理	少数服从多数	少数服从多数（一人一票）
分配方式	集体统一按需分配	按交易额返还
成员进入	社员大会决定	自由
成员退出	自由	自由
成员范围	社区型	社区型、专业型

2. 权利与权力之别

1984 年出版的《中国大百科全书·法学》中对"权利"的解释是："法律对法律关系主体能够做出或者不做出一定行为，以及其要求他人相应做出或不做出一定行为的许可与保障。""权利"这一概念包含着丰富的内容，与义务相对应，它包含着"正当"的意思。"正当"是一种社会性评价或社会性态度，是社会对某种行为状态的赞同和认可。本章主要指农民在合作组织内部应该享有的权利，是得到普遍认可的，具有正当性的。

权力是指特定主体将其意志强加于他物，使之产生一种压力继而服从的能力，它与责任相对应。在现实中，权力一般表现为公共机关、准公共机关依法拥有的职权和其他体现公共利益的权能。一般应包含三个基本要素：权力的主体、权力的载体和权力的客体。本章指合作组织的带头人所拥有的管理组织的权力，在农村合作组织内部，权力的主体就是组织的领导人，权力的载体就是合作组织本身，而权力的客体就是组织的每个成员。

3. 参加意愿和参与程度的界定

参加意愿，是指一种主观的态度和想法，本章特指农民参加合作组织的一种态度，存在着两种态度，即愿意参加和不愿意参加，当然如果他有

---

①　傅晨、吕斌：《合作社本质探析》，《新疆农垦经济》2005 年第 5 期，第 38 页。

参加合作组织的想法，但也不能一定说明他是组织的成员，虽有参与的意愿，但是由于各个方面的原因，仍然还是站在合作组织的大门之外。

而参与程度在本章中被界定为农民已经是合作组织的成员，但是其参加合作组织的活动或安排有深浅之别，有些农民是全身心的投入，有些农民是半身心的投入，还有的农民根本就是敷衍了事等。由于参与程度不同，每个成员在组织内部发挥的作用也不一样。

（三）相关文献回顾

目前，国内从农户合作行为的微观角度对农民参加合作组织意愿及影响因素进行研究的成果主要表现在以下几个方面。

1. 从农民自身找原因

张冬平等（2007）在《基于 Logit 模型下农民加入专业合作社的意愿分析》中分析了农户性别、年龄、文化程度、家庭劳动力数、受教育程度、土地经营规模等因素对农户参与合作组织的影响。郭红东、蒋文华（2004）在《影响农户参与专业合作经济组织行为的因素分析——基于对浙江省农户的实证研究》中和郭红东、钱崔红（2004）在《发展新型农民专业合作经济组织：农户的意愿和需求——对浙江省 164 个农户的调查与分析》中研究了农户文化程度、年龄、经营土地面积、农业收入比例、卖难问题、种植历史、返销大户销售员比例、农民组织销售比例等诸多因素对农户参加合作意愿的影响。

2. 从农民家庭状况找原因

卢向虎、吕新业、秦富（2008）在《农户参加农民专业合作组织意愿的实证分析——基于 7 省 24 市（县）农户的调研数据》中认为影响农户参与农民专业合作组织意愿的因素主要有：农产品的类型、主导农产品的商品化程度、主导农产品销售的市场半径、农产品的价格波动程度、主要农产品收入占家庭总收入的比重、农户在农业生产经营过程中面临的困难、家庭耕地面积、家庭人口规模和户主个体特征等。另外，陈冲（2007）在《农民参与合作影响因素的实证研究》中从农民的个人情况、家庭特征入手寻找影响农民参加农村合作经济组织的主要因素。

3. 从外部环境找原因

黄祖辉、徐旭初、冯冠胜（2002）在《农民专业合作组织发展的影响因素分析——对浙江省农民专业合作组织发展现状的探讨》中指出影响农民专业合作组织发展的因素大致可归结为产品特性因素、生产集群因素、合作成员因素以及制度环境因素等。孙亚范（2008）在《农民专业合作经济组织利益机制及影响因素分析——基于江苏省的实证研究》中指出影响合作组织的因素除了农民自身因素外，还有法律环境、政策环境和社会经济环境这些外部因素对农民合作需求的影响。孙亚范、余海鹏（2009）在《社员认知、利益需求与农民合作的制度安排分析——基于江苏的调研数据》中从满足合作社社员利益需要和行为激励出发，对影响我国农户合作行为的微观因素进行了调查分析：农户合作行为源于外部市场环境的刺激和农户自身增收的利益追求，改善家庭经营的经济效益是决定农户合作行为的根本因素；由于社员合作认知水平和合作组织内部的制度安排影响社员的利益预期和利益实现的程度，因此认为，认知因素和制度因素也是影响社员合作行为的重要因素，并对这两个因素进行了系统分析。

4. 从合作组织方面找原因

孙亚范（2003）在《现阶段我国农民合作需求与意愿的实证研究与启示——对江苏农户的实证调查与分析》中谈到影响农民合作需求的因素，认为目前农民对合作组织是否有需求，是通过现有的合作组织来决定的，比如从现有合作组织在服务内容上是否可满足农户的需要，农户近几年从合作组织获得的服务状况怎样，还有就是农户对现有合作组织资源的功能评价等方面来影响自己的判断。孙亚范（2004）在另一篇文章《我国农民专业合作经济组织创新的成本约束及化解》中指出目前情况下，由于是制度创新，从新制度经济学角度来看，组建合作组织需要付出较大的成本，这也成为阻碍农民自愿组建合作组织的另一因素。

综上所述，对于农民参加合作组织意愿及影响因素的研究，学术界已经取得了较为丰富的成果，并且研究领域也在不断地拓展，既有从农民自己身上来着眼的，也有从合作组织本身和外部环境方面来着眼的，考虑得周详而准确。研究方式也是灵活多样，综合运用经济学、历史学、社会学和管理学等学科的研究方法。本章将在前人研究的成果上，进一步探讨这一重要问题。

（四）研究意义

"三农"问题由来已久，若"三农"问题解决不了，就不可能完成新农村建设的宏伟目标，进而就不可能实现社会主义的全面小康。"三农"问题最重要的表现就是农民增收困难，这当然与国家一直采取的城乡二元结构的体制有关，目前国家也正逐渐意识到计划经济体制下留下的这一问题的严重性，已开始主动打破它，但同时又给农村带来了一个新问题：原有封闭的乡村正在被强势的市场力量所冲击，广大农民面对这一突如其来的攻势显得茫然无措，何况家庭联产承包责任制确立后，农民的无组织性表现得更加突出，这对他们来说无疑是"雪上加霜"，农民单个力量何以能守住自己最后一点可怜的利益，已经成为摆在广大农民面前的严酷现实。当他们把农作物送到市场上卖时，面对大资本的市场始终处于被动地位：去卖时，兴致勃勃；回来时，愁眉苦脸。靠天吃饭的农民好不容易盼到丰收年，本应高兴才是，可是他们一到市场上才知道，仅仅靠老天是不行的，因为收获的果实最终还是要拿到市场上卖，还要与市场进行有效的博弈才成，可是农民拿什么与市场进行博弈呢？

一家一户分散经营的农业生产方式与农业市场化的形势，与实现农业现代化的要求越来越不适应。农民曾经为了实现国家的工业化做出了不可估量的牺牲，现在已经到了支援他们的时候了，必须努力为他们建立一个坚固的堡垒来抵抗市场力量的进攻。有人说，这个堡垒在目前情况下就是帮助他们建立农村合作组织。2008 年 10 月 12 日党的十七届三中全会通过的《中共中央关于推进农村改革发展若干重大问题的决定》也指出，要培育农民新型合作组织，按照服务农民、进退自由、权利平等、管理民主的要求，扶持农民专业合作社加快发展，使之成为引导农民参与国内外市场竞争的现代农业经营组织。这样的话会大大提升农民自身的社会资本，增进农民之间的互信，增强抵御市场冲击的能力，农民合作组织的这一作用应该是毋庸置疑的。但是任何新事物的成长都不可能是一帆风顺的，何况面对的是庞大的特殊弱势群体，农民是否接受和认可农村合作组织会受到多种因素的干扰，否则推进合作组织在农村的建立发展就只是政府某些部门的"一厢情愿"，因此，首先必须把这些干扰因素解决掉，农村合作组织才能发挥它应有的功能，最终实现新农村建设的目标。

二 太湖县 A 镇农民参加合作组织意愿的考察

（一）太湖县 A 镇镇情概况

A 镇位于国家 AAAA 级旅游风景名胜区——花亭湖上游之滨，依山傍水，境内四周层峦叠翠，中部河流纵横交错，距太湖县县城约 24 公里，是花亭湖上游的一个典型山库区镇，属于皖西南山区，北临岳西县店前镇。2004 年行政区划调整，原天桥乡整建制和原黄镇严姜村划入 A 镇。自此 A 镇辖 10 个村委会，290 个村民小组，总面积 163 平方公里，人口 2.5 万。该镇水陆交通十分便捷，镇内 95% 以上的村落通公路，有线电视、程控电话组组通，"中国移动""中国联通"无线网络覆盖全镇。境内有石英石、大理石、铁砂、高岭土等丰富的矿藏。农、经作物主要种植有 28000 亩板栗，5500 亩油茶，1200 亩茶叶，400 多亩中药材和近年引植成功的几百亩高档水果园，是太湖县名副其实的板栗、油茶、黄牛、生猪、木、竹、毛棕等农牧产品生产基地。

山多田少是 A 镇的客观现实，全镇山场面积 23 万余亩，耕地面积仅 11000 亩。该镇审时度势，不断创新农业发展思路，充分利用自然资源和人力资源优势发展主导产业，促进农业增收、增效，实现发展飞跃，基本形成北片以蚕桑、油茶为主，南片以板栗、茶叶为主的四大产业发展格局。目前，全镇已发展桑园 7000 亩，小蚕共育室 50 座，年发种量 10000 合，生产鲜蚕茧 500 吨，总产值 870 万元。蚕茧年收入 2 万元以上的有 80 户，万元以上的有 228 户，5000 元以上的有 556 户，尤其以北片天桥村、羊河村为重点。天桥村被省农委授予"安徽省蚕桑专业示范村"。[1] 针对个体农户普遍存在无技术、缺信息、抗风险能力不强等问题，A 镇先后成立了蚕业协会、板栗合作社等专业合作组织。各种合作组织在促进 A 镇经济发展过程中确实发挥了重大作用，但是在其逐步探索和完善的过程中，农民参加该类组织也不可避免地遇到了一些问题和困惑。

---

[1] 资料来源于安庆农业信息网，2009 年 12 月 24 日。

（二）A 镇主要合作组织的类别

1. 政府主导型

这类合作组织主要是由政府相关部门根据上级的政策来牵头组织实施的，农民只需要被动的配合即可，资金的筹集、组织的管理都是政府的事，甚至合作的成效也基本是由政府相关部门自己来进行评估，若合作组织没有发挥好应有的功能，该级政府部门可能会被其上级政府部门批评。也就是说，该类合作组织功能发挥的好坏通常作为上级政府部门对本级政府部门进行考核的主要指标之一。这类合作组织主要是指村委会①、敬老院（养老院）、农科站、信用社等。

2. "农民＋政府"合作型

目前大多数的农村合作组织属于这个类型，政府和农民都是合作组织里面的重要角色。A 镇的农产品（主要指经济作物）产量比较高，而且 A 镇新农村建设过程中正进一步推进"一村一品"工程，而且这"一品"已不专指某一农产品了，现在已扩大到旅游业及其同时衍生出的各种旅游产品等，许多产品均有一定的规模。政府为了鼓励农民改进生产技术，提高产量，同时为了确保产品能够卖得出去，保证农户的利益，A 镇政府及时将有一定规模的种养户组织起来，先后成立了蚕业、茶叶协会，柑橘、板栗合作社，并组建了蚕桑、茶叶支部和合作社党支部，由它们来引导群众发展生产，从而为全镇蚕桑、茶叶、柑橘、板栗业的发展壮大提供有力的组织保障。随着 A 镇旅游业的发展，农家乐旅游协会也在逐渐兴起。协会和合作社内成立了党支部，当然这些合作组织都与政府相关部门存在着千丝万缕的联系。

3. 农民自组织型

该类合作组织是真正由农民自发自愿组成的，也许好多根本没在政府相关部门注册或备案，完全是农民根据各自的利益而自愿走到一起的——离开了其中的一个，这个合作组织就不完美，就不能达到利益的最大化，其典型特点就是组织内的成员之间互补性较强。比如 A 镇存在着许多支

---

①　按照相关法律规定，村委会是基层群众性自治组织，不是国家基层政权组织，不是一级政府，也不是政府的派出机关。但是在 A 镇，村委会具有"准政府"的性质，故这里把村委会归入政府主导型。

建筑队组织，一般由十几个人组成，他们一起出外打工，承包工地，该组织内负责人及技术人员均没有法定的建筑许可证或技术资格证，但是该合作组织内，各种技术人员都不缺而且技术都很娴熟，有会看图纸的、有做钢筋工的、有做水泥工的等，他们主要靠的是经验。有了经验，自由组合，一起出外打工挣钱，回家后又各自解散，形式上很松散，没有什么书面的章程，具有相对的临时性，通常情况下没有什么联系，一有事就又组合到一起。这类合作组织 A 镇有一些，像宗族组织、乐队①、拼卖②之类的。

（三）A 镇农民参加农村合作组织的实证调查

1. 调查情况

由于 A 镇面积较大，实地调研时笔者选取三个村庄作为调查样本。样本村选定后，笔者花了两周的时间，深入样本村了解农民参加农村合作组织的现状和问题所在。此次调查，考虑到农民的识字、写字能力，在调查的过程中除了尽量让农民自己填写问卷外，笔者更多的是按照问卷问答的方式进行。此次调查获取的资料包括农民对合作组织的参与意愿及其原因、合作组织的服务内容及服务质量、对合作组织的满意度和对未来的期望等，力求掌握更多的重要信息。此次调查共发放问卷 100 份，收回有效问卷 92 份，有效率 92%，100 份问卷表明调查了 100 名，由于是入户问卷调查，100 名也说明是调查了 100 户。在 92 户（名）中，有 58 户（名）已参加了合作组织，34 户（名）还暂未参加。

2. 调查结果及分析

农民参加农村合作组织的意愿是本章的重点，更是合作组织在农村广泛发展繁荣，加强农民组织化首先要把握了解的问题，没有农民的积极参与，再好的制度创新也只是顶层设计的"一厢情愿"。

---

① 乐队，在 A 镇分两种：一种在红事当中，乐队成员都穿上绿军装演奏各种喜庆的流行歌曲，当然《婚礼进行曲》是少不了的，以表示庆贺；另一种在白事当中，乐队成员都得换上白军装演奏各种伤感的歌曲，以表示对死者的哀悼。这可能是 A 镇的一大特色。

② 拼卖，指的是几家农户把农产品放到一起，由一个人运到县城卖，回来再分账的一种合作，这样做的好处就是减少了成本，而且产品运到县城卖，价格相对来说要高些。

（1）农民参加合作组织的原因及构成状况的分析

表 6 - 2　58 户参与农村合作组织的原因及构成状况

单位：户,%

原　　　因	户　　数	比　　例
农产品的销路有保障	15	25.86
可以保证产品的价格，不克扣斤两	7	12.07
能够得到技术等方面的指导	8	13.79
没好处，村干部做工作才参加的	6	10.34
没想过，不知道	8	13.79
没太大好处，获益很少	1	1.72
能培养邻居间的感情，增进互信	1	1.72
不清楚，只是听别人说有好处	5	8.62
会费不高，好处多少不在乎	2	3.45
感觉心里踏实，不怕被人欺负	2	3.45
家里劳力太少	2	3.45
受 20 世纪 50 年代合作化运动的影响	1	1.72

通过表 6 - 2，即根据农民参加合作组织的原因及构成状况，可以发现农民参加合作组织的态度，进而可以认识到农民对合作组织的了解情况。再对以上各种原因进行归类分析，农民参加合作组织的态度，基本可以按以下方式分类。

首先，积极响应型。积极响应型是被调查者中最多的一类，大多数已经参加合作组织的农民应该是已经意识到了好处，对合作组织有了较充分的了解。其主要原因：认为参加合作组织能给参与者带来利益，即使大家认为所获得的利益不一致，但是都一致认同能够带来好处。这个比例占参与者的 67.23%。其中，认为"可以解决农产品的销路""保证斤两、保证价格"和"能够得到技术等方面的指导"的比例较高，分别占总数的25.86%、12.07% 和 13.79%。三者之和已占 51.72%，也就是说超过一半的人已经懂得了加入合作组织的意义。

另外，认为"感觉心里踏实，不怕被人欺负"的 3.45% 的参与者可以说对农村合作组织有一定的了解，把农村合作组织的地位放到了一定的高度；认为"能培养邻居间的感情，增进互信"的 1.72% 的参与者，应该说是对参加合作组织的原因和结果的认识存在着反向，理应是先有彼此的信任关系，后才有加入合作组织的冲动。一个人如果不信任组织和组织内部的人，他是不可能拿自己的利益为代价而加入的，当然加入合作组织后，又客观上促进了邻里间的感情，增加了彼此的互信；认为"家里劳动力少"的 3.45% 和"受到 20 世纪 50 年代合作化运动的影响"的 1.72% 的参与者对合作组织的认识只是停留在表面现象上，很肤浅，此类村民加入合作组织的目的是想利用自己是组织成员"搭便车"，并且需要说明的是，20 世纪 50 年代的合作社与如今的农村合作组织有着根本的区别。

其次，盲从加入型。这类农民自己没有任何主见，他人在做的事情，自己也跟着去做。这种现象在一般的事情上都存在，当然在农村合作组织的参与上也同样存在，这是一种从众心理，认为"如果做错了的话，不只自己一个人错，做对了的话，我也没落下"。这类占总数的 25.86%，可以说所占的比例还是相当大的。具体指"没想过，不知道"的占 13.79%；"不清楚，只是听别人说有好处"的占 8.62%；"会费不高，好处多少不在乎"的占 3.45%。其中自己根本"没想过，也不知道"的加入者比例最高，他们仅仅是盲目的从众，完全不是根据自己对合作组织的认识和了解来判断是否要加入的。

所以这部分人很容易受外界因素的干扰，如果接受了有关合作组织的某些负面的信息，则可能不愿再待在合作组织里了。同样的，听别人说有好处而加入的，也有可能由于听到一些负面的消息，而不再继续在合作组织内待下去。而由于会费不高，不在乎有什么好处而加入的农民，他们的家境往往是比较宽裕的，对参加合作组织是抱着无所谓的态度，对加入合作组织的愿望一点都不强烈，他们占到总数的 3.45%，也许自己家庭一旦出现经济紧张的情况就会立马退出。总之，这种盲从型的加入人员，可以说是一种摇摆型的，意志很不坚定，一旦外界条件有一点变化，他们就可能会全身而退。

最后，消极应付型。他们尽管自己不愿意参加进来，但是由于一些原因最终还是勉强参加了，这部分农民占总数的 12.06%。具体的，认为"没好处，只是村干部一再做思想工作，如果再过分地坚持自己的观点就是太对不住人，碍于村干部的情面而被迫参加"的占 10.34%。当然这类人也有这种考虑，身边的人已基本参加了，自己不参加也就成了另类——不合众，以后要是家里有啥事，也不好意思向其他人开口，所以最后决定还是加入。认为"没太大好处，获益很少"的占总数的 1.72%。这部分农民不能说他们对合作组织没有充分的认识和了解，从另一个角度还可以说应该是对合作组织考虑得比较全面的。为什么这么说呢？因为根据合作组织在 A镇的发展状况来看，由于处于发展的初期，各种合作组织发展得还不是很完善，许多合作制度还存在许多欠缺，也许农民从合作组织获得的利益真的很少，是否加入合作组织对他们的生活没有什么大的影响，即合作组织对他们没有多大的吸引力，但是最后还是加入了，可能是由于合作组织毕竟是一种新制度，每个制度都有它存在的理由，加上政府的宣传效应，理论上认为对农民应该是有利的，所以最后还是加入了。

以上是对已参加农村合作组织的农民进行的分析，可以了解到并不是每个参加者都是全身心地投入合作组织里面，他们的参与程度有着很大的区别，只有积极响应型才可算是组织的真正成员，他们在组织内会积极地争取自己应得的权利和正确行使好自己的投票权，达到监督组织管理层的目的，要求充分发挥合作组织的功能，最终使自己的利益更大化。盲从加入型和消极应付型对合作组织没有抱多大利益希望，一旦有什么情况发生，他们随时都有可能离开合作组织。

（2）农民未参加农村合作组织的原因及构成状况的分析

表 6-3　34 户未参加农村合作组织的原因及构成状况

单位：户,%

原　　因	户　　数	比　　例
合作组织的会费收费高	5	14.71
经常出外打工	2	5.88
不信任合作组织	4	11.76
不了解合作组织	4	11.76
没钱参加	2	5.88
自己不需要合作组织的帮忙	1	2.94
害怕受组织的制约	2	5.88
感觉个人单干更好	3	8.82
耽误时间	1	2.94
认为是少数人的游戏，腐败连连	4	11.76
提供的服务不对称	5	14.71
受 20 世纪 50 年代合作化运动的影响	1	2.94

通过表 6 - 3，即根据农民不愿意参加合作组织的原因及构成状况，可以发现农民不参加农村合作组织的原因是多方面的，并且了解到其原因也相对分散。既有农村合作组织本身的问题，也有来自外在的影响；既有主观方面的原因，也有客观方面的原因；既有农村合作组织宣传不足的问题，也有农民对合作组织的认可问题。

第一，合作组织自身存在的问题。农村合作组织建立的初衷就是为广大群众提供各种服务，增强农民的抗风险能力，这是其之所以存在的根本。但是合作组织乱收会费问题严重影响了农村合作组织的发展。调查发现，认为"合作组织对参加人员收取的会费普遍偏高"的占到总数的 14.71%。农民的收入本来就偏低，对于一块钱恨不得掰开来用的他们，会费收取过高，就无形中提高了合作组织的门槛，把真正需要合作组织关怀的大部分老百姓挡在组织的门外，违背了农村合作组织成立的出发点，最终将阻碍农村的繁荣发展。另外，认为"没钱参加"的占 5.88%，一方面说明老百姓的收入偏低，许多农民连对自己有利可图的必要开支也难以拿出来，另一个方面也反映出合作组织的会费的确很高。当然要保持组织的正常运转，基本的运转费用是必需的，但是这些费用从哪里来是每个合作组织都必须解决的问题。农村合作组织不是广大老百姓的救济站，也就是说收取一定的入会费是合情也合理的，毕竟农民可以从合作组织中得到许多利益，那么他们也理应尽一些义务，上交一定的会费是他们首先必须尽的义务。只是作为一个以组织的整体利益为要务的农村合作组织得把会费额定在一个合理的范围内，让每个会员都能够接受，组织的开支也必须坚持节约原则。每位组织成员对组织的各项工作有监督权，对财务状况有知情权。

同时，农村合作组织应坚持为农民服务的原则，针对个别农户无力交足会费的情况，可以考虑会费形式的多样化。会费不一定要以"钱"的形式，可以是技术、信息、土地等多种形式。许多农民可以以土地入股的形式来分享合作组织的利益。

第二，合作组织内部结构和领导人的问题。认为"害怕受组织的制约"的占 5.88%，这部分人中不排除存在着某些游手好闲分子，但是更多的应该是认识到合作组织内部结构不是很规范，许多不属于合作组织职责范围内的事也拿到组织内来解决，给组织带来了许多不必要的麻烦，也增加了组织的成本，有不少人害怕惹事上身，就干脆与合作组织划清界限。在 A

镇三种组织类别当中，农民自组织型的合作组织表现得尤为明显，在"农民＋政府"合作型的合作组织中也存在，政府部门时不时地利用自身的权威和公信力强加给农户许多额外的"负担"也不是没有可能。还有人认为"建立合作组织是少数人的游戏，里面的腐败现象很严重"，其比例也相对较高，占到总数的11.76%。毋庸置疑，合作组织内部存在着腐败问题也是公开的秘密，组织的领导人利用自身的职位优势趁机给自己谋利的事时常有之。由于目前合作组织发展得还很不完善，《中华人民共和国农民专业合作社法》到2007年才正式颁布实施，导致其中许多操作存在不规范的地方，尤其是涉及成员的权利和领导人的权力方面。如何避免这些问题，这就要求合作组织在选举其领导人时，不仅需要考虑他的个人才能，同时还要重视他的个人品质，组织的成员也必须充分利用好自己的监督权，保障自己的利益不被剥夺。

第三，合作组织提供的服务与老百姓的真正需要存在不对称状况。直接认为"组织提供的服务不对称"的占14.71%；另外认为"自己不需要合作组织的帮忙"的占2.94%，虽然这类家庭可能是真的不需要合作组织的帮忙，但从另一方面也说明了组织提供的服务不合这些家庭的口味。许多合作组织给老百姓带来了不少帮助，比如提供优良品种、提供技术指导、保证价格收购、组团与政府企业谈判等，但是他们并没有真正地考虑过老百姓最迫切需要的帮助是什么。而且由于每个地方的各种内外条件不一样，提供的服务理应有所差别，因地制宜，不宜千篇一律。就拿提供某种作物的优良品种来说，在本地由于水质、土质、阳光等原因不适宜该作物的生长，加上可能也不适合本地人的饮食习惯，但是合作组织硬要将此优良品种在本地进行推广，最终将导致农民对组织的反感而不愿意参加。在A镇有一个典型例子：前几年，为了解决A镇库区农民的收入来源问题，合作组织突然要求成员在库区的广大低洼土地栽种杨树苗，说等过几年杨树长到一定程度后，合作组织会集体按当时市场价回收。因为杨树生长周期短，而且在涝年杨树在水中也能存活一定的时期，合作组织考虑到这些就单方面要求每个成员必须这样做，当时就遭到许多成员的反对，因为组织成员认为这些低洼地在涝年将被淹没，但是还得考虑不是涝年的话仍可以种植别的农作物，如果种植杨树的话几年后将导致许多肥沃的土地被树根缠绕，到时如何清理这些已经扎根在地底下的树根将是非常困难的事情，何况在涝年也不能保证杨树在水中能够存活下来，所以最后这一决定被搁浅了。其实当时合作组织的初衷是好的，但是没有征求成员的意见就这样草率地要求成员如何做，最后得不到成员的支持也在意料之中。在组织的服务过程中必须征求每个成员的意见，不能领导搞"一言堂"，要深入田间地头调查，急农民之所急，想农民之所想，切实帮群众解决他们最棘手的问题。

第四，合作组织对外出务工人员的工作做得不够。由于经常外出打工而没有参加农村合作组织者占总数的 5.88%（这里一般指没有加入"农民＋政府"型比较正规的合作组织），许多外出打工人员被排除在合作组织之外，这应该说是农村合作组织的一大损失。因为一般来说，这些人员由于经常穿梭于大城市和小乡村之间，他们身上就有许多一般农民所没有的科学文化素质和个人性格魅力，一般掌握着许多很专业的技术、特长和有用信息，并且这类人员的经济相对宽裕些，对解决组织的经费问题也有帮助。而且根据 A 镇的实际情况看，这些外出打工人员一般都是"两地跑"的人，当地村民戏称这些打工人员是"脚踏两只船"之人：家里的老婆不能丢，城里情人也要护。即他们在农闲时就到城市打工挣钱，农忙季节又回老家帮忙播种收割。这样的话，家庭收入会有明显的保证——在外出打工时，家里的"一亩三分田"也没荒着。而且，把这些家庭排除在外也完全有悖于合作组织成立的良好初衷，这些出外挣钱人员的家属不还是在本村子常年生活居住吗？在农忙时家庭主要劳动力（一般这些家庭里只剩下妇女、老人和小孩）出外打工导致许多农活不会干或干得不够好，这些家庭其实更需要得到组织的帮助，但是他们都被当作"组"外人了。

外出打工人员为了减少外出打工的风险，也不得不寻求在自己内部进行合作，集体组团到外地打工，在 A 镇最明显的就是几个人联合起来组成一支建筑队到城市承包工地，他们互相协作、互为补充，在异地他乡互相照顾。虽然这些农民自组织型的合作团体没有正式的制度来规范，但他们基本上都能维持一种稳定和谐的关系，毕竟大家"背井离乡"都是为了一个共同的目的——挣钱养家。所以合作虽然看起来很松散，但是一旦运转起来合作效果很显著，很多农民很乐意组建这样性质的合作组织，以后政府相关部门对这类组织也应给予足够的支持和鼓励。

综合表 6-2、表 6-3，不难发现有一个因素成为农民愿意参加合作组织和不愿意参加合作组织的共同原因，这个因素是 20 世纪 50 年代的合作化运动对他们的影响。在 A 镇调查发现，有人愿意参加合作组织是受其影响，有人不愿意参加合作组织同样也是受其影响。为什么会出现由同一个原因而得出的结果却截然相反的情况的发生呢？这要从广大农民对"政社合一"的人民公社的看法找原因。

　　学界不少人对人民公社采取的是"妖魔化"的态度，经常出现"谈合色变"的情形也是由于他们宣传引起的。而令他们没想到的是在村民中有不少人对人民公社持怀念情绪，认为那时候除了生活苦点①外，别的方面都还好，农民从中还是得到过不少实惠。难怪会出现同一因素影响而出现不同结果的情况：那些"谈合色变"的农民是不愿意参加现在的合作组织的；但是那些"谈合怀念"的农民是乐意加入合作组织的。可见历史的评价是个复杂的事情，不是简单几个人的意见就能代表大家的意见，农民有农民自己的思维空间。

　　下面从农民自身的因素来说明影响他们态度的一些原因，对农民基本情况的了解主要包括性别、年龄、学历层次、收入状况和邻里关系等，92名被调查者的基本情况如下（见表 6 - 4）。

表 6 - 4　92 名被调查者的基本信息

单位：人，%

项　　目	类别	已参加者	百分比	未参加者	百分比
性　　别	男	40	43.48	20	21.74
	女	18	19.57	14	15.22
年　　龄	35 岁以下	10	10.87	4	4.35
	35～55 岁	30	32.61	20	21.74
	55 岁以上	18	19.57	10	10.87
学历层次	小学及以下	10	10.87	18	19.57
	初中	32	34.78	14	15.22
	高中或中专	16	17.39	2	2.17
	大专及以上	0	0	0	0

---

① 有部分农民对当时生活苦点也表示理解，毕竟受当时历史条件所限，新中国成立还不到十年时间，社会经济发展水平低是客观现实。

续表

项　　目	类别	已参加者	百分比	未参加者	百分比
	1000 元以下	7	7.61	5	5.43
月　收　入	1000~3000 元	35	38.04	10	10.87
	3000 元以上	16	17.39	19	20.65

表 6-4 显示，本次调查所选取的调查对象，共有 92 名，其中男性 60 名，约占 65.22%；女性 32 名，约占 34.79%。其中年龄在 35 岁以下的青年人 14 人，约占 15.22%；35~55 岁的中年人共 50 人，约占 54.35%；55 岁以上的老年人 28 人，约占 30.44%。年龄构成示意图见图 6-1。

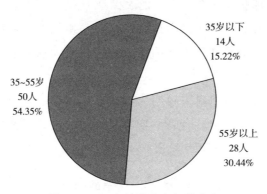

图 6-1　92 名被调查者年龄分布

结合表 6-4 和图 6-1，不难发现，农民参加合作组织的意愿其实很强烈，已经加入合作组织的占到总数的 63.05%，其中男性已加入合作组织的比例是暂时未加入合作组织比例的 2 倍，但女性只差 4.35 个百分点，差别不是很明显。可见男性比女性更容易加入合作组织。另外从年龄构成来看，35 岁以下的农民更愿意参加合作组织，虽然调查人数只占 15.22%，可能是现在青年人更喜欢外出打工，不喜欢在家务农的缘故，所以导致真正在农村发展的实际人数较少。他们已经加入合作组织的是没有加入的 2 倍还多；35~55 岁的中年人是 1.5 倍；55 岁以上的老年人是 1.8 倍。可见对于是否愿意加入农村合作组织，年龄结构是一个重要因素，可能青年人更易于接受新事物，对合作组织的理解也较为准确，这导致他们更乐意加入到组织当中，老年人可能由于年老，在其劳动能力有所下降的情况下，更需要得到合作组织的帮助，其合作意愿也较强，但是中年人正好不具备青年人与老年人这一特点，所以其参加的意愿受到了一定的限制，排在这三个年龄段的最后。

从受教育程度来看，本次调查问卷选取的对象共 92 名，其中小学及以下学历的共 28 人，占 30.44%；初中学历的共 46 人，占 50%；高中或中专学历的共 18 人，占 19.56%；大专及以上学历的为 0 人。学历构成情况具体可见图 6 - 2。

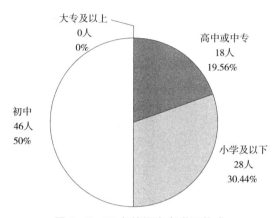

图 6 - 2　92 名被调查者学历构成

结合表 6 - 4 和图 6 - 2，可以发现农民参加合作组织的意愿与其自身的学历水平有相关性，除了学历在小学及以下的农民，其参加合作组织的比例均高于未参加的，初中和高中或中专文凭的占到参加者总数的52.17%，达到一半以上。当然由于 A 镇属于皖西南山区，走出山村成为许多青年人的梦想，所以许多大专及以上学历的人员不会待在家里，他们情愿到城市奔波。此次调查的 92 名被调查者当中没有拥有大专及以上学历的。要想促进合作组织的可持续发展，为合作组织输入新鲜的血液很有必要，因此鼓励青年人回家创业也是一项重大举措，不仅能扩大组织的规模，更重要的是能有效缓解合作组织人才紧缺的局面，增强组织的凝聚力。

从月收入来看，本次调查问卷选取的对象共 92 名，其中个人月收入在1000 元以下的 12 人，占 13.04%；个人月收入在 1000～3000 元的中等收入者共 45 人，占 48.91%；个人月收入在 3000 元以上的高收入者 35 人，占38.04%。个人月收入情况见图 6 - 3。

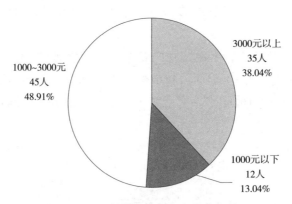

图 6 - 3　92 名被调查者个人月收入状况

结合表 6 - 4 和图 6 - 3，中等收入（个人月收入低于 3000 元）以下者，对参加合作组织的意愿较强烈些，而月收入在 3000 元以上的高收入群众，其参加者的比例比未参加者反而低 3.26 个百分点，这说明收入较高者对合作组织的态度相对来说比较冷淡，他们更看重的是自己单干，可能害怕低收入者通过合作组织这个中介占了他们的便宜，而低收入者更希望得到合作组织的帮助，因此合作意愿比较明显。

另外在调查中发现，其中参加合作组织的 58 人中，绝大多数表示经常与邻居进行各种社会交往，包括农忙时的互相帮助和农闲时一起玩牌、搓麻将等。而在未参加合作组织的 34 人中，更多的表示与邻里关系不是很好，平常只是打打招呼，是迫于"低头不见抬头见"而做表面文章。其实在乡村由于彼此经常见面，许多利益摩擦可能更容易出现，加上农民的小农意识在作祟，彼此不愿做出让步，最终导致邻里之间的关系紧张，彼此信任不足，进而影响彼此间的合作。可见，增进邻里之间的信任关系，培养彼此之间的亲密感情，对促成农民的合作有重大影响。

三　农民参加合作组织意愿归因分析

农民参加合作组织，要么是心甘情愿的，要么是迫于形势或压力而加入的，当然也有可能一直有加入合作组织的想法，但是由于各方面的原因还一直待在合作组织之外。在广大的农村区域多多少少也还是存在着许多根本就没有加入合作组织想法的农民，甚至对合作组织的发展存在着抵触情绪，这当中有许多原因。

（一）农民有合作意愿发生的原因

1. 宏观方面：国家与社会关系的变化

伴随着经济体制的逐步变革，政治体制也在悄然进行着。建立"小政府，大社会"式的服务型政府越来越得到上层与下层的认可。国家不再像过去那样把自己的权力之手伸向农村的各个角落，而是使农村回到返璞归真的状态，还农村一个清静，更多地偏重于在宏观政策上进行引导，农民的自主权也越来越大。随着国家控制的逐渐收缩与乡村社会发展自主权的逐步回升，乡村社会更多地显示出"群龙无首"的局面。中国农民似乎习惯了那种"被行政"的生活，所以已然拥有建立一种合作组织的强烈愿望，愿意成为某一组织的成员，即使这种合作组织对农民的控制度很低，因为大多数合作组织都坚持农民的独立性，但他们已经得到了心理上的安慰，何况还不时地有物质上的利益，他们何乐而不为呢？

而且在改革开放前，国家与乡村的关系更多地集中在政治领域，但是改革开放后，国家与乡村的关系主要转向经济领域和社会领域，每年的中央一号文件可以说明这一切，促进农村经济发展，提高农民收入是全体国人的愿望，也是难以解决的难题之一，为了有效解决农民的分散化经营和共同抵抗市场风险，建立农村合作组织被各级政府和部分农民认为是目前状况下一种比较合适的选择。

甲农民说，政府现在对我们是放羊，由于我们这些羊过去被"圈"得太久，老感觉不适应，如果放得太久，咱们总想找个机会能够安定下来，农民怕那种居无定所的流浪生活，需要的是有个集体窝，那样才有归属感，政府不管咱们了，我们自己来管自己总行。

2. 微观方面：新形势下农民各种需求的发展

新形势下，农民不再是要求填饱肚子就万事大吉了，他们希望得到多方面的发展，政治参与、个人维权、物质和精神并举需求等，但是个人的力量毕竟是弱小的，一个普通农民所拥有的资源更是少之又少，所以他们不得不求助于某一类组织，但是目前在农村各种组织缺乏的情况下，他们被逼无奈地走向合作，许多需求相似的农民就走到一起成立各种类型的合作组织以满足自己各方面的需求，这可能是一种农民自发行为，也可能是政府在背后的一种潜在的推动行为。农民的内在需求是农民参加合作组织意愿的根本动力。

乙农民说，现在的农村与城市除了交通差点外也没有什么差别，在某些资源方面甚至比城市要好，比如空气新鲜、环境好，现在不是流行乡村旅游嘛。可是一个乡村人与一个城市人差距就很大，其自身资源要少很多，没办法，咱们只好邀请几个意气相投的人合到一起跟城市人比，这样我们就不容易吃亏。

3. 合作组织的正功能

正是由于合作组织有着重大的作用，所以才会在农村再次兴起。相比20 世纪 50 年代的合作化运动，虽然有相似性，但有根本的区别。过去是政府强制性的单方面推动——自上而下，其出发点是国家政治和工业化的需要，而现在是政府和农民双方的共同促进——上下齐心，其出发点是解决农村经济和农民发展的需要，其正功能无可替代。比如有助于改善农民在生产、流通领域中的弱势地位，有利于防止农作物农药残留，有助于农业先进技术的推广，有助于农产品生产环节的质量安全检测、控制，有助于提高农民与企业或政府间谈判的资本，等等，总之一句话，有助于解放和发展农村生产力，最终破解中国式的"三农"难题。

丙农民说，加入合作组织后，家里的板栗树就不再怕长虫子了，去年处暑（节令），即快要到板栗收获季节，差不多个把月的时间，家里板栗树上的果实长了不知什么名字的害虫，眼睁睁看着这些果实一个个被害虫害得掉在地上，而且到真正成熟还要等一个月左右的时间，如果这样的话，到时可能就要绝收了，所以赶紧请了合作组织的防病虫害专家，很简单地就把问题解决了，保证了家庭的丰收和收入，要是靠自己那点经验，哪能那么快控制住病虫害。

4. 坚持了农民主体性地位

建立农村合作组织，坚持了农民的主体性，农民是组织的成员，但是其身份具有相对的独立性和自由性，当下的农民合作可以是超出地域、行政限制的专业性合作，这种合作不仅不排斥分工、分业、分化，反而建立在分工、分业和分化基础上，目的是通过合作达到多方共赢，以求实现"和而不同""求同存异"。农民在合作组织内也可以实现自由进退，并且坚持了农民的生产主体和经营主体的统一性。合作组织不是以盈利为目的，而是从农民的利益出发为农民提供各种服务，增强了组织的吸引力和凝聚力。

丁农民说，我在合作组织内，什么话都说，因为我不是为了自己的个人利益，我是为了大家的利益才讲的。当被问到"合作组织那么多人，你怎么敢讲，不怕得罪人？"的问题时，丁农民继续说，我有什么不敢的，而且在组织内我有这个权利，没有什么得罪不得罪人的，他笑呵呵地还说，许多他提出的意见都得到了采纳，感觉自己在组织内还挺有面子的。

（二）部分农民无合作意愿的原因

1. 农民主体的自身特点

农民的科学文化素质普遍偏低，这是中国农村社会的客观现实，文化素质低，导致许多农民对事物的理解有偏差，比如经常把目前被提上议事日程的农村合作组织与20世纪50年代的人民公社等同，这就使得他们对参加合作组织的想法可能一开始就被扼杀在摇篮中了。由于受文化水平所限，农民对新事物的接受也需要给予他们充足的时间，外部力量不能强行介入，因为他们不可能一下子就能消化掉。另外，小农意识使他们一般只顾眼前利益，而无长远眼光。曹锦清先生根据河南农村调查而发出的农民"善分不善合"[①] 的感慨也给予了警示，暂且不管这个观点正确与否，但是说明要使农民真正能够合作起来肯定有一定难度的。

其实，无论是"原子化"的农民还是已经"社会化"的农民，农民之间多多少少存在着互相帮忙的情形，比如在生产过程中的邻里互助，在生活领域的患难相恤，在社会交往中的信息沟通，这些无不是合作行为，但是正是这些所谓的"合作行为"导致了正式合作组织的举步维艰，加上现有许多合作组织的功效没能得到有效的发挥，甚至有些合作组织已经变成了空壳组织，在农民觉得自身的"日常合作行为"基本可以满足自身利益的需求的情况下，多一事不如少一事，许多农民对合作组织都处于观望的态度。

---

① 曹锦清：《黄河边的中国——一个学者对乡村社会的观察与思考》，上海文艺出版社，2000。

某农民说，我暂时不会加入合作组织，因为我对其了解还不是很清楚，何况加入合作组织需缴纳会费，平日里通常我们也不需要合作组织的帮忙，毕竟农忙季节，有亲戚朋友的帮忙，家里也显得不忙。

2. 农村精英阶层的稀缺

瑞士籍德国社会学家 R. 米歇尔斯在《政党论》中提出了"寡头统治铁律"，认为政党和人类其他一切组织，都避免不了寡头统治的倾向，当然这里指的是一种政治精英。随着当代精英理论在美国发展起来，以政治学家 H. D. 拉斯韦尔、社会学家 C. W. 米尔斯、经济学家 J. 熊彼特等为主要代表人物的当代精英理论家，虽然仍认为精英理论的基本思想与早期精英理论是一致的，但当代的研究者们既重视政治精英在社会关系中的地位和作用，也注意到其他社会精英甚至公民在社会关系中的存在和意义。但是在中国广大的农村，各种社会精英的缺乏成为阻碍农村经济发展的关键因素，就像一个国家人才流失严重一样，必将成为该国经济社会发展的瓶颈，农村人才的匮乏将会制约合作组织的进一步发展。

农村难以留住人才是不争的事实，毕竟条件更好的城市才是青年人施展抱负的理想地方，农村孩子十年寒窗的目的也就是离开祖祖辈辈耕种的小村庄，彻底与农业诀别，他们宁愿"背井离乡"也不愿生活在脏、乱、差的农村，这些文化素质高的知识分子都离开了农村。要知道一个合作组织的建立，不仅是资金问题，要让其可持续，人才应该说是最关键的，找一个"带头人"或"明白人"不仅能增强组织的吸引力，还能够使组织得到有效的运转，真正达到为农民服务的目的。可是要在现在的农村找到这样的一个人真的是很难。

某农民说，现在在农村除了过年的时候外，根本看不到什么年轻人了，他们要么在外打工、上班，要么还在外读书，不管怎样，他们是不会再回这个小地方了，外面的花花世界才是吸引他们的地方，不过说实在的，我们也不希望他们回来。

3. 信任缺失普遍

政府的有效行为干预，是推进农村合作组织发展的重要外在因素，其本质也是一种社会互动。但是有效的社会互动是建立在交往双方相互信任的基础上的，由于我国目前普遍存在着功利主义的导向，阻碍了行为干预主体间的信任关系。功利主义强调多数人的利益，但同时忽略了少数人的利益，在合作组织内部应该注意组织核心成员的贡献、新成员和老成员的利益差异、领导人与普通成员的利益区别等，否则就近似于平均主义，不利于组织对农村精英阶层的吸引，也不利于他们之间信任关系的培养。

弗朗西斯·福山认为，"所谓信任是在一个社团之中成员彼此诚实、合作行为的期待，基础是社团成员拥有的规范，以及个体隶属于那个团体的角色"①。但是在作为干预的主体政府和干预的对象农民之间并没有形成一个彼此信任的中介组织，可能大多数人认为，农村基层政权组织可以解决这一问题，殊不知近年来农村基层政权组织在农村的"不作为"行为早已使彼此间建立的信任关系消失殆尽，另外，规范合作组织健康发展的《中华人民共和国农民专业合作社法》也只在2007年7月1日才正式实施，农民对其了解不是很清楚，合作组织发展的不规范也导致农民对合作组织的信任度大打折扣。

某农民说，现在村干部跟我们的关系越来越疏远了，因为也确实没什么联系，以前还组织村民一起兴修水利和协调村民矛盾之类的，现在除了要办理计划生育方面的事外，别的就根本没有了，对他们的作用也没抱多大希望，有什么事还是自己扛着，相信自己没错。

4. 组织成本偏高，合作利益不突出

目前组建农村合作组织，其成本很高，国家对合作组织的资金扶持力度还不够大，在农民收入有限的情况下，不敢轻易涉足。其组建成本偏高的主要表现为在合作组织不以盈利为目的的前提下，组织运作的费用主要来源于成员所交的会费，导致收不抵支的情况经常出现；组织成员素质千差万别，年龄结构复杂，矛盾协调起来困难；合作组织与成员家庭间出现矛盾，协调起来复杂；等等。

按照孙亚范的观点，农村合作组织包括以下各种成本：①设计成本，即用于探索、研究、设计、选择新制度安排的成本，人力资源和其他资源投入的要素价值高；②实施成本，现阶段我国合作组织的实施成本高，主要包括资源的约束，非正式规则的约束，农民对于合作组织认知程度较低；③摩擦成本，新旧制度的摩擦和减少推行的阻力所需的费用，包括经济体

---

① 〔美〕弗朗西斯·福山：《信任：社会道德与繁荣的创造》，李宛蓉译，远方出版社，1998，第30页。

制的摩擦力，农村基本制度安排的影响，农村组织制度创新的路径依赖；④组织管理成本，包括合作组织决策成本高，对管理者的监督成本高，对成员的激励约束成本高；⑤市场交易成本，包括农民合作立法的落后，缺乏良好的经营环境和政府宏观管理滞后等。① 而且现有许多合作组织不能给农民带来相应的利益，相反给农民带来许多麻烦，因此，增强政府支持力度，减轻合作组织的合作成本，并确保合作组织能够给农民带来预期的利益显得很有必要。

某农民说，由于现在的人心难统一，一个团体很难发挥它集体的作用，成员甲要这样做，而成员乙要那样做，往往导致最后的决定错过了最好时机，这样无形增加了合作的成本，经常导致合作组织的利益受损。

四 提高农民参与意愿的对策选择及农民合作意愿展望

农民在进行是否参加合作组织的抉择时受多种因素的影响，必须针对相应的问题，提出一定的对策，采取相应的措施来解决这一问题，从而能够真正地、最大范围地使广大农民自觉地加入到对他们有利的合作组织当中来。

（一）提高农民参与意愿的对策选择

1. 政府

（1）合理定位

虽然我们要求合作组织的建立必须保持独立自主性，但是合作组织需要政府的扶持也已得到了普遍认可，关键是如何找到二者的结合点？由于中国乡村数千年来"官大民小"的根性，政府对合作社施加影响可能就会导致合作社原本应该由"民办"变成"官办"。诺斯悖论告诉我们，国家的参与也许有助于合作组织节省组织成本，促进合作组织的发展，但是国家权力同时又是个人权力的最大和最危险的侵害者，最终合作组织的功能在强权的侵蚀下将不复存在，广大农民也就对合作组织失去了原有的兴趣。

---

① 孙亚范：《我国农民专业合作经济组织创新的成本约束及化解》，《经济问题探索》2004 年第 2 期，第 30～32 页。

因此，政府部门对合作组织既不能不管不问，也不能直接渗透其中，要把握好一个度。

对于正处于成长期的合作组织，得到政府的支持，包括资金、管理制度、人力政策等方面的指导，是其真心希望的，合作组织和政府均可达到各自的目的，但是政府过度干预合作组织，造成政府与合作组织之间关系过于暧昧，合作组织就难以保证独立的经济主体地位，"民管"就变得很不纯粹了。同时，政府的过度涉入也会使合作组织本身对政府的期望太高，依赖太强，一旦离开政府的扶持，合作组织就缺乏了生命力。

（2）宣传工作

农民对合作组织的兴趣不足，最主要还是由于他们对组织的认识不正确或者是有一定认识但存在着很大偏差。不可否认，一项新政策的推广必然伴随着一定的难度，但是只要做好前期的舆论宣传工作，农民对新政策的理解达到一定程度，那么农民对好的政策必然不会无动于衷，要知道农民也是具有"乡土知识"并且是社会经验非常丰富的知识分子，过去著名社会学家晏阳初先生所总结的对农民认识的"愚、穷、弱、私"早已不能运用于当今中国的乡村社会。在尊重农民选择的基础上，加大农村合作组织的宣传力度，要让农民对农村合作组织有一个真正的了解，最终他们会根据自身的实际情况做出一个合理的理性选择，"差序格局"将变得更加理性化。

宣传不仅包括对合作组织本身的宣传，还有就是对相关法律政策的宣传，特别是对 2007 年 7 月 1 日实施的《中华人民共和国农民专业合作社法》的宣传工作显得尤为迫切，这项与农民利益息息相关的法律，目前还只是停留在庙堂之上的上层，而其真正面对的对象——处在底层的农民对其根本不熟悉，许多农民根本没听说过，这是政府有关部门的失职。各级政府必须加强对广大农民的宣传力度和组织引导，通过各种有效形式，把合作组织的性质、原则、参加人的权利与义务、受益方式等宣传到千家万户，不断强化农民群众的合作意识、维权意识、风险共担意识等，使广大农民自觉自愿参加到合作组织当中，并在组织当中充分发挥好作为一个成员应该起到的作用。

（3）监督和服务

政府必须转变自己的行政职能，应远离过去那种行政命令式政府，向监督和服务式政府转变。针对许多农村合作组织操作的不规范，政府应该做好监督指导工作，并提供相应的帮助，同时提高服务意识，针对发展较好的合作组织给予一定的物质或精神奖励，鼓励他们做大做强，做好示范效应，政府要利用自己影响力大的优势为合作组织到外地寻找市场、为农民学习农业生产技术等提供方便。新形势下，政府不仅要鼓励农村专业经济合作组织的发展，而且应该在农民需求多元化的情况下，让各种类型的农村合作组织在农村不断出现。

2. 农民

（1）培养合作意识，提升参与热情

有生命力的合作，是内生型的合作，必然要求农民具备相应的合作意识，农村合作组织才有持续性的可能。其实培养农民的合作意识，第一就是要宣传教育。提升农民朋友的文化层次，让他们对合作的好处有一个较清晰的认识，任何社会，大到一个国家，小到一个人，都无一能够离开合作，有了合作，才会有多赢，不合作，就无法立足，是死路一条。第二就是抓住农民分子中的中坚分子，起好带头示范作用。农民中间存在着许多骨干分子，也就是农民阶层中的精英分子，这类人员对其他人往往有很大的影响力和号召力，如若能说服这些人员，一定会取得事半功倍的效果，而且这些精英分子对合作的理解也比较清晰，只要稍微做下工作，肯定会得到他们的支持和响应。第三就是要给农民朋友实实在在的利益。

合作当中有成功的合作也有失败的合作，成功的合作固然好说，任何参与方都得到了相应的利益满足，皆大欢喜。但是失败的合作，要么就是两败俱伤，要么就是只有参与的一方获得利益而不是参与的所有方获得利益，那么这种合作肯定不会持久。农民参与到合作当中，必须保证农民的利益得到满足，否则合作对他们来说就失去了存在的意义。这点搞好了，农民的合作意识就会提高上去，进而才会有参与合作组织的热情。

（2）提高农民素质，提升参与能力

许多农民有很强烈的合作意识与参与意愿，但是由于其自身素质水平和文化能力较低，最终即使参与到合作组织当中了，也不能发挥一个成员应发挥的作用，导致合作组织也无法满足他们的利益。

要实现真正意义的农村合作组织的发展，必须培育新型农民——即"有文化、懂技术、会经营"的新型农民。"有文化"，是指新型农民必须具备一定的文化知识，提高农民个人的独立理解能力、表达能力和书写能力，使农民能够运用理性思维来对合作组织进行有效评估，最后自愿决定是否加入；"懂技术"，是指新型农民必须掌握一定的科学技术，特别是掌握与农业生产和现代农业相关的实用技术，农民自己掌握一定的农业技术，在合作组织中的发言将会更有说服力，能够得到大多数人的拥护，为自己谋求利益提供了许多便利；"会经营"，是指农民必须具备一定的适应市场经济发展的经营管理能力，合作组织是一个团队组织，怎样确保组织运作得更加有效率，这就要求农民具备一定的管理能力，而且在市场经济条件下，建立合作组织本身就是顺应市场化的潮流，只懂农业的农民是不能适应经济发展要求的，必须具备市场的眼光，按照价值规律、供求关系来调整产品结构，通过市场增产增收，把产品变成货币，把货币变成资本，把资本变成财富，靠经营致富。

3. 合作组织

（1）扩大服务范围

随着农村经济的发展，农民的需求越来越具有多样性，不再拘泥于过去提供一定的技术帮助就可以了，现在在农业生产的前期、中期、后期，都要求合作组织的全力参与。并且领域也不再像过去那样单一，由原来的生产领域向流通领域、加工制造领域、金融领域等方向拓展。农村合作组织必须由目前占大多数的专业合作组织，向综合型的合作组织演变，为广大农民提供更全面的服务。从农民角度来看，综合型合作组织的建立也满足了不同层次农民的需求，将会大大提高农民参加合作组织的意愿。

（2）跳出"差序格局"的圈子

"差序格局"一词是费孝通先生提出的，旨在描述亲疏远近的人际格局，如同水面上泛开的波纹一般，由自己延伸开去，一圈一圈，按离自己距离的远近来划分亲疏。在差序格局下，每个人都以自己为中心结成网络。这就像把一块石头扔到湖水里，以这个石头（个人）为中心点，在四周形成一圈一圈的波纹，波纹的远近可以标示社会关系的亲疏。由于在传统中国乡土社会，公私群己的相对性，即在这种格局中，站在任何一圈中，向内看可以说是公，是群；向外看就可以说是私，是己。

因此，村民与"外人"合作由于"私"的排斥很难进行，针对那些愿意去农村发展的公司或个人在当地寻求合作将会面临不少阻力,不利于合作组织的可持续发展,毕竟现在不仅要求城市是开放的,而且迫切需要发展的广阔农村地域更需要有开放的胸怀。合作组织中要是有"外人"的介入将会在很大程度上减少农民合作的成本,而且反过来又会带动当地农民的参与热情。在目前合作组织赢利空间狭小的情况下,合作组织中"外人"的介入会产生"鲇鱼效应",这样才能有利于合作组织的可持续发展。

(3)尊重每个成员的权利

合作组织领导层要处理好成员之间的关系,充分尊重每个成员的意见,做到民主管理,领导是组织的核心,对外代表该合作组织,必须把成员的利益放在第一位,任何对成员发展不利的事要坚决杜绝,不能以权谋私。当然,作为组织的成员必须行使好自己的发言权、知情权、投票权和监督权等,从源头上控制组织腐败现象的发生。只有组织内部管理有效,成员的利益诉求得到了满足,组织的凝聚力和吸引力才会大大提高,将会吸引更多农民主动加入合作组织,并且加入后也会主动融入组织当中。权力垄断和权力寻租都将影响农民参加合作组织的意愿。

(二)农民合作意愿展望

从 A 镇关于农民合作意愿的调查来看,虽然农民合作存在着阻力,但是更多的是积极因素,大部分人是有合作意向的,暂时还没有合作意向的,也可通过一定的方式争取到,因此,笔者对于农村合作组织的发展前景还是挺乐观的,农村合作组织在 A 镇的发展表现出以下三个特点。

1. 农民需要合作组织的迫切性——农民合作意愿明显

随着市场经济的发展和社会各种矛盾在广大农村日益显露,农民越来越感觉到无组织性的弊端,危机感已深入他们的心里。过去交往对象、领域仅限于血缘、地缘之间的简单交往。如今农村大门已开,他们交往的对象已不再限于同等地位的农民之间,他们面对更多的是不平等的交往对象,比如在身份地位、资源拥有度、文化水平和兴趣取向等方面存在着很大的差别的人。交往领域也不再是单一的农业领域,靠泥土起家的农民也不得不学习更多的市场知识、管理知识、交际知识、谈判技巧等,涉及农业、工业和服务业三大产业,这对一个普通的农民来说,要求是相当苛刻的,但是在复杂的市场经济条件下,他们不能被动地隐藏,而是要主动地去迎击。作为现代社会的农民，他们不是等闲视之，而是要通过一定的方式去迎接这一挑战，自发组建或在政府相关部门的指导下成立各种农村合作组织，以集体的力量来迎接这一挑战。可见，在广大农村推广合作组织的发展具有迫切性。

2. 建立农村合作组织的可行性——培养农民合作意识条件具备

封闭的乡村已经不复存在，帮助农民建立合作组织的条件已经具备，更何况目前新农村建设运动在各地正热火朝天地进行着，为合作组织的发展提供了良好的宏观环境。针对农民自身，他们也越来越认识到合作组织的作用，个人单干的风险越来越大，为了把个人风险降到最低，最简单的方式就是通过加入合作组织，把自己的风险转嫁到大集体中，集体抵御风险的能力要强得多，合作组织成为许多农民的保护伞，大大增强了他们的参与意愿。一个村子只要有一个人愿意加入到组织当中，他一个人的决定将会对周围人产生重大的影响，可能会带动另一个人参与，而这一个人又会带动更多的人参与，这是一种蝴蝶效应①，其作用不可估量。既然作为合作组织主体的农民有参加组织的意愿，那么在广大的农村建立合作组织就已经是顺理成章的事了。

3. 农村合作组织发展道路的曲折性——影响合作稳固因素仍存在

虽然农村对合作组织的需要非常迫切，建立的条件也日益成熟，但是任何新事物的发展都会面临各种阻力，其发展的道路不可能是一帆风顺的。在 A 镇调查中，虽然大多数农民都是倾向于合作的，但是也有许多人对建立合作组织根本就没有兴趣，这也是合作组织发展必须面对的现实。并且组织内部还存在许多的不规范，有些合作组织可能还没建立多长时间，就渐渐地失去了它的吸引力，开始萎缩和倒闭。在合作组织发展的初期，出现这种状况也是很正常的，合作组织必须在发展中自我完善，在发展中解决自身出现的各种问题。建立农村合作组织是增强农民抵抗风险的能力和提高农民收入的一个可行选择。

---

① 蝴蝶效应是由气象学家洛伦兹于 1963 年提出来的。蝴蝶效应在社会学界的意思是：一个坏的微小的机制，如果不加以及时的引导、调节，会给社会带来非常大的危害，戏称为"龙卷风"或"风暴"；一个好的微小的机制，只要正确指引，经过一段时间的努力，将会产生轰动效应，或称为"革命"。文中此处指第二层意思，一个人的微小举动，将给周遭带来较大的影响。

五 结语

合作意愿固然是一种合作态度，其中一种态度是愿意加入，另一种态度就是不愿意加入。通过对 A 镇进行的调研，由于每个农民对合作组织的理解存在差异，A 镇农民参加合作组织的态度基本可分为以下四种情形。

首先，积极响应型。他们认为参加合作组织能给参加者带来较大利益，参加比不参加能得到更多的好处，因此主动性很强。

其次，盲从加入型。他们参加合作组织属于跟风型，没有自己的主见，这类人员摇摆不定，一旦外界条件有一点变化，就可能会从组织中退出。

再次，消极应付型。他们本意是不愿加入合作组织的，但是由于一些原因，更多的是情面上的原因，由于村干部积极做工作或者群体的一种潜在的压力，最终还是选择加入。

最后，拒绝加入型。他们到现在为止都是在组织之外，不愿意加入合作组织，他们认为合作组织不可能给他们带来额外的利益，在某种情况下，可能还会侵占他们的利益，因此坚持与合作组织保持距离。

第七章 当代西北农村农耕合作研究

——以甘肃省的一个村庄为例

一 问题的提出与研究意义

(一) 问题的提出

所谓农耕合作在本章中是指为了某种目的, 两户或者两户以上的农家在农业生产中结合成的社会关系, 这种关系贯穿在农作物的种植、管理、收割和销售各个阶段。

在农村, 一个农民时时刻刻与周围的其他农户发生着合作关系, 比如红白事上的合作行为、日常生活上的合作等。但是, 在农民之间存在着一种最普通也是最不惹人注意的合作, 那就是农作物生产上的合作。这种合作一直没有得到研究者的注意。但正是在农耕合作中, 体现着农村的关系网络。农耕合作不仅发生在农作物的播种阶段, 而且贯穿在农作物成长的每个阶段, 比如管理、收割和销售。农耕合作的发生是有条件的, 农户在选择谁为自己的合作伙伴时, 存在着理性思考。

农民之间的合作, 包含着一种 "关系网"。从小的方面说, 这种关系网反映了一个地区的人际往来; 从大的方面考虑, 这种人际关系网反映了整个农村、整个社会的关系纽带。这种关系纽带与中国几千年的传统有关, 也与当今的社会转型有关。

(二) 相关研究综述

1. 对农民合作行为的研究

回顾中国农村改革历史的变迁, 人们总在中国农民具有 "善分" 品质和中国农民具有"善合"品质这两个理论之间徘徊。20 世纪四五十年代土地革命和土地改革的完成，是一个"分"的大时代；随后五六十年代兴起农业集体化，国家用行政的手段将农民合起来，而随后人民公社化运动将集体经营推向了顶峰；到了七八十年代人民公社解体，随之在全国相继搞起了家庭联产承包责任制，这样农村生产又走向了个人经营的方式；然而在近几年，在农村又兴起一股合作风，最明显的表现就是在一些地区宗族势力又开始发展。这种看似"摆钟式"的分分合合在一定程度上是受国家政策调整的影响，通过更深层次的探析，就会发现农民在努力寻找一条适合自己的发展道路。合作是一种集体行为，隐含的内容是当个人无法完成既定目标时来寻求集体的帮助。但当集体的势力威胁到个人的发展时，个人便会想方设法摆脱这个圈子。

对于农民合作性的论断，最著名的莫过于马克思的"马铃薯"论。马克思认为东方民族的人民就像一个大麻袋里的马铃薯，互相挤压在一起，却又彼此不相干。而早在辛亥革命前，孙中山就以"一盘散沙"评判中国人的国民性。大学者梁漱溟也认为中国农民很散漫，要想改变，就必须"从分散往合作里走，以合作团体利用外部技术"①。曹锦清在走访了河南的农村后，同样得出农民"善分不善合"②的结论。

但也有学者认为农民之间是"善合"的，最明显的表现就是众多农村合作组织的成立，同时为了应对市场，应该在农村广泛成立合作组织或合作社。胡振华、陈柳钦就认为农村合作组织是农民走向协作、互助和共生的重要途径，中国农民并不是天生的"善分不善合"，一切取决于时间、地点和条件构成的农民利益。在利益的驱动下，农民既善分也善合。③ 黄祖辉从制度经济学角度出发，提出合作社是一个既能保持家庭效率，又能克服家庭经济在这方面的弱点（指没有与组织衔接，农民交易成本就会十分大，小规模的农场行不通）的一种很好的组织形式。④

---

① 《梁漱溟全集》第二卷，山东人民出版社，1990，第 305 页。
② 曹锦清：《黄河边的中国——一个学者对乡村社会的观察与思考》，上海文艺出版社，2000，第 3 页。
③ 胡振华、陈柳钦：《农民合作组织的社会学分析》，《东南学术》2010 年第 3 期。
④ 黄祖辉：《农合组织：农业现代化的新选择》，《中国合作经济》2006 年第 7 期。

2. 对农耕合作的研究

（1）满铁调查

1906 年，日本侵略者在我国成立了一个叫"南满洲铁道株式会社"（以下简称"满铁"）的组织。这一组织是日本在中国收集军事、政治、社会、文化等情报的特务机构。当时日本侵略者认为要想完全统治中国，就必须了解中国农村的现状，从农村的传统习惯和秩序掌握中华民族的性格，从而为决策者提供政策建议。

之后满铁对中国东北、华北农村等地进行了详细的调查，这就是后来的东北农村惯性调查和华北农村惯性调查。在东北农村惯性调查中，日本人主要采取了文献调查和实地调查两种方式。调查者搜集了当地的各种官方文献、私人日记、账单账册等文献资料。后来这些调查资料汇编成九卷本的《满铁旧惯调查报告书》，其中包括《一般民地》三卷，《内务府官庄》《黄产》《蒙地》《典权》《租权》《押权》各一卷。

1940 年 11 月～1944 年 8 月中旬，满铁组织又对分属不同作物种植区的河北、山东六个县进行了华北农村惯性调查。在这次调查中，组织者在每个县选择了一个"标准村庄"进行了详尽调查。被选的六个标准村庄为河北顺义的沙井村、昌黎的侯家营、良乡的吴店村、峦城的寺北柴村，山东历城的冷水沟村和恩县的后夏寨村。其中前三个村属于小麦—高粱种植区，寺北柴村属于棉花种植区，冷水沟村属于水稻种植区，后夏寨村以种植花生为主。这六个村都属于自然村。调查以农户为考察对象，详细地询问其生产和消费情况。而调查结果最终以《中国农村惯性调查》为题于 1952～1958 年在东京结集出版。

在惯性调查中，涉及很多农民间生产和消费上的合作。如在以自然村为单位的"农村实态户别调查"这一项内容中，就问到了农村的租佃关系、土地关系、农具使用情况、农民合作的具体内容等。难能可贵的是该项调查非常详细，涉及很多细节问题。对于农民之间的合作，调查到了当地农民对合作的不同称谓、农民选择合作对象的标准、从事合作的具体操作过程等。难怪黄宗智称"满铁资料不失为用现代经济人类学方法来研究中国农村的一组数量最大而内容又极为丰富的资料。他们的质量甚至可能高于本世纪（20 世纪）前半期世界任何其他小农社会的有关资料"①。

---

① 〔美〕黄宗智：《华北的小农经济与社会变迁》，中华书局，2000，中文版序言。

（2）张思对近代华北农耕结合习惯的研究

目前对国内农耕合作研究比较全面的当数南开大学教授张思。张思通过民国以来中外学者对华北农村进行的调查所得的资料，尤其是日本南满洲铁道株式会社的调查资料以及自己以后的访谈资料，运用历史学和人类学相结合的研究方法，论述了华北农村的农耕结合习惯。

张思将村民之间普遍存在着形式多种多样，以相互扶助、合作、协同为特征的农耕生产上的结合关系定义为农耕结合。① 其中主要的农耕结合方式有："搭套"、"换工"、"帮工"、"代耕"、役畜和农具的"借用"、共同饲养役畜、共同租种土地、共同雇工，等等。这些农耕结合习惯中，以搭套最为普遍。而所谓的搭套，是指农家之间提供各自的役畜、农具、人力等，共同进行耕作的一种农耕结合形式。②

张思在研究中发现，华北农村的农耕结合习惯不是偶然发生的，而是为了应对在近代华北普遍存在的农家畜力、劳动力不足而产生的。华北农村独特的土地状况、旱作农法体系等农业生产上的诸种条件都促使当地农民参与到以搭套为主的农耕结合中来。此外，农民在选择搭套对象时除了受情感因素的影响，还考虑到了搭套对象的经营规模和经济条件。

（三）研究意义

2009 年中央一号文件特别指出，要扶持农民专业合作社和龙头企业的发展。加快发展农民专业合作社，开展示范社建设行动。加强合作社人员培训，各级财政给予经费支持。将合作社纳入税务登记系统，免收税务登记工本费。尽快制定金融支持合作社、有条件的合作社承担国家涉农项目的具体办法。③ 从该文件中我们不难发现，为了增加农民收入，国家政策又一次偏向于鼓励农民合作。而将众人的资本集中在一起将更加适应当前的经济发展形势。从这一点上说，通过研究农民之间的合作能够发现农民以什么方式在合作、需要什么样的合作以及目前缺少哪些合作条件等。

---

① 张思：《近代华北村落共同体的变迁——农耕结合习惯的历史人类学考察》，商务印书馆，2005，第330页。

② 张思：《近代华北村落共同体的变迁——农耕结合习惯的历史人类学考察》，商务印书馆，2005，第330页。

③ 《中共中央国务院关于2009年促进农业稳定发展农民持久增收的若干意见》。

目前，学者对东部沿海发达地区中农民的合作研究比较多，而对西部欠发达地区的农民合作研究较少。这除了学术资源的原因外还有就是学者对西部农村缺少关注。少数对西部农民合作的研究也只停留在宏观层面，没有详细地考察其合作具体内容及合作操作过程。本章将研究对象置入西北部甘肃省武山县的一个行政村，详细了解当地的农耕合作，这样也可填补这方面的空白。

二 西北农民农耕合作行为的表现

（一）村庄概况

郭家庄是甘肃省天水市武山县的一个普通行政村，距离天水市 105 公里，距离省城兰州市 241 公里，横穿中国"心脏"的陇海线从这里经过。郭家庄以前是郭槐乡政府的所在地，2000 年撤乡并镇后，郭槐乡政府被撤掉，郭家庄并入了与之有 10 公里的洛门镇。郭家庄北面与本镇文家寺村相邻，南面与本镇孙家庄相邻，东面隔河与本镇王家庄相对，西面紧靠西梁山。村旁有一条小河流过，因为村庄所在的这条山沟为南北走向，所以这条沟也被称为南河沟，这条河被称为南河。

武山县有着悠久的历史，公元 188 年东汉时期始设县，至今已经有1800 多年的建县史。初名新兴，中为宁远，民国 2 年（1913）改名为武山。汉代时属南安郡，隋朝时归入陇西县，唐朝时为吐蕃所占有，到了明、清隶属于巩昌府，现在则属于天水市。而武山也是隶属于天水市的最北边的一个县城。县内 85% 的面积为山区，有黄河最大支流渭河自西向东横贯全境。渭河以南有秦岭山系的云雾山、太皇山、天爷梁、铁笼山、桦林山，渭河以北有陇西山系的盘龙山河七家岘梁。渭河流经洛门镇，而流经郭家庄的南河在洛门镇汇入渭河。

武山县属于农业县。这里种植的蔬菜品种繁多，有韭菜、蒜苗、黄瓜、冬瓜、西红柿、竹笋等。而洛门镇有西北最大的农产品交易市场。每到逢集之日（两天逢一集），蔬菜交易市场客流量高达 5 万至 6 万人。蔬菜多运往西安、成都、兰州、西宁等周边城市。

郭家庄位于武山县西南，现归洛门镇管辖。郭家庄看名字像一个以

"郭"姓为主的村,其实它是一个杂姓村。村里的姓氏有郭、张、王、李、赵、侯、马、濮、汪、杜、陈、林、刘、何、孙、周、韩、谢、邓等,其中以郭姓、张姓、王姓人居多。据武山县县志记载,郭槐乡郭氏为明弘治二年（1489）,由山西洪洞县大槐树下迁来。[①] 作为一个行政村,郭家庄由8个小队组成。2000 年第五次人口普查时郭家庄共有户数 837 户,人口3783 人。全村可耕地总面积 4830 亩,其中川水地 1970 亩,山地 2860 亩。该地区属于温带大陆性气候,年降雨量 500 毫米左右,以黄土为主。由于气候干燥,这里的农民以往都是靠天吃饭,收成在很大程度上受气候的影响。该地区种植的作物有小麦、玉米、油菜籽,20 世纪 90 年代以前一些水地也可以种植水稻,但随着气候的变化,种植水稻已经成为一个故事了。当地村民并不靠种植粮食作物为生。对于土地多的,除了种植可以自给自足的粮食作物外,大多数地用来种植蔬菜;而对于土地不足的,把所有的土地都用来种植蔬菜,用卖蔬菜的钱买粮食吃。2002 年国家推行退耕还林政策以来,农民所有的山地都用来退耕还林了,留下来的只有水地可以种植,而水地也正适合种植蔬菜。农民在有限的土地上种植收益最大的经济作物,而不是低价的粮食作物。

距离郭家庄最近的集市就是相距 10 公里的洛门镇,这里有西北最大的农产品批发市场。洛门镇逢农历双日为集日,相对的是武山县县城逢单日为集日。郭家庄村民种植的蔬菜大多数拿到这个集市批发。在蔬菜产量高峰期,也有商家直接来村庄收,而这也衍生出一种职业——菜牙子。所谓菜牙子就是帮助商家收菜的本地村民。

（二）农耕合作的表现

1. 20 世纪八九十年代的农耕合作

20 世纪八九十年代,当地农业发展刚走上蔬菜种植的道路。在"民以食为天"的传统思想的影响下,人们首先考虑的是粮食问题。当时农民种植最普遍的农作物是小麦。当时耕地大多采用传统的"二人抬杠"方式,也有一些土地面积大的农户养牛,用牛来耕种。在农忙时节,劳动力单薄的农户会租用牛为其耕种,但要交相应的费用,一亩地 15 元左右。在调查中,当地农民并不认为

---

① 武山县地方志编纂委员会:《武山县志》,陕西人民出版社,2002,第 110 页。

这种形式属于合作，更多的人认为这是一种买卖关系。那么有没有合伙饲养牲口的情况呢？据当地农民回忆，"大包干"分地到户时，有把一头牲口分给几家共同饲养的情况，也许是利益分配不均的缘故，这种方式后来不了了之了。

1978年十一届三中全会吹响了改革开放的号角，这股春风也吹到了偏远的西部。当时已经有一些思想先进的农户尝试种植经济作物了。最早引进的经济作物是麻。麻是一种草本植物，其茎皮属于纤维，可以制绳索、织布等。麻的播种、管理并不需要太多的劳动力，所以在这些环节，合作并不经常发生。但在收割和漂白阶段，需要大量的劳动力，在这两个阶段，没有合作几乎是完不成任务的。在收割阶段，几户人家集体出动，打叶子的打叶子，砍麻的砍麻，捆绑的捆绑，甚至小孩也不可缺少，因为需要小孩提前将长势差的矮个子麻拔出来。妇女的工作就是准备饭菜，并到吃饭的时候把饭送到地里，劳动者的午饭就在地里解决。漂白是种麻必不可少的一道工序。刚收割回来的麻是绿色的，只有在漂白过后麻才变白。漂白程序最需要的就是一个大水坑。因为当地缺少天然水坑，所以一般是2~3户合挖一个水坑，用来漂白麻。在调查中，村民对种麻有深刻的感受。

村民郭某

种麻一般几户合作？——不一定，收割时可以是三四户，但漂白一般不超过3户。如果户数多了，一时无法搞完所有的麻。

合作过程中管饭吗？——管，给谁家劳动谁家就管饭。

管几顿？——一般是午饭。晚饭大多回自己家里吃，但也有去吃晚饭的。

劳动时农具谁带？——自己有工具就带自己的去，一来一户也没有那么多农具，二来用自己的顺手。

有没有不与别人合作，自己单干的？——这个很少，除非自己家劳动力多，要么就是在村里人情不行的。

一般是在什么样的人当中进行？——这个说不定，有的和伙子来①，有的和邻居，有的和联手②，不一定。

大家对种麻的热情没有维持几年就消失了，一个原因是种麻需要充足

①　当地俗语，即同一姓有血缘关系的本家。
②　当地俗语，即关系非常好的朋友。

的劳动力，另一个原因就是麻的效益并没有想象中的那么好。麻在漂白晒干后需要把皮剥下来，往往一大捆麻剥不了多少皮。这时候从陕西流行的韭菜传到了当地，人们的热情转移到了种植韭菜上。

韭菜属于百合科多年草本植物，种植一次，可以生长5年左右的时间，而且韭菜割了头茬还有二茬，甚至市场好的时候三茬都能卖钱。当地的韭菜采取温棚种植方式，到冬天其他蔬菜结束后韭菜就上市了，往往在这个季节是蔬菜的短缺期，这样种韭菜的收入比种麻高多了。韭菜的播种管理阶段并不需要太多的劳动力，但到了收割阶段，就需要大批的劳动力，其原因是当地的韭菜是整体批发给商贩的，要求一次性收割完所有的韭菜。基于这种原因，韭菜收割阶段存在着大量农民合作的现象。调查中一位农民这样描述韭菜收割时的合作。

收割韭菜是个很费力的活，往往叫上七八个比较对劲的，有时候是大清早天还没亮就去收割，有时候是晚上点着蜡烛收割。收割时有明显的分工，一半的人割，之后手巧的人把割好的韭菜扎成捆，一般扎成1~2斤的捆。还得有一些人把它放成堆，最后装进大筐子里面。割韭菜是不管饭的，结束后自个回自己家吃。即使想吃也没有，韭菜的主人刚从地里回来，哪有饭吃？有时候几家的韭菜收割时间凑到一起了，就早上收割你家的，下午或晚上收割我家的。在这个时候就发现人多好办事。

韭菜的种植维持了大约十年的时间，这时候周围的其他村也都种植韭菜了，有时候会产生供大于求的情形。为了避免"撞车"，村民们将目光转移到了别处。

2. 当代农耕合作的表现

农民之间的农耕合作随着种植蔬菜种类的变化而变化。韭菜种植被淘汰后，黄瓜、西红柿、冬瓜这些蔬菜走进了人们的视野。但在调查中发现，农民种植这些蔬菜时并没有发生普遍的合作。这几种蔬菜都采用冬暖棚培育方式，一般一个冬暖棚占地0.4亩左右，耕作时大多是零散的活，一家几口完全可以应付过来。另外一点，这些蔬菜上市后，每一次大约有一两百斤的产量，这也是不合作的一个原因。

冬暖棚的种植方法，虽然可以种植反季节的蔬菜，但其中的工序很复杂，此外还要冒很大风险，任何一个环节稍有不慎，整个蔬菜就会死掉。比如很多时候，每年光育苗就要两三次，育的苗要么不出芽，要么出芽后天气一变化就被冻死。在这三种蔬菜中，要数黄瓜最麻烦。黄瓜自出苗起，每隔两三天就要打一次农药，即使这样有时还是控制不住病毒的侵害，也许今天在收摘黄瓜，明天去地里一看所有的黄瓜树苗全枯死在地上了。冬瓜相对要好种一些，并不像黄瓜那样要时时刻刻防范病毒的侵害。但冬瓜价格便宜，一般只有黄瓜价格的一半。西红柿是一种技术要求比较高的蔬菜，它的普及性不及黄瓜、冬瓜。

在这些蔬菜的种植中也不是说没有合作，有时候在农活比较重时，主人会叫一两个帮忙的人，调查中农民将这更多地称为帮工。

土地的不足让人们想方设法利用仅有的土地，要向土地要饭吃，就要学会合理规划土地的使用。冬暖棚的使用使得农业种植一年两季有了可能。等到冬暖棚中的蔬菜下市后，差不多就到了六七月份，这时聪明的农民选择了继续种植蒜苗和莴笋。

蒜苗是大蒜的幼苗，其嫩绿的蒜叶和叶鞘可供食用。其味偏辣，有醒脾、消积食、除菌等作用。调查中当地农民也说不清楚蒜苗是从何时传入本地的。近几年，蒜苗行情大涨，种植蒜苗的农户也越来越多，甚至有些农户将所有的地都用来种植蒜苗。蒜苗的播种比其他蔬菜要求严格，需要人工一颗一颗将蒜子种进事先整理好的软土中，一般一列 4 颗，间距 4～5 厘米，人们将这个环节称为"点蒜"。人工的播种方式比较慢，所以在这个环节需要大量的劳动力。这个环节最适合小孩子劳动了，因为小孩子手快。这时候小孩子也加入了农耕合作中。小孩子会喊上自己的伙伴或同学互相帮忙点蒜，同学之间互相合作，既热闹速度又快。也有两三家合伙播种的，今天给这家播种，明天给那家播种。当然也有自家单干的，一片地播种个两三天，只是速度就有些慢了。

蒜苗的成长需要充足的水分，这样每隔 3 天左右就得浇灌一次水，当地至今采用的是大水漫灌方式。每年夏季、秋季是当地降水量稀少的时候，也就在这时候农地里的蒜苗需要大量的水来浇灌。这个季节也是南河水流量少的时候，为了浇灌，农民自发组织起来，合伙去寻找水源，这个过程的合作对象主要以地邻为主，因为地邻用的是同一水路。在访谈中，一位村民对浇水的合作有这样的感受。

寻找水源时有人组织吗？——一般没有，都是谁家需要灌溉了，喊一声，其他也需要灌溉的就一起去。

这个有领导吗？——肯定要，要有一个人指挥的。

一般什么样的人当头？——有威望的，力气大的，能管住其他人的……

他怎么指挥？——他给去的人分派任务，看哪些人看水，哪些人专门负责浇水，他自己是来回跑，以防有人偷水或者抢水。

合伙时男女老少都可以去吗？——肯定不行，肯定喜欢要年轻力壮的。但有时都是熟人，面子上过不去，妇女、老一些的也可以加入，但小孩一般不要。

合伙大约多少人？——这个不一定，多了二三十户的也有，少了十来户也行。人多不一定是好事，你要保证所有入伙的都能浇灌到水。

假如浇灌不到呢？——水非常紧张的那几年，入伙都要交5元或者10元的入伙费。要是最后有谁家的没浇灌到水，就拿这钱补偿给他。要么就是第二天大家继续找水，继续给没见到水的家浇灌。一般来说这种情况发生的比较少。

交上去的钱要是没用会退回来吗？——不会。会给看水的人买啤酒或者饼子。

蒜苗浇灌的合作具有临时性，浇灌结束后立马解散。等到下一次需要浇灌时合作者可能就是其他人了。在被调查对象中，所有的农户都参与过这种合作。特殊的气候条件促成了特殊的合作形式。

近几年农民之间的合作较前些年更加频繁，很大程度上是受种植作物变化的影响。调查中一些农户说，对于蒜苗的出售在前几年农户之间是不合作的，但近两年（2008年始）因蒜苗出售引发的合作成了一种真正意义的合作。这种合作有固定合作搭档，一旦定下来，合作时间至少要一年。调查中大部分农户将其他合作称为"互相帮忙"，只有这种合作被认为是"合伙"。那么这种合伙到底是怎么发生的呢？

2008年以前，当地农民挖蒜苗时一般都是单干，一天挖多少就卖多少。当时商家每天直接在村里设置收购点。一般情况下，一家三口的农户一天大概能挖150~200斤的蒜苗。这种作业法不管是对商家还是对农民本身都不利。对商家来说，要收购一车的蒜苗，需要几十家农户的蒜苗，这样抬高了他们的收购成本。此外从时间上来说，收购一车的蒜苗也需要太长的时间，这样耽搁了运输时间。对于村民来说，多销售一次蒜苗，就多遭受一次商贩的压榨，因为商贩往往在秤上做手脚，克扣蒜苗的重量。

2008 年以后，一种新的销售方式流行起来了，即两三户村民联合起来，一次性挖掉一家整片地中的蒜苗，一次性卖给商家，这样一方面降低了双方的成本，另一方面农民也省心多了，不需要考虑以前分散销售的麻烦。这种销售方式从何流传而来，这个问题在调查中一直寻找不到答案。很多农民都说别人这样做自己也就这样做，也有一些说是商贩要自己这样做的。不管是什么原因，在这里面体现出农民的理性行为。

访谈中农民这样谈论这种合伙。

村民王某

蒜苗挖销你家有合伙对象吗？——有，我家跟我侄子家合伙，两个侄子家，已经合伙两年了。

没有和其他村民合伙？——没有，外人有时候弄不清楚。

合伙需要什么条件？——条件？一般来说种的蒜苗（面积）差不多，要是我种半亩，他种两亩，肯定合不到一起去。另外如果你没运输车，最好找一个有车的农户。还有要脾气相投的，话都说不到一起，谈什么合伙？

合伙时先给谁家挖？——说不定。谁家的能挖就给谁家的先挖。挖完了再给另外一家挖。

有没有合到一半散伙的？——这种情况不多见，但也有。村里就有几户合伙的，正赶上价格好的时候，都想先挖自家的，最后弄得不欢而散，单干了。我们是没有，自家人，好说话。

合伙时管饭吗？——不管。但哪一家的卖得好了，就拿出点钱请大家一顿，最多费个百拾来块钱。

村民郭某

你们是几户一起合伙的？——哎，几户？5 户都超过了。刚开始是我、我哥还有一个好朋友，后来加了个好朋友的弟弟，还有我岁达①。他们两户呢一个是当家的出去打工了，就老婆一人，我岁达两口子年纪又大。去年我们从 10 月份挖到腊月，一天都没闲着。

那你觉得几户合伙最好？——2~3 户吧，多了忙不过来，套用别人的话说，多了就"被合进去了"。

————————

① 当地俗语，即小叔。

什么样的人不容易找到合伙对象？——年老的肯定不好找，这个要的是劳力，老了当然不行。还有种植的（面积）也要差不多。村里就有一户每年种植五六亩，谁敢跟他合伙啊？没办法，他只好雇人挖了。

合伙是固定的还是临时的？——一般是固定的，合起来就两三年。像我们就合了两年了。

找合伙对象时怎么向对方说？——一般很有默契，自己挖的时候喊一声他，等他挖的时候也就来喊你了，时间一长就到一起了。如果你去喊他没来，说明人家已经有合伙对象了。有些是事先去问看有没有合伙对象，没有就合，有的话就找其他人。

一般什么样的人之间容易合伙？——本家，还有联手，邻居之间合伙的也是常见的。

村民刘某

你家有固定的合伙对象吗？——没有。

为什么不找人合伙？——我在村里属于外姓户，力量比较单薄，平时和其他人打交道也不多，找不到合伙的。

村里像你这样的多不多？——不多。其实也有人找我合伙，但我种的蒜苗少，自己能干过来，合伙也麻烦。

你觉得合伙好还是不合伙好？——怎么说呢，各有好处。合伙的话干活快一些，但给自家干完后还得给别人干。单干的话速度是慢，但自由，自己想什么时候去就什么时候去。

那单干的话一次只能挖少量的蒜苗，卖的时候怎么办？——也有的商贩一点一点收。实在不行，雇几个人手也可以。

一般在哪里雇人？——有人专门挣这个钱，一天30元左右，本村的有，王家庄（邻村）也有很多人。

访谈中发现，蒜苗耕种合作是一种很正式的合作。虽然合作者没有成文的协议，但农民之间的"信任"还是将彼此限定到了一定的范围。蒜苗耕种的合作，顺应了市场变化的要求。淳朴的农民时刻改变着耕种方式以追求利益的最大化。在蒜苗买卖中，存在着商贩与农民之间的利益博弈，最终他们找到了一个利益的均衡点。

近两年，村民除了大面积种植蒜苗以外还种植另一种蔬菜，这就是莴笋。莴笋为菊科，属一年生或两年生草本植物，原产地中海沿岸，大约在7

世纪初，经西亚传入我国。其地上茎可供食用，茎皮呈白绿色，茎肉质脆嫩，可拌凉菜，可炒菜。当地莴笋的种植可分春、秋两季。

莴笋和麻、韭菜一样，在播种、管理时对劳动力的需求不大，但在收获阶段，需要众多的劳动力，一般少的话十几人，多了三十个人也常见。莴笋压秤，一根莴笋一般2斤左右，长得好一些3斤多的也有。当地的莴笋一般7根或9根捆成一捆，这样一捆就20斤左右，因此在收获莴笋时劳动力越多越好。另外一点，在拔莴笋前农户就已经和商贩约好了。商贩的要求是一次性拔完整片地里的莴笋，在太阳升起前送到他们装车的地方。因为莴笋保鲜期较短，商贩要当天将之运往销售地。拔莴笋时人们的合作具有临时性的特点，一般是看谁有空就喊谁，只要被喊的人有时间就一定去，这样等下次自己的要拔时也好喊其他人。拔莴笋的合作行为是一种纯粹的村民互助行为。在拔莴笋时，主户会给男劳动力准备啤酒，给女劳动力准备果啤，吃的是大饼。一般在拔完莴笋休息时大家吃些干粮。吃完后全体劳动力就往车上转运一捆一捆的莴笋。

访谈中有村民这样描述拔莴笋时的情景。

拔莴笋时需要很多人，一般需要提前给周围人打招呼，说明天我家要拔莴笋了，你来帮一下。喊的人一般他自家也种这东西，今天我喊你，明天你家拔的时候我自然会来。很多时候会遇到同一天拔的情况，这时夫妻俩分开，每个去帮一家。有时也喊没种植莴笋的人，时间紧了找不到足够的人只好麻烦人家了。农村嘛，低头不见抬头见，明天其他事可以帮他忙。至于吃的喝的，也不知道怎么流行起来的，反正大家都准备。时间宽裕的话大家就吃点，要赶着送给商贩时间紧的话，吃的就免了，也不在乎那一点吃的。（村民李某）

因种植莴笋而产生的互助具有成员不固定的特点，当地农民形象地将这种互助比作"支官"，所谓"支官"，就是酒席上一个人轮流与同一桌的人喝酒。不管自己种植的多不多，只要得到别人的帮助了，最后这个"官"一定要支到底。

农耕中的合作形态万千，每一种合作都有其发生的背景。合作形式因种植作物类型、劳动力需求状况、市场要求等因素而各不相同。就在帮助与被帮助中，村民日复一日、年复一年地耕耘着这片土地。

三 农耕合作原因和条件分析

为什么农民之间会发生农耕合作，合作需要什么条件？农耕合作行为的发生，背后隐含的是农民对一种需求的满足。在众多因素的影响下，农民才会自发组织起来，进行农业生产上的合作。在张思对华北农耕结合进行考察时，他发现促使当地农民参与搭套的原因有三个：一是畜力不足与近代华北农村的生产条件；二是当地劳动力的不足；三是华北农业地带的旱作农法。[①] 在这三个因素的影响下，当地农民自发组成一种叫"搭套"的合作形式。

农耕合作也是有条件的，并不是说所有的村民之间都可以进行合作。村民在选择与谁合作时考虑的不仅仅是双方的友情，还有其他因素制约着农民的选择。

（一）农耕合作原因分析

在对郭家庄农民农耕合作的调查中，笔者发现有几个因素促使农民参与合作，这就是当地的自然环境及农作物种植类型、劳动力的不足、市场的需求和当地农作物特殊的耕作方式。

1. 种植种类与自然环境

在调查中发现，当地农民的农耕合作行为并不是在所有作物种植中都存在。在种植粮食作物时，农民一般采取单干的方式。种植粮食作物的作业顺序比较简单，不需要多人参与。但在种植蔬菜作物时，村民之间广泛地发生着合作行为。从八九十年代的麻、韭菜，到如今的蒜苗、莴笋，蔬菜的成长、销售方式促使农民合作起来。但也要看到，并非所有的蔬菜种植都伴随着合作行为的发生，之前提到的黄瓜、冬瓜等蔬菜的种植中就没有合作。同时，合作也只发生在种植特殊蔬菜的特殊阶段，比如在种植麻的过程中合作发生在收割和漂白阶段，在种植韭菜和莴笋时合作发生在收割阶段，在种植蒜苗时合作发生在播种、收获和销售阶段。

[①] 张思：《近代华北村落共同体的变迁——农耕结合习惯的历史人类学考察》，商务印书馆，2005，第 94 页。

与合作有关的另一个要素是当地的自然环境。郭家庄处在一个黄土山沟中，村庄恰好有一条河流经过，河流两旁的土地多带有沙土，非常适合蔬菜的种植。蔬菜种植过程中需要大量的水分，而河流的水刚好可以满足水的供给。这使得种植蔬菜成为本村村民最大的经济收入来源。但降水量稀少的条件还是制约着农业的发展，为了克服这个困难，农民自发地团结起来。寻水的合作就是农民克服环境的一个很好的例子。

2. 劳动力的不足

在当地普遍存在着劳动力短缺的情况，而当地的农作物种植方式又需要大量的劳动力，这是当地农耕合作发生的一个重要原因。表 7 - 1 是对本村 50 户村民劳动力状况的统计。

表 7 - 1　郭家庄 50 户农户劳动力状况

劳动力数（个）	0 ~ 1	2	3 ~ 4
户数（户）	3	38	9
占比（%）	6	76	18

调查将劳动力定义为 18 ~ 65 岁可以劳动的村民。其实在访谈中发现，在一些农耕合作中小孩子也参与进来了，比如割麻时需要身体娇小的孩子提前拔出矮小的麻，蒜苗播种时很多孩子互相给对方家播种。但在合作中主要的劳动力还是成年人，小孩子只有在放假期间才来帮忙。

在被调查的 50 户村民中，有 3 户人家只有一个劳动力，其中一户为单身汉、一户夫妻离异、一户丈夫受伤无法劳动。这 3 户都反映自己找合伙伙伴比较困难，其中一位说"虽然与别人在合伙，但总感觉心里不自在"，其原因是"其他人都是夫妻上阵，就自己孤单一人……"。调查中得知，这位单身汉并不参与合作，原因是他不种植蔬菜，只种植粮食作物，因为蔬菜的种植一个人忙不过来。家里有 2 个劳动力的有 38 户，占整个户数的 76%。从这个数据得知，家里有 2 个劳动力的情况是村里最普遍的情况。有 3 ~ 4 个劳动力的户数有 9 户，占整个户数的 18%。这样的家庭一般是有个不读书的孩子或者有个还可以劳动的老人。

在蔬菜种植中，普通的作业一般需要 2 个劳动力就可以了，但在农忙时就会遇到严重的劳动力不足的问题。蔬菜在播种、收获、搬运阶段需要大批的劳动力，显然 2 个劳动力无法完成繁重的耕作任务。比如在蒜苗播种阶段至少需要 5 个以上的劳动力、在莴笋收获阶段则需要 20 个左右的劳动力。在劳动力严重缺乏的情况下，村民选择了合伙、互助等方式渡过难关。

郭家庄也有采用雇用人工的办法度过农忙时节的农户。采取这种方式的要么是找不到合伙对象的，要么是种植面积太大，无法与他人合作的。雇用人工需要支付额外的费用，对村民来说，与其出这份不必要的钱，还不如自己辛苦一些，与他人合作来度过农忙期。一位村民在访谈中这样说："既然你需要找人帮忙，我也需要找人帮忙，还不如合在一起干，多出那份钱干什么？再说别人都在合伙，就你一个人不合，显得有些不合群。"

劳动力不足已经成为当地不争的事实了。耕作方式需要充足的劳动力，显然每户村民都会遇到劳动力缺少的情况，在雇用与合作之间，大多数农民选择了后者。彼此的需求促使了农耕合作的产生。

3. 市场发展的要求

从以上的资料描述中可以发现，当地农民的农耕合作行为很大程度上受市场的推动。为了追求市场利益的最大化，村民们在时刻更新着自己的生产方式。从麻的种植到韭菜的种植，从最初蒜苗的单干到近两年种植蒜苗的合伙，无不体现着农民的智慧、理性选择。就如村民所说的，重要的不是合作的过程，而是合作所产生的效益。

当地村民敏锐的市场意识与距离销售市场近有关。商贩收购蔬菜时，一般会在村里设置收购点，一旦市场有什么变化，立马一个电话打到村里，村里负责收购的人员随之会改变收购方式，市场上价格好会大量收进，市场一旦不景气马上停止收购。蒜苗收购的变化最主要原因就是商贩收购方式的变化。2008 年以前，当地蒜苗的收购以单户一天的收割量为主，即单户村民一天能挖多少，就卖给商贩多少。2008 年以后，商贩要求村民集中某一天挖掉整片地里的蒜苗，统一进行收割，而不再采取一天收几十户甚至几百户的产量。这就要求几户村民联合起来集中一天挖完某一家所有的蒜苗。

访谈中在问到蒜苗前后两种收购方式喜欢哪一种时，有一半的人还是喜欢以前的收购方式。村民们这样回答。

以前好一些，自家人挖多少卖多少。早上两口子去挖，等到下午五六点把挖好的运到收购点，当场就卖掉……（村民王某）

还是以前好一些。现在这种合伙挖，你家挖完了挖我家的，一天都不闲着，而且挖完后需要运输到市场上给商贩们，不像以前直接在门口卖掉。（村民李某）

我还是喜欢以前的方式，自家人单干轻松。虽然合伙一次性挖完卖掉成本要降一些，但合伙拉的战线太长，搞的没忙其他的时间了。没办法，商贩要求怎么做就得怎么做。（村民郭某）

从村民的回答来看，市场促使人们去合作，但这种合作并不是一些村民想要的。为了顺应市场发展的要求，村民们不得不合伙。

4. 当地农作物特殊的耕作方式

为什么村民在有些作物种植中合作而在有些作物种植中不合作？这是个很有意思的问题。如前所述，当地农民种植着多种农业作物，在麻、韭菜、蒜苗、莴笋等作物种植中村民之间有合作行为发生，而在小麦、玉米、黄瓜、冬瓜等作物种植中农民一般都是单干，这就和农民种植的作物类型有关系。

伴有合作发生的这几种农作物有特殊的耕作方式，即都需要一次性完成一道作业程序。麻、韭菜、莴笋需要一次性收割，蒜苗需要一次性播种。蒜苗虽然可以分开收割，但市场要求其也一次性收割完。反观其他作物，黄瓜、冬瓜并没有统一期限，一般是成熟多少就收获多少，这样一次的产量并不高，所以一户的劳动力完全能应付过来。但这里要注意的是小麦、玉米等粮食作物的收割也属于一次性的，为什么在这些作物的收购中没有发生村民合作行为呢？对于这个问题，一些村民这样回答。

小麦收割是不怎么合作，主要整个地区的小麦差不多都在同一时节成熟。要是不及时收割回来，差一天熟透的麦粒就可能掉在地里，所以还是时间差不开。（村民郭某）

小麦收割也谈不上没有合作，要是你今天没事恰好你哥哥或弟弟要去割麦子，你肯定去帮忙收割，不过这就是一种互助行为了。（村民王某）

以前小麦种植面积大时，收割季节往往是最忙的时节，那时各家忙收割自家的，哪里顾得上别人的。不过那时候有从陕西等地方来的"麦客子"①，

---

① 麦客子，一种靠给他人收割麦子赚钱的职业，具有临时性。

一天 10 块钱左右。现在不见这种人了，主要是当地人把土地大多种植蔬菜了，种植小麦的不多了。有些家庭甚至一点小麦都不种。（村民张某）

割小麦合作？现在种植小麦的已经很少了，谈什么合作？大多数都种植蔬菜了。小麦一斤不到八毛钱，一亩地最多收割 1000 斤，算下来一亩地一年 1000 元都不到。要是种植一亩地的蔬菜，好一点 2 万元都超过了。（村民汪某）

从村民的回答看，小麦、玉米等粮食作物发生的合作之所以少，有以下几点原因：第一，小麦等的成熟期都在一个时期，为了抢收，村民之间来不及合作；第二，小麦等的种植面积不大，不需要太多的劳动力；第三，在小麦等的农忙期，雇用习惯较合作习惯来说占主要地位。农耕合作并非时时刻刻发生，在劳动力短缺、市场发展要求、作物耕作方式等的影响下，当地农民采取互助、合伙等方式合作起来，以谋求利益的最大化。

（二）农耕合作条件分析

当地村民在农耕作业中普遍存在着合作现象，但并不是所有的农户之间都会发生合作。在村民选择自己的合作对象时，受一定规范的影响和制约。农户之间的亲密友好关系是合作的基础，但仅有此基础是不够的，对方的种植面积、相互之间的经营能力、经济基础以及农具拥有情况都是其考虑的因素。在合作对象的选择上，村民可谓是"精打细算"的。虽然这种"精打细算"口头上不表达出来，但双方对某一因素的考虑是心知肚明的。

1. 紧密关系——合作的基础

著名学者费孝通用"差序格局"来形容中国传统社会的人际关系。中国传统社会结构的格局就像是把一块石头丢在水面上所产生的一圈圈推出去的波纹，而个人就是波纹的中心。波纹推出去的圈子，越往外关系就越淡薄。[①] 在传统文化保存比较完整的农村，村民之间完全处在这种格局中。整个村构成了一个熟人社会，但并非所有的村民都会发生某种关系，很多人只是见面打声招呼。只有关系非常紧密的村民之间才会发生联系，进而产生合作。

---

① 费孝通：《乡土中国 生育制度》，北京大学出版社，1998，第 24 页。

紧密关系作为合作的基础是毋庸置疑的，在访谈中所有的被调查农户都提到了紧密关系对合作的重要性。在紧密关系下，双方的合作会一直持续下去。一旦在合作中出现影响双方关系的一丁点小矛盾，第二年合作会立马停止。在此后，虽然他们见面还是打招呼，但合作再也不会发生了。

紧密关系不仅限于本家、亲戚之间，还有朋友之间。有些村民甚至认为朋友比"伙子来"更亲密。朋友之间性格相投、年龄相仿，而"伙子来"之间有辈分之分，出于尊重，小辈在对晚辈有不同意见时不好明讲出来，这样反而容易产生隔阂。调查中人们普遍反映"伙子来"之间的关系没有以前亲密了。

2. 种植面积的对等——不得不考虑的因素

郭家庄共有可耕种水地 1970 亩，1998 年第二轮土地承包时，按可享有土地人数平分下来，每人 2.2 分水地。按一家三口可享有土地人数算，每家可分得水地 6.6 分。此后土地一直没有调整，迎娶的新媳妇、1985 年以后生的孩子没有土地，1985 年以后去世的老人的土地没有收回。调查中，大部分村民都觉得自家的土地不够耕种，为了给经济作物留下足够的土地，一些土地少的农户甚至不种植粮食作物。在被调查的 50 户农民中，用来种植蔬菜作物的土地面积情况如表 7 - 2 所示。

表 7 - 2　50 户农民蔬菜种植面积情况

种植面积（亩）	1 以下	1.1 ~ 2	2.1 ~ 3	3 以上	总　数
户数（户）	9	11	24	6	50
占比（%）	18	22	48	12	100

从统计数据来看，蔬菜种植面积在 2 亩左右的农户最普遍。种植面积在 1 亩以下和 3 亩以上的农户占的比例相对小一些。农户在选择合作对象时，更喜欢选择种植面积和自己差别不大的农户。种植面积在 1 亩以下的农户没有和种植面积在 3 亩以上的农户合作的情况。值得注意的一点是，种植面积在 3 亩以上的农户有 4 户是自己单干，只有 2 户与别人合作。很特殊的一个例子是村民郭某，他除了耕种自己的地以外，还租了几亩地，到蒜苗播种季节，全种上蒜苗，因为他种植的面积异常大，所以他没有与其他农户合伙，而是采取雇用劳动力的方式解决劳动力不足的问题。

调查中也有特殊情况。村民王某是一位老师，家里的地只有老婆一人耕种。因为劳动力缺少，王某的老婆每年种植的蒜苗面积不超过半亩。但王某在村里人缘关系好，很多家庭为孩子上学的事有求于他。因此王某并不担心蒜苗播种和收割时的劳动力短缺问题。王某家也有固定的合伙对象，但一般是合伙对象对王某家的帮助大一些，等到给合伙对象耕作时，王某家一般只去王某老婆一个或者一个都不去。在这个合伙中，种植面积、劳动力并不是最主要的衡量标准，更重要的是一种利益关系。

3. 劳动力多少——一个衡量的标准

劳动力不足是当地农民参与合作的一个重要原因，所以，很多村民在考虑合作对象时，会注重对方劳动力的多少。如果一方有 3 个劳动力，而另一方只有 1 个劳动力，那么他们在合伙过程中有 3 个劳动力的一方会严重吃亏。之前提到的王某一家，只是极少见的情况。王某家虽然在劳动力上不能给对方以支持，但在孩子求学方面王某会给对方以帮助，这也算是一种补偿。对大多数农户来说，家里两口子都是以种地为职业，在寻找合伙对象上还是以能否给自己提供劳动力为标准。

在调查的 50 户村民中，两户之间合作的有 27 户，占总户数的 54%。如果我们将一户定义为甲，另一户定义为乙，则可以根据其劳动力的情况建立表 7－3。

表 7－3　不同劳动力合作情况

单位：个，户

乙 ＼ 甲	1	2	3	4
1	2	0	0	0
2	1	12	0	0
3	0	6	3	0
4	0	0	3	0

该表中，第一行表示甲户的劳动力数，第一列表示乙户的劳动力数，中间的数字是不同劳动力数合伙的组合数，比如第三行第三列中的 12，表示都拥有 2 个劳动力合伙的户数有 12 户。从表中的数据看，最普遍的是都拥有 2 个劳动力户数之间的合作；只有 1 个劳动力的户数其合伙对象大多也

只有 1 个劳动力；甲家有 2 个劳动力，乙家有 3 个劳动力，这种合伙的户数有 6 户；甲家有 3 个劳动力，乙家也有 3 个劳动力，按这种组合的有 3 户；甲家有 3 个劳动力，乙家有 4 个劳动力，按这样劳动力组合的户数也有 3 户。从数据也能明显地看出来，"1 + 3"组合、"1 + 4"组合、"2 + 4"组合和"4 + 4"组合的方式没有。

4. 劳动工具——一个附加的因素

农民对于农具的依赖就相当于士兵对武器的需要。任何农业生产，都离不开农具的使用，尤其是运输工具的使用。对于小的农耕工具，因为花费成本不高，村民大多数自己预备。但对于大型生产工具，并不是所有的农户都拥有。这些大型农具以前为耕种时使用的牛、运输时使用的架子车，现在发展成犁地机、三轮车。在被调查的 50 户中，有 4 户有犁地机，18 户有三轮车。每种作物的种植，都需要一遍又一遍的犁地，而在作物运输时三轮车也不可缺少。对于一个合伙组织来说，犁地机可以没有，但缺少三轮车是无法正常作业的。很多村民在选择合伙对象时都会考虑这一点。

村民郭某

为什么选择与他合伙？——第一，我们是很好的朋友；第二，他家有三轮车，我家没有。

三轮车在合作中有那么大的作用吗？——肯定有，农作物需要从地里运输给商家，没有车怎么办？要像以前一架子车一架子车拉，拉个一天都拉不完。

村民赵某

是不是因为对家有车才和他合伙的？——不能这么讲，但有没有车也是考虑的一个问题。

那假如对方因为你没有运输车而不想和你合伙怎么办？——那也没办法。不过没必要两家都有车，有是固然好的，用自己的当然顺手，但两家都有也是一种浪费。

村民汪某

我曾经和另一户合伙过一年，当时我们两家都没有运输车。每次运输还得出钱叫人运输。这样一方面不方便，另一方面也花多余的钱。合伙一年后我们就散伙了。之后我新找的合伙对象有车。现在方便多了。

农具不是合伙的必要条件，但村民更情愿选择与有农具的人家合伙。如果合伙双方都没有农具，那么他们在农耕运输过程中，不得不出钱找运输的人。在农忙季节，运输车辆比较繁忙，往往得提前去打招呼，这样无形中增加了耕作成本。

农民在选择合伙搭档时，不是盲目地选择，而是经过理性的思考。他们考虑的因素有是否关系紧密、种植面积是否相等、劳动力是否搭配、是否有耕作工具等。当然农民还考虑其他因素，比如对方的经济情况。但这个因素不好衡量，这个因素更多的是由其他几个因素衬托出来的。一个贫穷的家庭和一个富裕的家庭是不可能合伙的，因为日常生活中他们打交道的地方就不多，更谈不上农耕合作了。

四　农耕合作的内容和方法探析

当地村民之间的农耕合作有其固定的方式，在不同的耕作条件下，有不同的合作内容。对于具体合作细节的探讨能够让笔者更清楚地认识该地区独特的农耕合作习惯，进而可以窥视中国农村传统的社会性质。

（一）农耕合作的内容

前面提到，当地农耕合作特殊的一点是合作内容因种植作物的不同而发生变化。有些作物在播种阶段就已经产生合作了，而有些作物一直在收割阶段才产生合作。在调查对象中，村民具体作物在具体合作阶段的情况大不一样，见表7-4。

表7-4　50户农民农作物合作阶段的情况

单位：户

类　别		小麦	麻	韭菜	蒜苗	莴笋
播　种	合　作	6	0	0	46	0
	不合作	44	50	50	4	50
除　草	合　作	3	0	6	2	0
	不合作	47	50	44	48	50
浇　水	合　作	0	0	0	42	35
	不合作	50	50	50	8	15

类　别		小麦	麻	韭菜	蒜苗	莴笋
收　割	合　作	13	50	50	49	50
	不合作	37	0	0	1	0
销　售	合　作	0	0	7	38	47
	不合作	50	50	43	12	3

从表 7 - 4 中可以看到，在播种阶段，蒜苗播种是以合作为主，而其他作物的播种合作很少；农民在除草阶段大都不合作；在浇水阶段，村民在蒜苗、莴笋两种作物上的合作非常频繁，而其他作物在浇水阶段几乎不合作；收割阶段是合作发生最频繁的阶段，在麻、韭菜、蒜苗和莴笋收割时，几乎所有的村民都采取合作收割的方式，在小麦收割阶段只有部分村民合作；在出售阶段，蒜苗和莴笋出售上村民合作的比较多，韭菜出售阶段村民之间也存在少量的合作。从表 7 - 4 中也可以得出一个结论，即农民之间的合作比以前更加频繁了。从最初粮食作物种植中村民少量的合作到韭菜种植阶段收割的合作，最后到近几年蒜苗和莴笋种植农民之间频繁的合作可以看出，农民之间的合作行为逐渐增多。

在访谈中，农民对具体的合作有以下描述。

村民张某与其弟之间的割韭菜合作

种韭菜那时，我家有两个成人劳动力，我的儿子和女儿当时也十来岁了。我弟家是他们两口子，还有大女儿，当时他们家的儿子才六七岁。割韭菜时我们两家互相帮忙。我家要割时，就去喊他们。一般他们两口子都来，有时候大女儿也来。别看是小孩子，割韭菜可快了。农民的孩子自小都会干农活。割韭菜也要分工，男人、小孩负责割，女人手巧，负责捆。等全割完了后，女人和小孩就负责转运，而男人负责把韭菜装进筐子里。要是地在大路旁边，直接就架到车上。但大多数地都不在马路边，这就要两个男人把装好筐的韭菜抬到路边，再架到车上。这个时候女人用不上，力气活必须有男人。所以在割韭菜时，最起码要两个力气大的男人。

至于所用的工具，割韭菜的铲子一般是自己拿自己的，运输用的架子车是给谁家割用谁家的。

村民郭某蒜苗种植时的合作

点蒜时有多少人？——一般五六个。两个大人，孩子，孩子喊几个他的同学。

需要什么工具？——点蒜要开沟，需要抬杠，还需要几个脸盆、篮子之类的，用来装蒜子。

抬杠每家都有吗？——没有，工具不可能所有的自己具备。到用的时候，就向周围的人借。

小孩子主要干什么？——大人开好沟后小孩就负责点蒜。小孩子手快，要是孩子多的话，大人开完一沟，小孩子差不多就点完了。所以点蒜中有小孩子大人要轻松很多。

有没有大人来帮忙的？——有。要是和你对劲①的正好闲着，就来帮忙。

那到他们家的时候你也必须去？——这个不一定，也要看你时间了。没有硬性规定我给你帮忙你就必须给我帮。

王某拔莴笋时的情景

我拔莴笋的时候正是市场需求大的时候，很多家都在拔。那几天全村人都在忙着拔笋子，早上给这家去拔，下午给那家去拔。要想找几个人都难。可是莴笋已经订给商家了，按时间必须得拔。正好我们家的地邻也要拔，我们就先给他家拔，二三十个人给他家拔完后直接到我家地里继续给我拔。那天很多人跑了三四家，都忙的没来得及吃点东西。拔莴笋时时间紧了，见谁就喊谁，平常都不怎么说话的到这时你喊出口也来给你帮忙。当然到他们家拔莴笋的时候也得去帮忙。农村嘛，这样喊来喊去就都是好朋友了。

看来，当地的农耕合作，大多发生在农忙时节或者劳动力需求量大的作业环节。虽然一些行为属于互助行为，没有形成固定的模式、固定的合作对象，但总的来说，没有脱离合作的范畴。

（二）合作类型——以挖蒜苗作业为例

前面多次提到村民在作物种植中有不同的合作类型。合作类型因合作对象、种植作物类型等的不同而略有不同。以蒜苗收割作业为例，因合作

---

① 当地俗语，指关系好的。

对象的不同，合伙的组合方式大体有五种形式。其一，"血缘型"合伙，合伙的对象是与自己有血缘关系的兄弟、侄子等；其二，"联手型"合伙，合伙的搭档是与自己关系密切的朋友；其三，"地邻型"合伙，地邻之间的相互合作；其四，"近邻型"合伙，合伙对象是自家的邻居；其五，"混搭型"合伙，合伙对象不仅有亲属，也有朋友。① 在调查的 50 户村民中，有 49 户村民在蒜苗收割过程中参与了合伙，这 49 户村民的合伙类型见表 7 - 5。

表 7 - 5　49 户农民蒜苗收割合伙类型统计

单位：户，%

合伙类型	户　　数	占　　比
血缘型	20	40.8
联手型	13	26.5
地邻型	3	6.1
近邻型	6	12.2
混搭型	7	14.3
总　　数	49	≈100

1. "血缘型"合伙

"血缘型"合伙是当地最普通的一种合伙方式。在挖蒜苗合伙中，有 40.8% 的农户采取这种合伙方式。血缘不仅仅限于男方家的兄弟之间，也包括女方的亲戚关系，比如与妻子的哥哥或弟弟合伙，与妻子的妹妹家合伙。在前面提到的郭某家，就与其侄子合伙，这也是"血缘型"的一种。

"血缘型"合伙相对来说比较稳定，村民喜欢这种合伙方式的原因有"比较好说话""更容易沟通""大家关系紧密，更容易团结"等。当然，这种合伙的基础就是大家关系和睦。但在调查中也有村民指出："一些村民跟自己的兄弟和仇人一样，话都不说，谈何合伙？"（村民赵某）这样看来，有血缘关系的村民容易形成两种反差极大的情形，关系融洽的互相合作，关系差的互相不来往。

2. "联手型"合伙

前面提到，联手在当地就是好朋友的意思。好朋友之间一般都脾气相

---

① 在这里要注意的是有些"血缘型"合伙也是"近邻型"合伙，同族人成为邻居的可能性更大。在这里将这种情况都归入"血缘型"合伙中，而"近邻型"合伙更侧重于非血缘关系的邻居之间的合伙。

投、喜好相似，所以他们之间更可能产生合伙行为。在被调查者中，有26.5%的农户的合伙对象正是自己的好朋友。在挖蒜苗时，谁家的可以挖了，就去喊一声联手，联手如果有运输工具（主要是三轮车），除了人来以外，还开上自己的三轮车，等这家的挖完后就开始给另一家挖。联手不仅仅在挖蒜苗时合伙，在其他农作物种植中也频繁地合作，这一点在其他的合伙类型中并不普遍。

"联手型"合伙的另一独特之处就在于他们在干完活后比其他的合伙类型更频繁地在一起吃饭。这种类型的合伙更彻底，将合伙渗透到生活中的方方面面。这种类型的合伙较之第一种要少一些，一些村民认为原因是好联手并不好找。村民王某这样说。

我和张某是自小一起长大的，从小玩到大，性格、家庭情况都差不多。他媳妇和我媳妇也是同一村的，以前关系也不错。自从商贩要求蒜苗整体收购后，我们就在一起合伙了。我有车，他家没有。到给他家挖蒜苗时我就开我的车去，油费什么的都不要他出。村里像我们关系这样铁的不多。大多数人合不到一起，是因为他们私心太重了。要是能互相容让一点，吃点小亏，大家都能合在一起。

3. "地邻型"合伙

"地邻型"合伙主要指的是地邻之间的合伙。这种合作因两家种植作物的地相邻而产生。因为土地相邻，在耕种过程中可以互相照顾、互相帮忙。但从调查数据来看，这种合伙类型并不普遍，调查中只有3户村民采用这种合伙方式，仅占总数的6.1%。而这3户中有1户与合伙方还是姻亲关系。

那么这种可以节省成本的合作方式为什么没被村民采用呢？村民李某这样回答："没有考虑和地邻合伙，地邻之间并不一定关系好，相对于便于共同管理，人们合伙首先考虑的还是彼此的关系好坏。"村民侯某说："我不会和地邻合伙，有些地邻私心太重，总是私占两家共有的土埂，这种人能合的下去吗？"

4. "近邻型"合伙

这里的"近邻"并不包括有血缘关系的近邻，因为有血缘关系的近邻合伙无法肯定他们是因为血缘关系而合伙的还是因为近邻而合伙的，但从访谈中来看，这样的户数大多强调他们的亲属关系，所以本章将这类合伙归入第一种类型。所以这里的近邻指的是没有血缘关系的邻居。调查中，近邻合作的占总数的 12.2%。这些农户因为住得近而产生了亲密的关系，在这样的基础上，他们在农耕中产生了合作行为。

这种类型的合伙延伸到了日常生活中，平常如果哪家有事了，邻居就主动去帮忙，谁家平常做了好吃的好喝的，也会给邻居送一些。也正是日常生活中的互相关怀，让他们关系更加紧密。

5. "混搭型"合伙

很多农户的合伙搭档不止一家，有可能是三家、四家或者更多。在合伙户数多的情况下，"混搭型"比较多。混搭的对象有亲戚，也有朋友。这种合伙有一个中心，这个中心的一方可能是自己的兄弟姐妹，另一方可能是自己的好朋友，而中心的牵引将另外两方联合了起来。前面提到的郭某一家就是这种合伙方式。与郭某合伙的有自己的两个侄子，还有一位关系不错的村民，另外加上那位村民的弟弟。这种合伙类型占总数的 14.3%。

（三）农耕合作的成立、终止

在不同作物种植上，村民选择的合作对象也不一样。比如村民张某最早种麻时是和其弟合伙的，那时候兄弟俩还没分家，干活、吃饭都在一起，到了种植韭菜时，张某除了和弟弟家合伙外还跟自己的好朋友李某合伙，到了蒜苗种植的时候，张某的固定合伙对象只有李某，在莴笋收割的时候，张某至少和 30 户村民之间发生过互助行为。从张某的例子可以看出，在村民的农耕合作中，有旧合作关系的终止，也有新合作关系的成立。那么比较有意思的问题是村民之间的农耕合作是如何开始又如何结束的？开始和结束时有没有什么特殊的仪式？

调查中发现，村民在找合伙对象时很少直截了当地说"我们今年合伙吧！"这样的话，而是在自家有重大农活时喊一下与自己关系好的亲戚或朋友，有时候是亲戚或朋友主动来帮忙，这样到了对方有重大农活时自己也去帮忙，时间一长双方自然形成了固定的合作关系。对于合伙的开始，村民有以下的描述。

村民汪某

合伙有书面协议吗？——没有，农村不兴这个。只是有农活时喊一下对方。

那如果对方不来是不是意味着他不想和你合作？——这个也要看具体

情况，如果那天他正好有其他事，就不来。但假如是喊了两三次还没帮过一次，那他肯定是不愿意了。

约定合伙时有没有比较正式的场面？——没有。

没有摆什么宴席之类的？——没有，哪有那么正式？

村民王某

在一起合伙是谁先提出来的？——这个，怎么说呢，合伙没有一个明显的开始时间，一般都是互相帮忙，时间长了也就在一起了。其实没有哪家是非常严格的合伙，只能说是互助。和自己关系好的在农活繁忙时都去帮忙。

那一般会和几户时常互相帮忙？——一般时常在一起帮忙的也就三四家，在挖蒜苗时有两三家，在拔莴笋时有二三十户。

如果有一户与另外几户时常在一起劳动，那你会不会找他给你帮忙？——这个看情况吧，一般不找，找了，他也不一定能来。但在拔莴笋需要大量劳动力的时候会叫一下他。在拔莴笋时不怎么熟的人都会喊的。

村民刘某

第一次怎么邀请对方的？——第一次会说我明天要忙什么什么，你有没有时间来帮帮忙？

那到他农忙的时候也就会来喊你了？——是的。有时候不用喊，你看到他需要劳动力了，就直接去。

也就是在你来我往中建立了合作关系？——是的。

从村民的回答来看，双方合作没有明显的开始时间，都是在长期的互助过程中慢慢有了固定的合作对象。同时，合作对象因耕种作物的不同而略有变化。但不管怎么变化，几个固定的对象不变，除非双方之间发生了矛盾而导致合作不再发生。合作的终止与开始一样，都没有明确的协议。调查中村民提到的合作终止最多的原因就是合作双方之间发生了不愉快的事情。当然还有其他因素导致合作的终止，比如农具的缺少、对方对某一作物种植的终止等。对合作终止，村民有下面的描述。

我以前和另一户合伙，但我们两家都没有三轮车，这样在蔬菜收割时非常不方便，最后我们不得不分开了。不过在农忙时节，我们还是会互相帮帮忙。（村民郭某）

我和弟弟分开干是因为家里老人去世的事。当时对于谁出大头钱有意见，弄得两家都不高兴，关系搞僵了，活当然不能一起干了。（村民张某）

当初他来叫我给他家帮忙时我就不情愿去，别看他家四口人，可真正的劳动力只有一个。碍于情面我就去帮忙了，没想到我家忙的时候他主动来了。来了就来了，总不能叫人家走吧。到后来互相又帮了几次，每次我都觉得吃亏。最后他来喊我的时候我就不去了，这样几次后他就不再喊我了。（村民王某）

我没有换过合作搭档，但村里有因为吵架而终止合作的。听说他们在蔬菜价格好的时候都想先挖自己家的，后来挖的一家没赶上最好价格，就在背后说了些不满意的话，结果被另一家的人听到了，最后发展到吵架的程度，当然他们的合伙就进行不下去了。但村里大多数人合得很好，出现吵架的是极少数情况。（村民李某）

合伙终止的原因多种多样，归结一下有以下几点：①双方之间发生了不愉快的事情；②对方劳动力不能满足自己的需求；③耕作工具尤其是运输工具限制了双方的合作；④某一方耕作面积的减少或增加；⑤某一方对作物种植的终止。

虽然在合作中总会发生或大或小的矛盾，但大多数村民还是选择继续维持当前的合作现状，因为在当初选择时，就是经过深思熟虑才确定与自己"门当户对"的合作对象。

（四）农耕合作中的伙食供应研究

张思在对华北农耕结合习惯进行考察时，特别注意到了在协作中当地农民是否一同吃饭的问题。在其提到的近代其他诸如朝鲜、日本等国的农耕结合中，当地农民在结合后会聚在一起，共同庆祝丰收的喜悦。而这种"'结'并非单纯的劳动力相互交换，因为与饮酒作乐重叠在一起，还在补充劳动力不足之外发挥着某种'社会的'作用"[1]。

在访谈中，笔者也注意到了在最早的一些作物耕作过程中，存在着东家为帮忙的人提供伙食的情况，比如在割麻合作中。但在以后发展的割韭菜合作、蒜苗耕作合作中，提供伙食的情况渐渐消失了。可是到近两年发展的莴笋收割的互助中，伙食提供的情况又出现了，东家必须给帮忙的村

---

[1]　张思：《近代华北村落共同体的变迁——农耕结合习惯的历史人类学考察》，商务印书馆，2005，第119页。

民准备馒头和啤酒之类的东西。这种不规则的变化是因什么引起的？

在割麻时，女主人会在中途将做好的饭菜送到耕作地里。劳动者在吃完了饭菜后继续从事劳动。饭菜主要是一锅做出来的菜，加上馒头。这种菜在当地称为"汇菜"，一般在过大事时吃这种菜。对于为什么要在地里吃饭，村民有这样的回答。

把饭菜送到地里吃，可以节省大量时间。在地里吃完后大家休息片刻就又开始劳动了。要是回家一趟，一天的活干不完了。（村民汪某）

在地里吃饭热闹。平常大家都在自家吃，好不容易有这样的机会大家凑到一起，说说笑笑的，吃的饭也香。（村民张某）

种麻那会儿，当地的口粮还比较紧张。既然是给你家干活，你就应该提供这一天的伙食。不像现在大家都有吃的了，也不在乎那一顿。（村民郭某）

从村民的回答来看，在地里吃饭不仅节省了回家的时间，更重要的是其中包含着一种娱乐精神。尽管当时的物质生活并不富裕，但朴实的农民不愿错过人多时的欢乐。

村民对种麻的兴趣减退后，又开始了韭菜种植，在韭菜种植作业中，合作者之间并没有像割麻吃饭时那样正式的伙食。只是在割韭菜时，主人会带点自己做的饼子、馒头之类的干粮，但大多数来帮忙的人并不吃这些干粮。发展到以后的蒜苗合伙，虽然这种合伙相对于其他互助要正式得多，但合伙过程中也没有正式地提供伙食，合伙干完活后还是自己回自己家吃饭。但到蒜苗卖掉以后，如果收入比较不错，东家会请帮忙的人到镇上饭馆吃一顿。村民王某在调查中有这样的描述。

去年我们家的蒜苗卖得非常不错。帮忙的人开玩笑说要去吃猪头肉，卖完的那一天我就去买了些猪头肉，拿了两瓶酒，大家在一起也乐了乐。一年到头不容易，大家在一起聚聚也是应该的。也算是给大丰收一个贺喜吧。

调查中，很多合伙户声称在平常干完活后都是自己回自己家吃。但到蒜苗卖完后东家会请大家一顿。如果去镇里，女人和孩子一般不去。但在家里请大家吃的话，女人和小孩也去凑凑热闹。①

---

① 一般是几个男人将蒜苗运给镇里的商贩，在出售给商贩拿到钱后，几个男人顺便到镇上的饭馆吃顿饭。因为运输没有妇女和小孩去，所以吃饭时就没有妇女和小孩。

相对于蒜苗出售后合伙者的吃饭，在莴笋收割环节的干粮是不可缺少的。莴笋收割作业中，东家一定要为前来帮忙的人准备吃的干粮。其中为男子准备的喝的有啤酒，为妇女准备的喝的有果啤或饮料，吃的有馒头或花卷。一般在拔完莴笋之后大家坐在地里一边休息一边吃喝。如果谁家没准备或准备的干粮不够，事后会被帮忙的人笑话，认为东家太小气了。

莴笋的价格波动比较大。在市场供不应求时，卖了好价格的东家非常愿意给大家提供好吃的；但在莴笋卖不出去的时候，提供干粮就有些赔本了。尽管这样，东家还是会准备干粮。只不过这时有些帮忙的人就不吃了。这种情况在调查时遇到很多。

前年村里种植秋莴笋的农户比较多，而商贩比较少，莴笋最后一两毛钱一斤。可是要请帮忙拔的人，必须给他们准备啤酒和馒头。这样算下来赔本赔大了。可是已经形成了这种风气，要是不准备的话会被大家笑话。（村民郭某）

我也遇到过莴笋卖不出去的情况。虽然卖不出去，但干粮还是要准备的。大家能来给你帮忙，你总不能饿着大家吧？不过大家心里都清楚，卖莴笋的钱还不够干粮钱，所以很多人都不吃。记得我那次啤酒就一瓶都没喝，馒头是吃了几个。最后啤酒又退给商店了。（村民刘某）

从这几种作物种植中伙食提供的情况看，物质贫乏的年代农耕合作更多地表现出娱乐性，而近几年的农耕合作更多地表现为功利性。对村民而言，以前缺穿短吃的日子已经过去了，这使合伙中的娱乐仪式也不再实用了。取而代之的是合伙就为了降低生产成本，追求最大利益。

五　农耕合作中的补偿和惩罚机制研究

在一个由"熟人"构成的传统农村，村民之间遵守着一些不成文的规范。这些规范在"人情"的基础上处处限制着村民的所作所为。有些时候，这些规范的适用性比国家法律法规更大。这些规范没有明确的书面表达，但每个村民都心知肚明。在农耕合作中，这样的规范也同样存在，比如在劳动力、农具等不对等的情况下如何补偿对方，对不履行责任的一方村民如何对待等。

（一） 支出不对等的补偿

尽管村民在找合伙搭档时尽量找与自己条件相当的人家，但双方条件完全对等是不可能的。时常会出现的情况是：对方劳动力与自家不对等、对方生产工具与自家不对等、对方种植面积与自家不对等。在这种情况下，支出少的一方会通过其他途径来弥补合伙中的不对等，以使双方合作尽可能保持平衡。

从表7-3中可以看出，在采用两户之间合作方式的27户中，有10户之间的劳动力不对等，分别是甲家1个劳动力与乙家2个劳动力合作的有1户、甲家2个劳动力与乙家3个劳动力合作的有6户、甲家3个劳动力与乙家4个劳动力合作的有3户。在大多数情况下，合作者之间并不计较对方劳动力比自家多或少，但在调查中发现劳动力短缺的一方会通过其他方式来补偿对方，比如多帮对方几次、自己家有什么好吃的给对方送一些等。对这个劳动力不对等的情况，村民有这样的说法。

我家劳动力是比他们家少一个，但他家的种植面积一般比我们家大，这样也就算是扯平了。（村民王某媳妇）

我家有3个劳动力，他家有2个，但这不妨碍我们之间的合伙。如果要讲补偿，那就是他们家做了什么好吃的，给我们家孩子送一些。另外他家孩子在外工作，过年来都给我拿一些茶叶什么的。（村民张某）

我们有2个劳动力，他们家也是2个劳动力，但我们年纪比较大，他们年轻力壮，我时常开玩笑说我们是在占他们家便宜。可是双方关系好，也不计较这些。要说补偿，还真是没想到拿什么去补偿。（村民郭某）

双方劳动力的不对等并没有阻止村民之间合作的建立，在村民最早选择合作对象时，就已经考虑到了对方劳动力的情况。如果实在感觉对方不能满足自己需求了，就如前面提到的，双方会终止合作。当然劳动力的不对等大家可以接受，但农具，尤其是诸如三轮车这样的大型农具的不对等村民又是如何看待的呢？

我家没有三轮车，每次运输都用对方的车，刚开始是想运输过后给他们运输费，可是他们死活不要，连油钱都不要。第二年我家就提前买回了一些油，用于两家的运输。（村民郭某）

我家有车，对方家没车，每次运输后，我只要求他付油费，其他的都

不要。虽然两家关系好，但该你付的还是你付，这样关系也好维持。（村民刘某）

我的合伙对象就没有车，但他家的地比较多，我要是种什么地不够用了就借用他家的，这样也算平衡了。（村民张某）

运输车等农具的不对等并没有完全阻止村民之间的合作，只是村民对农具不对等的感受比较明显一些。在这种情况下，村民采用的补偿措施有：①付给对方一定的运输费；②主动承担车辆所用的油；③节日期间送些礼；④通过租借对方土地维持平衡等。

双方不对等的情况还出现在种植面积上。以莴笋种植为例，一些家庭只种半亩，而一些家庭种植了两三亩。在这种情况下，如果种植半亩的村民与种植两三亩的村民合作，种植半亩的村民会吃很大的亏。但要注意的是莴笋的种植有些特殊，需要合作的劳动力不止二三户，而是需要二三十人的互助。在这种情况下，种植面积大的村民会与更多的农户合作，以换来更多的人给自己帮忙，而种植面积小的村民一旦与种植面积大的村民合作，那他会有选择性地给对方去帮忙。至于蒜苗等的种植，因为对合伙的要求比较高，所以在选择合伙搭档时，已经将对方的种植面积考虑了进去。而蒜苗种植的合伙，一旦确定下来，就要从开始坚持到结束，中途不得退出，除非双方之间发生了重大的不愉快的事情。

（二）农耕合作中的惩罚

大多数时候，农民按照一定的规范合作，但也有的村民突破了规范的界限，在这种情况下，他就要接受一定的惩罚。在一个熟人社会中，一个人受到的道义上的惩罚比经济上的惩罚更令其难堪。在道义上，违背规范的人将一辈子背上一个污点，这个污点不仅影响他一个人，而且对他的亲属也会产生不利的影响。农耕合作中通常不会出现严重违反规范的情况，但一些小的失误也会影响人们对这个人的印象。最简单的例子就是莴笋收获时某一户村民因小气拿的干粮少了，过后会被其他村民嘲笑。对于农耕合作中的惩罚情况，村民有下列陈述。

在村里大家都很要面子，要是在哪一方面做得不好了，那会受到大家的嘲笑。大的惩罚不多见，小的倒是有。如果某人在某件事上做得不好了，其他人会让他买些酒菜，作为补偿。（村民刘某）

惩罚在农耕合作中是存在的。去年有两户家庭搞合伙挖蒜苗，结果一家的挖完给另一家挖的时候，这家的人忙其他事去了，没给人家帮忙。听说后来他雇了几个劳动力为人家挖完了蒜苗。（村民张某）

惩罚的情况在以前有，记得种麻那时候，有一次下大雨，河水上涨，都要把池子里的麻冲走了，可和我合作的那家人不急着去救麻，反而在家待着。后来我非常生气，骂了他一顿，让他第二天一个人晒麻去，这也算是一种惩罚吧。现在的合作没有惩罚，合不到一起就自动散伙了，没必要搞得关系紧张。（村民汪某）

从村民的回答来看，惩罚更多的是作为一种补偿手段，如果合作过程中有一方不遵守规范，就有必要拿出一种惩罚措施，让他意识到自己所犯的错误。很多情况下，村民并不认为这是一种惩罚，更偏向于认为这是一种失约后的补偿。不管属于哪一种，农民总是设法保持农耕合作中的平衡。因为只有在平衡条件下，双方才能平等合作，取得双赢。

六　农耕合作成效研究

农耕合作不仅解决了当地劳动力不足的问题，还在无形中带来了其他好处，比如优化了农业产业结构、增强了本地农产品竞争力、增加了农民收入等。合作带来的"连锁反应"在农民中不知不觉地体现了出来。因合作带来的效益又进一步促使农民合作。

（一）优化了农业产业结构

从20世纪90年代初麻的种植发展到90年代中期韭菜的种植，从21世纪初蒜苗的种植到近两年莴笋的大面积种植，农民都在合作中选择最适宜的农作物。因为合作，村民之间互相传播着最快的种植信息。也因为合作，村民跟随着先进者及时更新自己的农作物。虽然这种"跟随"有些盲目，但村民大面积的种植吸引了商贩，这无形中进一步让落后的村民改变所种作物。单户对一种新作物的种植要冒一定风险，最重要的是他要担心作物成熟后的销路。而当所有的村民都大面积种植一种作物时，销路就不再是单个人考虑的问题。

合作带来一种农作物的大面积种植，带动了农民的积极性。当全村

80% 以上的农户种植一种作物时，这种作物的种植就已经形成一种产业了。产业结构的变化、农民积极性的增加，这与农民之间的合作密不可分。

（二）增强了本地农产品竞争力

不管是麻和韭菜的种植还是蒜苗和莴笋的种植，当地农民都没有担心过销售的问题，因为每到这些蔬菜的收获季节，就有很多商贩上门来收购。这些商贩有本地的，也有外地的，比如西宁商贩、西安商贩、成都商贩等。商贩的青睐不仅是因为当地种植面积的巨大，更重要的是蔬菜质量的保障。比如全国闻名的兰州拉面中有一种调料就是每碗拉面中都要放一点蒜苗沫，而在兰州市场上牛肉面中的蒜苗有一半以上是由当地村民提供的。随着当地莴笋种植面积的进一步扩大，2006 年郭家庄被政府评为"西北莴笋种植基地"。这些农产品的竞争优势，与村民之间的合作密不可分。

农耕合作，从一定程度上扩大了当地的蔬菜种植面积，种植面积的扩大，吸引了大量的商贩上门收购，远销到外地的新鲜蔬菜让人们知道了西北这一个小镇，"西北最大的蔬菜批发市场"的称号随之诞生。

（三）增加了农民收入

调查中很多村民提到合作不仅解决了自己劳动力缺少的问题，还提高了自己的农业收入。在村民之间的互助中，一些劳动力缺少的村民也敢于增加自己的种植面积。对于村民合作前后收入的变化，见图 7 - 1。

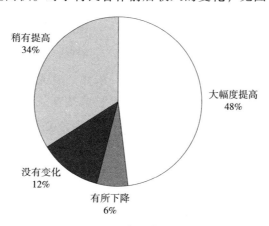

图 7 - 1 合作收入变化

从图7-1可以看出，在调查的50户村民中，有48%的农户认为"合作后自己的收入有大幅度提高"；有34%的农户认为"收入是提高了，但提高的幅度还不够大"；有12%的农户认为"合作前后收入没有发生变化"；有6%的农户认为收入不增反减了。总体来讲，有82%的村民觉得合作使得收入增加，而只有18%的村民认为合作没有增加收入。从这个数据来说，合作使得收入增加的规律对大部分村民适用。调查访谈中，村民也有这样的回答。

以前单干的时候，我种蒜苗每年收入约2万元，光每次过秤被克扣的差不多有1000元了。与别人合伙后，种植面积比以前多了半亩，一次性批发被克扣的也比以前少了，现在每年差不多要收入4万元。（村民李某）

这个收入增加不增加还要看是什么蔬菜了。蒜苗价格稳定，合伙的话收入一定比以前要增加。而莴笋价格不稳定，价格好的话大家合伙非常划算，要是价格低了，连成本也不够，加上合伙为大家提供啤酒干粮，还不如单干好。（村民韩某）

合伙并不见得收入提高，大多数时候是解决了劳动力缺少的问题。合伙意味着耕作成本的提高，这样算下来收入和以前差不多。我倒觉得这几年收入的增加是因为蔬菜价格的上涨。现在是普遍的物价上涨。（村民郭某）

合作反而使得自己的收入降低了。单干时自己量力而行，种植自己刚好可以干完的。干完后还可以去周边打打工或自己做点小生意。可是合作后为了不吃亏，所有的人拼命地种植，想着反正有人帮忙。这样将业余时间用来给其他人帮忙了，外快收入不见了。（村民张某）

每位村民对合作带来的收入的增减有自己的看法。不管是合作带来的收入增加还是物价上涨带来的收入增长，农民的收入相比前几年确实是提高了。但合作所产生的影响远远超过了村民的预期。合作促使相关农产品种植面积扩大，进一步形成品牌优势，无形中增强了当地农产品的竞争力。在合作中，村民吸收新的作业方法，也无形中促进了耕作技术的提高。农民自发的合作以满足自己所缺为目的，这一点要比被动的合作效果好得多。

七　结语

农耕合作是指为了某种目的，两户或两户以上的村民在农业生产中结合成的一种社会关系。西北农民的农耕合作因众多因素的影响有着自己独特的地方特色。通过对郭家庄一个行政村农民的农耕合作习惯考察，本章得出以下结论。

第一，农耕合作有帮工、互助和合伙的区别。

当地农民对农耕合作有不同的称谓，有单方面的"帮工"、互相帮忙的"互助"、比较正式的"合伙"。所谓帮工，就是看到与自己关系好的村民在某一种耕作中有困难，便主动去帮忙，不求回报；所谓互助，就是在某一种急需大量劳动力的耕作中双方之间临时性的互相帮忙，互助与帮工的区别在于互助是双方之间的互相帮忙，而帮工只是单方的帮忙；所谓合伙，是一种比较正式的合作，合作的搭档相对稳定。合伙又被当地人称为"联手"或"搭伙"。

"帮工"、"互助"和"合伙"都有着结成同伴互相帮忙的意思，但不同的称谓有不同的内涵。从调查中来看，当地的农民更多地将"合伙"认为是真正意思上的合作，而将"帮工"和"互助"没有定义为合作，农民普遍认为"帮工"和"互助"是农村自古至今流传下来的一种普遍交往形式，这种临时性的帮忙与"合伙"不一样。

在大部分农耕合作中，农民采用的是非正式的"帮工"或"互助"，比如村民寻水时的临时性合作、拔莴笋时的互助、点蒜时的帮工等。而相对正式的"合伙"是在2007年蒜苗种植过程中才出现的。只有成立条件相对严格的"合伙"才是当地农民眼中真正意义上的农耕合作。

第二，当地的农耕合作较以前更加频繁了。

从20世纪90年代初的种麻合作到如今的种蒜苗合伙，农民之间的合作更加频繁了，同时合作对象的范围也大了。在调查中有47%的村民在种蒜苗之前并没有与其他人发生合作行为，农业种植中都是采取单干的方式。但自从市场要求蒜苗整体批发后，这些村民不得不与其他人合伙。

以前的单干，很大程度上是因为蔬菜这类经济作物的种植面积相对较小，并不要求大量的劳动力参与。而韭菜、蒜苗、莴笋这类经济作物的广泛种植，对劳动力和耕作技术的要求提高了，这促进了合作的普及。农耕合作的进一步发展也与市场的要求紧密相连。这一点非常符合经济学中的市场调节原理。

第三，农耕合作反映农民在道义的基础上存在着理性思维。

对农民农耕合作行为的考察涉及一个长期争论的问题——"道义的小农"和"合理的小农"之争。"道义的小农"即农民在社会行动中以感情用事，而不考虑客观因素。支持"合理的小农"的学者则认为农民之间的行为是理性的，斤斤计较的。

从当地村民之间的农耕合作行为来看，这两种观点都有其极端之处。首先，农民不管是在日常生活中还是在农耕合作中，都考虑了情感因素。农民之间的合作以双方的情感为基础，只有在情感好的基础上才发生"帮工""互助""合伙"等合作行为。其次，农民在合作中也有自己的理性考虑，在合作对象的选择上会考虑对方的劳动力数量、种植面积等因素。从这个意义上来说，农民在农耕合作中既有"道义"也有"理性"。

结语：历史巨变与农民合作之困

我们处在一个新的历史关口，政治和经济体制变迁触发社会结构转型，最终形成今天之大变局。农耕传统的中国在西方现代社会范型的参照下，无论是自愿还是被迫，顺势还是裹挟，最终形成了自身的独特进路——中国市场社会。具体到农民行动场域，出自西方现代语境的组织成为中国近代以来的关键词，合作更是在各种实践和语境中频频出现。善分不善合，自主合作与被动合作，自愿合作与强制合作……或出于文化传统，或出于经济效益，或出于政治统合，甚或出于意识形态——为组织而组织，虽视角不同，却殊途同归——组织是应对市场社会之道，而最大的共识则是合作难。

一　村落传统与社区性合作

村落是中国农耕社会的基本构成元素。村落形态与小农经济结构相耦合，形塑中国数千年来，尤其是明清以来帝国统治的基本面向。小至十来户，大致几百户、上千户，这些大大小小的村庄聚落，虽形态各异，但都是一个基本功能性社区。功能性社区的内核是社区凝聚力，另外，边界清晰，相对封闭，生产、生活自治。

村落类型大致可归纳为自然村落、宗族村落、市场聚落。自然村落一般由两个以上的血缘共同体构成，成员之间关系相对松散，但也有一个权力中心（或绅士，或豪强），一方面维持村落公共事务与内部秩序，另一方面也是连接村落外官僚体系的媒介。其典型形式是费孝通先生在《江村经济》中描述的江南村落开弦弓村。宗族村落是同一血缘的共同体，权力中心是由宗族族长、长老等组成的，区别于自然村落，宗族村落有着完整的规制，如族法、乡约等。此类村落的典型形式是弗里德曼描述的中国东南的宗族村庄。市场聚落不太注重血缘关系，而是由数个村落围绕基层市场形成的超级社区。村落本身是非自治的，实际上是区域性社会，通过市场中心与国家沟联。其典型形式是施坚雅描述的中国西南地区的村落格局。但是，传统中国村落并非限于上述三种类型，其具体形态往往是三者的变体或混合体。杜赞奇、黄宗智等人描述的华北平原和长江中下游地区村落即是范例。

村落形态的形塑受制于村落外国家统制与村落内部功能。中国传统国家大一统的政治体制和小农经济模式难以支撑国家对臣民实行总体性控制的成本，但是，分散的农户若不能得到有效的整合也使帝国统治失去基础。因此，一个拥有一定自主性同时又不会游离于官僚体系控制之外的村庄聚落是既降低成本又有助于统治臣民的载体。所以，无论是何种类型的村落，必须具有与国家沟联的媒介——代理人或权力文化网络。村落的内部功能对村落形态的制约表现在社区性合作上。社区性合作内容的多寡和大小决定了村落形态。自然村落一般地处自然条件相对优越之处，合作内容一般仅限于邻里互助、修桥补路等，因此，社区成员关系相对松散，村落的边界比较模糊，空间也较为开放。宗族村落一般为客居，受当地人排挤和耕作条件的双重挤压必须形成全方位的合作方能应付。如种植水稻需要中小型水利、合力抵御和驱逐当地土著……如此，使宗族村落成为最紧密的共同体，村落边界清晰，空间封闭。市场聚落实际上是一个地方性社会，多居于平原辽阔地带，一方面大中型水利需要更大范围内的合作，另一方面，中心市场使得经济、文化、社会等交往频密，合作是全方位的。社区认同主要依赖各种行会、婚姻圈、文化信仰等，因此，社区边界更显开放，边界更趋模糊。

由上可见，社区性合作是中国传统村落的核心功能之一，其前提条件是村落边界相对清晰、空间相对封闭和有一定的自主权。

二　国家政权建设与强制性合作

中国传统政治结构基本上是由"大共同体"（国家共同体）与"小共同体"（村落共同体）构成的双中心结构。一方面是中央权力高度集中，另一方面是地方社区高度自治。中央政治与地方政治是一种互构与博弈的关系，表现为连续性与断裂性的统一。连续性是指高层与底层通过仪式象征系统相互印证彼此的合法性，从而获得家国一体的基本认同；断裂性是指官僚系统与社区组织由于利益差异形成的博弈关系的解体，导致中国传统政治结构的周期性重组，形成超稳定结构。所谓"马铃薯"（无差异的个体农户）结构是直到近代开端才逐渐形成的。西方在中国的殖民活动一方面造成了农产品商品化水平的急剧提高，从而改变了传统农业生产方式，不再是自给自足的小农经济，农户直接面对市场，对村落社区的依赖性减弱，导致地方共同体的解体；另一方面，其文化侵入也破坏了传统中国高层与底层在认同上的连续性，导致中央权力的衰落，事实上成了一盘散沙。

近代以来，中国政治结构的重塑是以国家政权建设为主导的。无论是民国还是中华人民共和国时期，我国都试图通过将国家政权的末梢伸入社会底层，以求政治的统一性，获得国家动员能力。土地改革一方面是兑现中国共产党新民主主义革命对农民的许诺，另一方面是确立党在中国最广大农村政权的合法性，但无法解决建立现代工业亟须的资本积累问题，并对社会主义建设形成掣肘。农民兼具生产者和私有者的双重身份，在小农经济的海洋中是无法建立社会主义的，所以必须对农民加以改造。改造的路径就是引导农民走互助组—合作社—人民公社的道路。互助组基本上还是建立在农民自愿合作的基础上的，能调节劳力、畜力等生产要素的合理组合。通过互助合作，培养农民相互之间的信任，有利于激发农民的生产热情和发挥生产的潜能，但也存在先天的局限性。一是成功的互助组往往取决于组长的个人素质，如正直、魄力、组织能力和自我牺牲精神等；二是当时农民仍处于自给和半自给的简单再生产状态，他们的合作只能是村落社区层面甚至仅限于邻里之间，他们给予国家的以及他们所依赖于国家的也只能是低水准的。农民忠诚于社区，国家认同淡漠。于是更高层次的合作社成为下一步对农民进行社会主义改造的应有之义。

1953 年，在重工业优先发展的国家战略的影响下，为了解决粮食供求紧张状况和为工业化积累资金，国家出台了粮食统购统销政策。毛泽东说："互助组还不能阻止农民卖地，要合作社，要大合作社才行。""个体所有制必须过渡到集体所有制。……这才能提高生产力，完成国家工业化。"可以看出，合作社是在国家政权强力推进下的合作组织，其目的的功利性显著，并在稍后即迅猛推进的人民公社制度中达到极致。

随着人民公社制度的确立，国家政权建设达到最高峰，并最终确立了威权政治体制——既不同于传统政治结构的双中心，也不同于近代时期的无中心，而是唯一中心的全能结构，农民以集体化的形式嵌入这一全能结构中。强制性合作使农民利益与国家利益绑缚一体，形成国家与农民之间保护与依附的关系结构。

就依附关系建立的基本条件而言，依附是为了获得保护。由于农民不是独立的利益主体，而是依附于国家，国家通过非市场化手段提取农民的劳动成果和分配给农民生产生活资料的同时，也用非市场化的手段将农民利益整合到国家利益之中，并且，由于经济生活的高度非市场化，这种合乎利益整合的程度很高，即国家利益与农民利益高度一体化；同样，由于农民不是独立的利益主体，且缺乏与国家进行讨价还价的社会组织资源，这种利益的高度一体化只是强化了农民对国家的依附关系，而国家对农民的保护动因阙如。农民与国家在利益上的高度整合，使得农民比较容易接受作为国家制度安排的强制性合作。并且，在强大的意识形态宣传攻势作用下，农民更加自觉地将自身的利益捆绑到国家利益上，并服从于国家利益，从而形成符合国家意识形态要求的合作组织形式。这种合作组织形式保证了国家对村落社会的资源汲取和政治动员，同时力图避免国家与农民的利益冲突。但是，由于依附与保护关系的不对称，这种由国家与农民利益的高度一体化所形成的合作只是强制的结果（来自国家政权建设的制度性安排），实质上却埋下了国家与农民之间利益冲突的种子。这是 20 世纪 70 年代后期由村落自发形成和首先发起改革的基本动因，同时也是改革前国家政权建设过程中传统村落社会组织资源尚得以苟存的基本原因。

三 市场化与单功能合作

改革开放后，随着国家的经济市场化，国家与农民关系发生了重大的调整。家庭联产承包责任制取代过去"三级所有，队为基础"的集体所有制，农民事实上享有了对土地的占有、使用和收益的权利，从而可以自主地安排生产经营活动，成为独立的经营主体。农民通过市场交换实现这部分的价值，获取收益。如此，农民自身独立的利益得到承认，成为独立的利益主体。但是，家庭联产承包责任制同时也将单个的农户直接推向市场，导致农民与资本和市场博弈时陷入严重的不对称状态，造成个体农户在市场的汪洋大海中孤身拼搏的窘境。

为了应对这种局面，合作再一次进入人们的视野。起初是各种各样的农业生产专业协会。由于国家社会团体相关法律限制，专业协会被定性为非营利组织，其功能仅限于生产环节，如花木协会，养猪、养鸡协会……主要体现在品种改良、技术指导等生产服务方面。随着市场化进一步加剧，专业协会的功能也随之扩展至产品运销、农资购销等方面，初步具备了专业合作社的功能。于 2007 年 7 月 1 日施行的《农民专业合作社法》为专业协会的功能扩展提供了法律依据，各种协会纷纷通过正名使农民获得一个与市场对接的组织媒介。如此，在一定程度上缓解了大市场 VS 小农的尴尬局面。但是，由于农民专业合作社的合作功能被限定在经济层面，即单功能性合作，其有效性无论在实践层面还是在理论层面都受到质疑。

传统村落社区性合作的有效性是建立在社区共同体基础上的，相对封闭的空间和自给自足的农耕生活方式是合作达成的前提条件。村落社区成员受生活空间限制，不仅非合作不能生存，而且也是村落社区成员生活意义的依靠。集体化合作主要是服务于国家政权建设和工业化资本积累需要，与农民合作意愿无关，强制性是其本质特征。强制性合作的推手是国家，其结果是农民的国家化与现代工业体系初步成形。合作化、集体化时期，农业一直处于国民经济基础的地位。农业的基础地位不仅表现在中央财政对农业基础设施的大量投入，尤其是水利设施建设和土地平整改良，国家工业化成果（化肥和农业机械等）也尽可能为农业生产服务，而且还表现在通过政治动员机制，整合农村经济、文化、社会资源，试图将农村建设成为一个相对统一的主体。尽管伴随国家政权建设过程，农村也发生了"单位化"现象，其作为社区的性质有所弱化，但是社区的绝大多数功能得以保留。

而单功能合作的动力是市场化。社会主义市场经济体制改革，其原意是引入市场配置资源原则，激活竞争，提高效率。市场调节资源配置与市场化是不同的概念。一个强调市场这只"看不见的手"按照经济规律对经济活动进行调节的自然过程，且并不排斥非市场经济形式的经济活动。市场经济国家，即使如美国式的自由市场经济模式，也保留了一些非市场经济因素，如农业、军事工业等涉及国家安全和国计民生等领域。一个是由某些利益群体按照自己的主观意愿将经济活动推向某一特定形式（市场经济）的过程，如"教育产业化""医疗社会化"等。前者因其"自然"性，必须要求规范（主要是法制）保证；后者因其主观性凸显人为的因素，导致市场经济的内涵与外延的模糊性，视市场化过程为某一群体根据自己的利益诉求任意切割经济形式和干预经济活动的合法性依据。

改革开放以来的市场经济体制改革充分体现了市场化的特点，农业现代化即农业市场化（具体表述即所谓的"农业产业化"），完全不顾农业经济的特殊性（即处于国民经济命脉的地位以及相比于工商业的弱质性），使农业和农民成为市场资本予取予夺的对象。农业凋敝、农村解体、农民艰困的境况与市场化直接相关。如此，一个只能发挥单一经济功能的农民专业合作社，且在失去社区传统组织资源支持的境况下，与市场对接岂不是一场春梦？现实中，虽农民专业合作社种类繁多，但居于主流形式的还是所谓的"公司＋农户"或其变种"公司＋合作社＋农户"。

四 农村社区重建：多功能合作

市场经济的核心是商品生产和交换。作为现代意义上的市场经济是传统社会向现代社会时空转换的产物。现代社会对传统社会的地方性知识进行时空融合，在国家甚至全球的层面上形成整体性社会，因此，市场经济是因应社会化产生的，或者说，市场经济就是社会化生产。市场经济得以运转的动力当然是获取利润，但其功能是为社会化服务，即在整体社会层面增进全体社会成员的福祉。我们已处于这样的历史关口，对市场化的批判并不代表要回到集体化或回归农耕社会，而是要在继承和创新的基础上重塑农民合作组织形式，以因应市场化之果。

前述三种合作类型中，强制性合作已终结，单功能合作无果，其原因并非是自主、自愿或强制、被动，而是合作缺乏载体。反倒是最古老的社区性合作给当代农民合作组织建构提供了丰富的想象力。社区性合作之所以有效，是因为有社区承载。社区性合作是多功能、全方位的，经济合作只是其中一个向度，其他如文化、政治、生活等也是合作的重要领域。因为有社区作为依托，其中任何一个层面的合作都会为其他合作提供组织资源和意义支持，使合作过程得以持续进行。民国时期乡村建设运动的主将梁漱溟先生主张兴办"村学"，即一种政教合一的农村社会合作组织形式，试图用合作的手段来解决中国社会散漫无力的状况，进而为实现民族的复兴和中国乡村社会的重建提供治理基础。另外，韩国的"新村培养运动"也是以村落社区建设为抓手，培育农民的合作意识和合作能力，并收效显著。即使是一定要将农民合作组织在社区里与其他社区组织区隔开来，多功能性仍然是合作组织发挥效用的条件。我国台湾的农会、日本的农协等合作组织，虽然从一定程度上超越了社区，其根基还是在社区，农会或农协也不只是仅发挥经济合作功能，其政治、文化、社会生活等层面的合作使经济合作成为可能，从而实现农民在市场社会中利益最大化。

社区作为人类生活最古老的共同体形式，具有天然的自组织优势。即使是全球化的当今社会，时空融合并没有消除充满地方性色彩的社区形式，反而因社区的自组织功能成为现代组织社会的必要补充，并且因其可以弥补国家行政干预范围过窄造成的管理真空，发挥着社会稳定器的功能。在发达国家，社区复兴运动本身就是 20 世纪初在市场经济已趋成熟的背景下兴起的。对于中国这样一个具有长期社区生活历史传统的社会和人口大国，农村社区重建，同样具有重要的意义：一方面可以满足农民组织化资源需求，重组农村生活世界的图景，阻止农村社会的解体；另一方面，可以推动合作，整合国家外部资源投入与乡村社区内部资源积聚，使外生发展与内生发展取得协调性，推动农村和谐发展。

后　记

　　2008 年，我申请的"改革开放以来农村合作制变迁的历史经验研究"课题获得国家社科基金重点项目立项。此时正值《中华人民共和国农民专业合作社法》施行 1 周年之际，全国各地农村合作社建设方兴未艾。无论是政界还是学界，都对合作社寄以厚望，视之为破解"三农"问题的灵丹妙药。如今 8 年过去了，农民专业合作社无论在数量上还是质量上并没有达到预期目的，就像改革开放之初提出的"一分就灵"其实只是权宜之计一样，所谓"一合就灵"也没能反转当今农村发展的颓势。

　　如今最流行的话语是基于土地流转的农业规模化经营，合作话语被挤至后台。城镇化、规模化、现代化等话语对于作为制度设计的农村合作形成泰山压顶之势，合作制至多只是在策略的层面上苟延残喘。这种状况反映了合作制的理论阐释和实践创新的脱节。

　　本书基于社会学的社会变迁视角，对农村合作制进行纵向历史比较和横向结构分析，结合合作制历史变迁和当下实践，将合作制变迁置于改革开放以来中国社会主义市场经济进程中加以思考。在此基础上，立足于个案的田野工作，将合作制内容分解成"合作类型""合作条件""合作功能""合作结构""合作需求""合作成效""合作传统"等七个因素，从个体（农民）和组织（合作社）两个层面进行研究，试图夯实合作制研究的微观经验基础。以此检视农村合作制变迁的经验和教训，并尝试拟定合作制的发展路径、方法。

　　在书稿付梓之际，我要感谢我指导的 2007 级硕士研究生们，自课题获批时起，他们参与了大部分的田野调查工作，师生一起风餐露宿，度过了 3 年艰苦而快乐的时光。其中 6 位同学以课题为依托，完成了硕士论文，并为本书稿提供了丰富的素材。他们是王鹏飞、杨龙喜、郭永强、钱高霞、刘莉和杨芬。

感谢农村社会学论坛的诸位朋友，在研究过程中得到了他们的大力支持，其间开诚布公的争论对于厘清本书涉及的基本概念、理论和研究框架起到了重要的作用。他们是中国社会科学院社会学研究所的王晓毅研究员、北京大学社会学系的卢晖临教授、浙江大学公共管理学院的毛丹教授、华中科技大学社会学系的贺雪峰教授、南京大学社会学院的张玉林教授、厦门大学社会学系的胡荣教授、山东大学社会学系的林聚任教授、中国人民大学的陆益龙教授等。

另外，我要特别感谢社会科学文献出版社的本书责任编辑谢蕊芬女士。由课题结项成果转化成书稿是一项艰巨的工作，体例、表述、注释……谢编辑事无巨细，力求书稿以最完美的形式呈现给读者，令我深深感动。

李远行

2016 年 6 月 6 日于中央财经大学骋望楼

图书在版编目（CIP）数据

改革开放以来农村合作制的变迁与重构／李远
行著. -- 北京：社会科学文献出版社，2016.7
ISBN 978 - 7 - 5097 - 8954 - 4

Ⅰ.①改… Ⅱ.①李… Ⅲ.①农村合作经济 - 研究 -
中国 Ⅳ.①F325.12

中国版本图书馆 CIP 数据核字（2016）第 063445 号

改革开放以来农村合作制的变迁与重构

著　　者／李远行

出　版　人／谢寿光
项目统筹／谢蕊芬
责任编辑／王　莉　黄　丹　谢蕊芬

出　　　版／社会科学文献出版社·社会学编辑部（010）59367159
　　　　　　地址：北京市北三环中路甲 29 号院华龙大厦　邮编：100029
　　　　　　网址：www.ssap.com.cn
发　　　行／市场营销中心（010）59367081　59367018
印　　　装／三河市尚艺印装有限公司

规　　　格／开　本：787mm×1092mm　1/16
　　　　　　印　张：17.25　字　数：283 千字
版　　　次／2016 年 7 月第 1 版　2016 年 7 月第 1 次印刷
书　　　号／ISBN 978 - 7 - 5097 - 8954 - 4
定　　　价／79.00 元

本书如有印装质量问题，请与读者服务中心（010 - 59367028）联系